A Conquista da América

Tzvetan Todorov, filósofo, linguista, historiador, nasceu em Sófia, Bulgária, em 1939, e se radicou em Paris em 1963. Foi professor da École Pratique de Hautes Études e pesquisador do Centre National de la Recherche Scientifique de Paris (CNRS), além de professor visitante das universidades de Yale, Harvard, Columbia e Berkeley. Publicou um número considerável de obras, que estão hoje traduzidas em vinte e cinco idiomas; além disso, produziu vastíssima obra na área de pesquisa linguística e teoria literária. É autor, entre muitos outros, de *O espírito das luzes, A literatura em perigo, Jardim imperfeito, Os inimigos íntimos da democracia*.

Tzvetan Todorov

A Conquista da América

A questão do outro

Tradução
BEATRIZ PERRONE-MOISÉS

wmf martinsfontes

1ª edição *1983*
5ª edição *2019*
2ª tiragem *2022*

Tradução
BEATRIZ PERRONE-MOISÉS

Revisões
Eliane Rodrigues de Abreu
Solange Martins
Produção gráfica
Geraldo Alves
Paginação
Studio 3 Desenvolvimento Editorial
Capa
Katia Harumi Terasaka

Dados Internacionais de Catalogação na Publicação (CIP)
(Câmara Brasileira do Livro, SP, Brasil)

Todorov, Tzvetan, 1939-2017.
A conquista da América : a questão do outro / Tzvetan Todorov ; tradução Beatriz Perrone-Moisés. – 5ª ed. – São Paulo : Editora WMF Martins Fontes, 2019. – (Biblioteca do pensamento moderno)

Título original: La conquête de l'Amérique : la question de l'autre.
Bibliografia.
ISBN 978-85-469-0272-9

1. América – Descobrimento e exploração 2. Índios – Primeiros contatos com a civilização ocidental 3. Índios – Tratamento recebido I. Título. II. Série.

19-28049 CDD-970.01

Índices para catálogo sistemático:
1. América : Descobrimento e exploração : História 970.01

Cibele Maria Dias – Bibliotecária – CRB-8/9427

Rua Prof. Laerte Ramos de Carvalho, 133 01325-030 São Paulo SP Brasil
Tel. (11) 3293-8150 e-mail: info@wmfmartinsfontes.com.br
http://www.wmfmartinsfontes.com.br

SUMÁRIO

I. Descobrir

II. Conquistar

III. Amar

IV. Conhecer

Epílogo

O capitão Alonso Lopez de Ávila tinha-se apossado, durante a guerra, de uma jovem índia, uma mulher bela e graciosa. Ela havia prometido ao marido, que temia ser morto na guerra, não pertencer a nenhum outro, e assim nenhuma persuasão pôde impedi-la de preferir perder a vida a deixar-se seduzir por outro homem; por isso ela foi atirada aos cães.

Diego de Landa
Relación de las cosas de Yucatán, 32

Dedico este livro à memória
de uma mulher maia devorada pelos cães

I
DESCOBRIR

A DESCOBERTA DA AMÉRICA

Quero falar da descoberta que o *eu* faz do *outro.* O assunto é imenso. Mal acabamos de formulá-lo em linhas gerais já o vemos subdividir-se em categorias e direções múltiplas, infinitas. Podem-se descobrir os outros em si mesmo, e perceber que não se é uma substância homogênea, e radicalmente diferente de tudo o que não é si mesmo; eu é um outro. Mas cada um dos outros é um *eu* também, sujeito como eu. Somente meu ponto de vista, segundo o qual todos estão *lá* e eu estou só *aqui*, pode realmente separá-los e distingui-los de mim. Posso conceber os outros como uma abstração, como uma instância da configuração psíquica de todo indivíduo, como o Outro, outro ou outrem em relação a *mim*. Ou então como um grupo social concreto ao qual *nós* não pertencemos. Este grupo, por sua vez, pode estar contido numa sociedade: as mulheres para os homens, os ricos para os pobres, os loucos para os "normais". Ou pode ser exterior a ela, uma outra sociedade que, dependendo do caso, será próxima ou longínqua: seres que em tudo se aproximam de nós, no plano cultural, moral e histórico, ou desconhecidos, estrangeiros cuja língua e costumes não compreendo, tão estrangeiros que chego a hesitar em reconhecer que pertencemos a uma mesma espécie. Escolhi esta problemática do outro exterior, de modo um pouco arbitrário, e porque não podemos falar de tudo ao mesmo tempo, para começar uma pesquisa que nunca poderá ser concluída.

Mas como falar disso? No tempo de Sócrates, o orador costumava perguntar ao auditório qual o seu modo de expressão, ou gênero preferido: o mito, isto é, a narração, ou a argumentação lógica? Na época do livro, a decisão não pôde ser tomada pelo público. A escolha teve de ser feita para que o livro existisse. Temos de nos contentar em imaginar, ou desejar, um público que teria dado tal resposta, e não outra, e em escutar aquela sugerida ou imposta pelo próprio assunto. Escolhi contar uma história. Mais próxima do mito do que da argumentação, mas distinta em dois planos: em primeiro lugar, é uma história verdadeira (o que o mito *podia* mas não *devia* ser); em segundo lugar, meu interesse principal é mais o de um moralista do que o de um historiador. O presente me importa mais do que o passado. Não tenho outro meio de responder à pergunta de como se comportar em relação a outrem a não ser contando uma *história exemplar* (este é o gênero escolhido), uma história tão verdadeira quanto possível, mas tentando nunca perder de vista aquilo que os exegetas da Bíblia chamavam de sentido tropológico, ou moral. Neste livro se alternarão, um pouco como num romance, os resumos, ou visões de conjunto resumidas, as cenas, ou análises detalhadas recheadas de citações, pausas, em que o autor comenta o que acaba de acontecer, e, é claro, elipses, ou omissões freqüentes. Não é esse o ponto de partida de toda história?

Entre os vários relatos que temos à disposição, escolhi um: o da descoberta e conquista da América. Por conveniência, estabeleci uma unidade de tempo – os cem anos que seguem a primeira viagem de Colombo, isto é, basicamente, o século XVI. Estabeleci também uma unidade de espaço – a região do Caribe e do México, chamada às vezes de Meso-América, e, finalmente, uma unidade de ação – a percepção que os espanhóis têm dos índios será meu único assunto, com uma única exceção, no caso de Montezuma e os seus.

Duas razões fundamentaram a escolha deste tema como primeiro passo no mundo da descoberta do outro. Em primeiro lugar, a descoberta da América, ou melhor, a dos americanos, é sem dúvida o encontro mais surpreendente de nossa história. Na "descoberta" dos outros continentes e dos outros homens não existe, realmente, este sentimento radical de estranheza. Os europeus nunca ignoraram totalmente a existência da África, ou da Índia, ou da China, sua lembrança esteve sempre presente, desde as origens. A Lua é mais longe do que a América, é verdade, mas hoje sabemos que aí não há encontro, que esta descoberta não guarda surpresas da mesma espécie. Para fotografar um ser vivo na Lua, é necessário que o cosmonauta se coloque diante da câmara, e em seu escafandro há um só reflexo: de um outro terráqueo. No início do século XVI, os índios da América estão ali, bem presentes, mas deles nada se sabe, ainda que, como é de esperar, sejam projetadas sobre os seres recentemente descobertos imagens e idéias relacionadas a outras populações distantes (cf. fig. 1). O encontro nunca mais atingirá tal intensidade, se é que esta é a palavra adequada. O século

Fig. 1 – Barcos e castelos nas Índias Ocidentais

XVI veria perpetrar-se o maior genocídio da história da humanidade.

Mas não é unicamente por ser um encontro extremo, e exemplar, que a descoberta da América é essencial para nós, hoje. Além deste valor paradigmático, ela possui outro, de causalidade direta. A história do globo é, claro, feita de conquistas e derrotas, de colonizações e descobertas dos outros; mas, como tentarei mostrar, é a conquista da América que anuncia e funda nossa identidade presente. Apesar de toda data que permite separar duas épocas ser arbitrária, nenhuma é mais indicada para marcar o início da era moderna do que o ano de 1492, ano em que Colombo atravessa o oceano Atlântico. Somos todos descendentes diretos de Colombo, é nele que começa nossa genealogia – se é que a palavra começo tem um sentido. Desde 1492 estamos, como disse Las Casas, "neste tempo tão novo e a nenhum outro igual" (*Historia de las Indias*, I, 88[1]). A partir desta data, o mundo está fechado (apesar de o universo tornar-se infinito). "O mundo é pequeno", declarará peremptoriamente o próprio Colombo (*Carta rarissima*, 7.7.1503 – uma imagem de Colombo transmite algo deste espírito, cf. fig. 2). Os homens descobriram a totalidade de que fazem parte. Até então, formavam uma parte sem todo. Este livro será uma tentativa de entender o que aconteceu neste dia, e durante o século seguinte, através da leitura de alguns textos cujos autores serão minhas personagens. Eles monologarão, como Colombo, dialogarão através de atos,

1. Referências abreviadas aparecem no texto; para as indicações completas, vide *Notas bibliográficas* no fim do livro. Os números entre parênteses, salvo indicação em contrário, referem-se aos capítulos, seções, partes etc., e não às páginas.

Fig. 2 – Don Cristobal Colón

como Cortez e Montezuma, ou através de enunciados eruditos, como Las Casas e Sepúlveda, ou ainda, como Durán e Sahagún, manterão um diálogo, menos evidente, com interlocutores índios.

Mas chega de preliminares, vamos aos fatos.

Podemos admirar a coragem de Colombo; aliás, isso já foi feito milhares de vezes. Vasco da Gama e Magalhães talvez tenham feito viagens mais difíceis, mas eles sabiam para onde iam. Apesar de toda a sua segurança, Colombo não podia ter certeza de que no fim do oceano não havia um abismo, e, conseqüentemente, a queda no vazio. Não podia ter certeza de que a viagem para o oeste não significava uma longa descida – estamos (3) no cume da Terra – e que não seria difícil demais subir de novo. Em resumo, não podia ter certeza de que o retorno era possível. A primeira pergunta nesta investigação genealógica será, portanto: O que o levou a partir? Como a coisa aconteceu?

Ao ler os escritos de Colombo (diários, cartas, relatórios), poderíamos ter a impressão de que seu motivo principal tenha sido o desejo de enriquecer (aqui, e em seguida, digo de Colombo o que poderia aplicar-se a outros; por ter sido, freqüentemente, o primeiro, deu o exemplo). O ouro, ou melhor, a procura deste (já que não se encontra quase nada no início), está onipresente no decorrer da primeira viagem. No dia seguinte à descoberta, 13 de outubro de 1492, ele anota em seu diário: "Estava atento e tratava de saber se havia ouro." E volta a isso constantemente: "Não quero parar, para ir mais longe, visitar muitas ilhas e descobrir ouro" (1.11.1492); "O Almirante ordenou-lhes que não lhes tomassem nada, para que eles compreendessem que ele só procurava ouro" (1.11.1492). Até a sua oração tinha-se transformado: "Que Nosso Senhor me ajude, em Sua misericórdia, a descobrir este ouro..." (23.12.1492). E, num relatório posterior (*Relatório para Antonio de Torres*, 30.1.1494), ele se refere, laconicamente, a "nossa atividade, que é coletar ouro". Seu percurso é traçado a partir dos indícios de existência de ouro que ele pensa encontrar. "Decidi ir para o sudoeste procurar o ouro e as pedras preciosas" (*Diário*, 13.10.1492). "Ele desejava ir à ilha chamada Babeca, onde, pelo que tinha escutado, sabia que havia muito ouro" (13.11.1492). "O almirante acreditava que estava muito próximo da fonte do ouro, e que Nosso Senhor lhe mostraria onde ele nasce" (17.12.1492 – nessa época, o ouro "nasce"). Deste modo, Colombo vaga, de ilha em ilha, e é bem possível que os índios tenham encontrado aí um meio de se livrar dele. "No despontar do dia, ele içou as velas para seguir seu caminho à procura das ilhas que os índios diziam conter muito ouro, algumas mais ouro do que terra" (22.12.1492...).

Será que foi mera ambição o que levou Colombo a viajar? Basta ler todos os seus escritos para ficar convencido de que não é nada disso. Colombo simplesmente sabe a capacidade atrativa que podem ter as riquezas, e especialmente o ouro. É com a promessa de ouro que ele acalma os outros em momentos difíceis. "Neste dia, eles perderam completamente de vista a terra. Temendo não tornar a vê-la por muito tempo, muitos suspiravam e choravam. O almirante reconfortou a todos com grandes promessas de muitas terras e riquezas, para que eles conservassem a esperança e perdessem o medo que tinham de um caminho tão longo." (F. Colombo, 18) "Aqui os homens já não agüentavam mais. Reclamavam do comprimento da viagem.

Mas o Almirante consolou-os do melhor modo possível dando-lhes grandes esperanças do lucro que eles poderiam ter" (*Diário*, 10.10.1492).

Os marinheiros não são os únicos que esperam enriquecer. Os próprios mandatários da expedição, os Reis de Espanha, não se teriam envolvido na empresa se não fosse a promessa de lucro. Portanto, no diário que Colombo escreve, a eles destinado, é preciso multiplicar a cada página os indícios da presença de ouro (na falta do próprio ouro). Na terceira viagem, lembrando a organização da primeira, ele diz explicitamente que o ouro era uma espécie de chamariz, para que os reis aceitassem financiá-la: "Foi também necessário falar do temporal e por isso lhes mostramos os escritos de tantos estudiosos dignos de fé que trataram da história, que contavam que nessas regiões havia imensas riquezas" (*Carta aos reis*, 31.8.1498). Em outra ocasião, ele diz ter acumulado e conservado o ouro "para que Suas Altezas disso se alegrem e que nessas condições Elas possam compreender, diante de tal quantidade de pedras de ouro maciço, a importância da empresa" (*Carta à ama-de-leite*, novembro de 1500). Aliás, Colombo tem razão quando imagina a importância disso: sua desgraça não se deve, ao menos em parte, ao fato de não ter havido mais ouro nessas ilhas? "Daí nasceram as maledicências e os desprezos da empresa assim iniciada, porque eu não tinha enviado imediatamente navios carregados de ouro" (*Carta aos reis*, 31.8.1498).

Sabe-se que uma longa discussão oporá Colombo aos reis (e depois será instruído um processo entre os herdeiros de ambos), que se refere justamente ao total dos lucros que o Almirante estaria autorizado a retirar das "Índias". Apesar de tudo isso, a ambição não é realmente a força motriz da ação de Colombo. Importa-se com a riqueza porque ela significa o reconhecimento de seu papel de descobridor, mas teria preferido o rústico hábito de monge. O ouro é um valor humano demais para interessar a Colombo, e devemos acreditar nisso quando ele escreve no diário da terceira viagem: "Nosso Senhor bem sabe que eu não suporto todas estas penas para acumular tesouros nem para descobri-los para mim; pois, quanto a mim, bem sei que tudo o que se faz neste mundo é vão, se não tiver sido feito para a honra e o serviço de Deus" (Las Casas, *Historia*, I, 146). E no fim de seu relato da quarta viagem: "Não fiz esta viagem para nela obter ouro e fortuna; é a verdade, pois disso toda esperança já estava morta. Vim até Vossas Altezas com uma intenção pura e um grande zelo, e não minto" (*Carta rarissima*, 7.7.1503).

Qual é essa intenção pura? Colombo formula-a freqüentemente no diário da primeira viagem: ele queria encontrar o Grande Can, ou imperador da China, cujo retrato inesquecível tinha sido deixado por Marco Polo. "Estou determinado a ir à terra firme e à cidade de Quisay entregar as cartas de Vossas Altezas ao Grande Can, pedir-lhe resposta e retornar com ela" (21.10.1492). Este objetivo é em seguida ligeiramente afastado, já que as descobertas, por si só, já lhe dão bastante trabalho, mas não é jamais esquecido. Mas por que esta obsessão, que parece quase pueril? Porque, ainda de acordo com Marco Polo, "há muito tempo o imperador de Catai pediu sábios para instruí-lo na fé de Cristo" (*Carta rarissima*, 7.7.1503), e Colombo quer fazer com que ele possa realizar este desejo. A expansão do cristianismo é muito mais importante para Colombo do que o ouro, e ele se explicou sobre isso, principalmente numa carta destinada ao papa. Sua próxima viagem será "para a glória da Santíssima Trindade e da santa religião cristã", e para isso ele "espera a vitória do Eterno Deus, como ela sempre me foi dada no passado"; o que ele faz é "grandioso e exaltante para a glória e o crescimento da santa fé cristã". Portanto, seu objetivo é: "Espero em Nosso Senhor poder propagar seu santo nome e seu Evangelho no universo" (*Carta ao papa Alexandre VI*, fevereiro de 1502).

A vitória universal do cristianismo é o que anima Colombo, homem profundamente piedoso (nunca viaja aos domingos), que justamente por isso considera-se eleito, encarregado de uma missão divina, e que vê por toda parte a intervenção divina, seja no movimento das ondas ou no naufrágio de seu barco (numa noite de Natal!): "Por numerosos e notáveis milagres Deus se revelou no decorrer desta navegação" (*Diário*, 15.3.1493).

Além disso, a necessidade de dinheiro e o desejo de impor o verdadeiro Deus não se excluem. Os dois estão até unidos por uma relação de subordinação: um é meio, e o outro, fim. Na verdade, Colombo tem um projeto mais preciso do que a exaltação do Evangelho no universo, e tanto a existência quanto a permanência deste projeto revelam sua mentalidade. Qual um Dom Quixote atrasado de vários séculos em relação a seu tempo, Colombo queria partir em cruzada e liberar Jerusalém! Só que a idéia é extravagante em sua época e como, por outro lado, não há dinheiro, ninguém quer escutá-lo. Como um homem desprovido e que gostaria de lançar uma cruzada podia realizar seu sonho, no século XV? É tão simples quanto o ovo de Colombo: basta descobrir a América e conseguir nela os fundos... ou melhor, ir à China pela via ocidental "direta", já que Marco Polo e outros escritores medievais garantiram que grande quantidade de ouro "nasce" lá.

A realidade deste projeto está amplamente comprovada. No dia 26 de dezembro de 1492, durante a primeira viagem, ele revela em seu diário que espera encontrar ouro, e "em quantidade suficiente para que os Reis possam, em menos de três anos, preparar e empreender a conquista da Terra Santa. Foi assim", continua ele, "que manifestei a Vossas Altezas o desejo de ver os benefícios de minha atual empresa consagrados à conquista de Jerusalém, o que fez Vossas Altezas sorrirem, dizendo que isto lhes agradava, e que mesmo sem este benefício este era o seu desejo". Mais tarde, ele relembra este episódio: "No momento em que tomei as providências para ir descobrir as Índias, era na intenção de suplicar ao Rei e à Rainha, nossos senhores, que eles se decidissem a gastar a renda que poderiam obter das Índias na conquista de Jerusalém; e foi de fato o que eu lhes pedi" (*Instituição de morgado*, 22.2.1498). Era pois esse o projeto que Colombo tinha apresentado à corte real, procurando obter o auxílio de que precisava para a primeira expedição. Quanto a Suas Altezas, não levavam isso muito a sério, e deviam reservar-se o direito de empregar o lucro do empreendimento, se lucro houvesse, com outras finalidades.

Mas Colombo não esquece seu projeto, e este reaparece numa carta ao papa: "Esta empresa foi feita no intuito de empregar o que dela se obtivesse na devolução da Terra Santa à Santa Igreja. Depois de ali ter estado e visto a terra, escrevi ao Rei e à Rainha, meus senhores, dizendo-lhes que dentro de sete anos disporia de cinqüenta mil homens a pé e cinco mil cavaleiros, para a conquista da Terra Santa e, durante os cinco anos seguintes, mais cinqüenta mil pedestres e outros cinco mil cavaleiros, o que totalizaria dez mil cavaleiros e cem mil pedestres para a dita conquista" (fevereiro de 1502). Colombo nem desconfia de que a conquista acontecerá, mas numa direção completamente diferente, muito perto das terras que ele descobriu, e com muito menos guerreiros, aliás. Seu apelo não provoca, portanto, muitas reações: "A outra ilustre empresa chama, de braços abertos; até o presente momento, todos lhe são indiferentes" (*Carta rarissima*, 7.7.1503). Por isso, querendo afirmar sua intenção mesmo após sua própria morte, ele institui um morgado e dá instruções a seu filho (ou a seus herdeiros): juntar o máximo de dinheiro possível para, no caso de os Reis renunciarem ao projeto, poder "ir até lá só e tão poderoso quanto lhe for possível" (22.2.1498).

Las Casas deixou uma imagem célebre de Colombo, onde situa bem sua obsessão pelas cruzadas no contexto de sua profunda religiosidade: "Quando lhe traziam ouro ou objetos preciosos, ele entrava em seu oratório, ajoelhava-se como as circunstâncias exigiam, e dizia: 'Agradecemos a Nosso Senhor que nos tornou dignos de descobrir tantos bens.' Era o guardião mais zeloso da honra divina; ávido e desejoso de converter as pessoas, e de ver por toda parte semeada e propagada a fé de Jesus Cristo; e particularmente dedicado para que Deus o tornasse digno de contribuir de algum modo para o resgate do Santo Sepulcro; e com esta devoção e certeza de que Deus o guiaria na descoberta deste mundo que ele prometia, tinha suplicado à Sereníssima Rainha Dona Isabel que lhe prometesse consagrar todas as riquezas que os Reis podiam obter de sua descoberta ao resgate da terra e da Santa Casa de Jerusalém, o que a Rainha fez..." (*Historia*, I, 2).

Não só os contatos com Deus interessam muito mais a Colombo do que os assuntos puramente humanos, como também sua forma de religiosidade é particularmente arcaica (para a época). Não é por acaso que o projeto das cruzadas tinha sido abandonado desde a Idade Média. Paradoxalmente, é um traço da mentalidade medieval de Colombo que faz com que ele descubra a América e inaugure a era moderna. (Devo admitir, e até declarar, que o uso que faço dos aditivos "medieval" e "moderno" não é nada preciso. No entanto, são indispensáveis. Que sejam inicialmente entendidos em seu sentido mais corrente, até que eles adquiram, no decorrer das páginas seguintes, um conteúdo mais particular.) Porém, como veremos, o próprio Colombo não é um homem moderno, e este fato é pertinente no desenrolar da descoberta, como se aquele que faria nascer um mundo novo já não pudesse mais fazer parte dele.

Há traços de mentalidade em Colombo, entretanto, que estão mais próximos de nós. Por um lado, ele submete tudo a um ideal exterior e absoluto (a religião cristã), e todas as coisas terrestres não passam de meios em vista da realização deste ideal. Mas, por outro lado, ele parece encontrar na descoberta da natureza, atividade à qual ele se adapta melhor, um prazer que faz com que essa atividade se baste. Ela já não tem a mínima utilidade, e o meio torna-se fim. Assim como, para o homem moderno, uma coisa, uma ação ou um ser são belos apenas quando justificam-se por si mesmos, para Colombo, "descobrir" é uma ação intransitiva. "O que quero é ver e descobrir o máximo que puder", ele escreve a 19 de outubro de 1492. E a 31 de dezembro de 1492: "Ele diz ainda que não teria desejado partir antes de ter visto toda aquela terra que se estende em direção a leste e tê-la percorrido toda por sua costa." Basta mencionar a existência de uma nova ilha para que ele seja tomado da vontade de visitá-la. No diário da terceira viagem, encontram-se estas frases: "Ele diz estar pronto a abandonar tudo para descobrir outras terras e ver seus segredos" (Las Casas, *Historia*, I, 136). "O que ele mais queria, pelo que diz, era descobrir mais" (*ibid.*, I, 146). Noutra ocasião, ele se pergunta: "Quanto lucro daqui se pode tirar, não escrevo. Certo é, Senhores Príncipes, que onde há tais terras deve haver também uma infinidade de coisas lucrativas. Mas não me detenho em nenhum porto, porque quero ver todas as outras terras que puder, para relatá-lo a Vossas Altezas" (*Diário*, 27.11.1492). Os lucros que ali "deve" haver têm apenas um interesse secundário para Colombo. O que conta são as "terras" e sua descoberta. Esta, na verdade, parece estar subordinada a um objetivo, que é o relato de viagem. Dir-se-ia que Colombo fez tudo para poder escrever relatos inauditos como Ulisses. Ora, o relato de viagem não é, em si mesmo, o ponto de partida, e não somente o ponto de chegada, de uma nova viagem? O próprio Colombo não tinha partido porque havia lido o relato de Marco Polo?

COLOMBO HERMENEUTA

Para provar que a terra que vê é mesmo o continente, e não outra ilha, Colombo faz o seguinte raciocínio (no diário da terceira viagem, transcrito por Las Casas): "Estou convencido de que isto é uma terra firme, imensa, sobre a qual até hoje nada se soube. E o que me reforça a opinião é o fato deste rio tão grande, e do mar que é doce; em seguida, são as palavras de Esdras em seu livro IV, capítulo 6, onde ele diz que seis partes do mundo são de terra seca e uma de água, este livro tendo sido aprovado por Santo Ambrósio em seu *Hexameron* e por Santo Agostinho (...) Além disso, asseguraram-me as palavras de muitos índios canibais que eu tinha apresado em outras ocasiões, os quais diziam que ao sul de seu país estava a terra firme" (*Historia*, I, 138).

Três argumentos vêm apoiar a convicção de Colombo: a abundância de água doce, a autoridade dos livros santos e a opinião de outros homens encontrados. É claro que estes três argumentos não devem ser postos no mesmo plano, mas revelam a existência de três esferas que dividem o mundo de Colombo: uma é natural, a outra divina, a terceira humana. Então talvez não seja por acaso que encontramos também três impulsos para a conquista: o primeiro humano (a riqueza), o segundo divino, e o terceiro ligado à apreciação da natureza. E, em sua comunicação com o mundo, Colombo se comporta de maneira diferente segundo se dirige (ou se dirigem a ele) a natureza, Deus e os homens. Voltando ao exemplo da terra firme, se Colombo tem razão, é unicamente em função do primeiro argumento (e podemos ver, em seu diário, que este só toma forma aos poucos, no contato com a realidade). Observando que a água é doce longe no mar, ele deduz, de modo clarividente, a potência do rio, e daí a distância por ele percorrida, de modo que se trata de um continente. Por outro lado, é bem provável que ele não tenha entendido nada do que diziam os "índios canibais". Anteriormente, na mesma viagem, ele relatava suas entrevistas assim: "Ele (Colombo) diz ter certeza de que é uma ilha, pois é o que diziam os índios", e Las Casas comenta: "Parece, pois, que ele não os compreendia" (*Historia*, I, 135). Quanto a Deus...

Efetivamente, não podemos pôr no mesmo plano estas três esferas, como devia acontecer com Colombo. Para nós existem apenas dois intercâmbios reais: com a natureza e com os homens. A relação com Deus não implica a comunicação, embora possa influenciar, e até predeterminar, toda forma de comunicação. Este é justamente o caso de Colombo: há, sem dúvida, relação entre a forma de sua fé em Deus e a estratégia de suas interpretações.

Quando dizemos que Colombo tem fé, o objeto é menos importante do que a ação: sua fé é cristã, mas tem-se a impressão de que, se fosse muçulmana, ou judaica, ele teria agido do mesmo modo. O importante é a força da crença em si. "São Pedro saltou sobre o mar e caminhou sobre as águas enquanto sua fé o sustentou. Aquele que tiver a fé do tamanho de um grão de joio será obedecido pelas montanhas. Que aquele que tem fé peça, pois tudo lhe será dado. Batei, e se abrirá", ele escreve no prefácio de seu *Livro das profecias* (1501). Além disso, Colombo não acredita unicamente no dogma cristão: acredita também (e não é o único na época) em ciclopes e sereias, em amazonas e homens com caudas, e sua crença, tão forte quanto a de São Pedro, permite que ele os encontre. "Ele entendeu ainda que, mais além, havia homens com um só olho e outros com focinho de cão" (*Diário*, 4.11.1492). "O Almirante diz que na véspera, a caminho do rio do ouro, viu três sereias que saltaram alto, fora do mar. Mas elas não eram tão belas quanto se diz, embora de um certo modo tivessem forma humana de rosto" (9.1.1493). "Estas mulheres não se dedicam a nenhum exercício feminino, e sim aos do arco e da flecha, fabricadas, como é dito acima, de caniço, e elas se armam e se cobrem de lâminas de cobre que têm em abundância" (*Carta a Santangel*, fevereiro-março de 1493). "Restam em direção ao poente duas províncias, que não percorri, das quais uma, que eles chamam de Avan, onde as pessoas nascem com uma cauda" (*ibid.*).

A crença mais surpreendente de Colombo é de origem cristã: refere-se ao Paraíso terrestre. Ele leu no *Imago mundi* de Pierre d'Ailly que o Paraíso terrestre devia estar localizado numa região temperada além do equador. Não encontra nada durante sua primeira visita ao Caribe, surpreendentemente; porém, de volta aos Açores, declara: "O Paraíso terrestre está no fim do Oriente, pois essa é uma região temperada ao extremo. E aquelas terras que ele acabava de descobrir são, segundo ele, o fim do Oriente" (21.2.1493). O tema transformou-se em obsessão durante a terceira viagem, quando Colombo chega mais perto do equador. Inicialmente, ele crê perceber uma irregularidade na forma redonda da Terra: "Descobri que o mundo não era redondo da maneira como é descrito, mas da forma de uma pêra que seria toda bem redonda, exceto no local onde se encontra a haste, que é o ponto mais elevado; ou então como uma bola bem redonda, sobre a qual, em um certo ponto, estaria algo como uma teta de mulher, e a parte deste mamilo fosse a mais elevada e a mais próxima do céu, e situada sob a linha equinocial neste mar Oceano, no fim do Oriente" (*Carta aos reis*, 31.8.1498).

Esta elevação (um mamilo sobre uma pêra!) será um argumento a mais para afirmar que o Paraíso terrestre está ali. "Estou convencido de que aqui é o Paraíso terrestre, onde ninguém pode chegar se não for pela vontade divina (...) Não concebo que o Paraíso terrestre tenha a forma de uma montanha abrupta, como mostram os escritos a esse respeito, e sim que está sobre este pico, no ponto de que falei, que figura a haste da pêra, onde subimos, pouco a pouco, por uma inclinação tomada de muito longe" (*ibid.*).

Podemos observar aqui como as crenças de Colombo influenciam suas interpretações. Ele não se preocupa em entender melhor as palavras dos que se dirigem a ele, pois já sabe que encontrará ciclopes, homens com cauda e amazonas. Ele vê que as "sereias" não são, como se disse, belas mulheres; no entanto, em vez de concluir pela inexistência das sereias, troca um preconceito por outro e corrige: as sereias não são tão belas quanto se pensa. Durante a terceira viagem, num certo momento, Colombo se pergunta sobre a origem das pérolas que os índios às vezes lhe trazem. A coisa acontece na sua frente, mas o que ele relata em seu diário é a explicação de Plínio, tirada de um livro: "Próximo ao mar havia inumeráveis ostras presas aos galhos das árvores que cresciam no mar, com a boca aberta para receber o orvalho que cai das folhas, esperando que caísse uma gota para dar origem às pérolas, como diz Plínio; e cita o dicionário intitulado *Catholicon*" (Las Casas, *Historia*, I, 137). E o mesmo em relação ao Paraíso terrestre: o signo que constitui a água doce (portanto, grande rio, e, portanto, montanha) é interpretado, após uma breve hesitação, "conforme a opinião dos ditos santos e sábios teólogos" (*ibid.*). "Tenho em minha alma por muito certo que lá onde eu disse se encontra o Paraíso terrestre, e me baseio para isso nas razões e autoridades ditas acima" (*ibid.*). Colombo pratica uma estratégia "finalista" da interpretação, como os Pais da Igreja interpretavam a Bíblia: o sentido final é dado imediatamente (é a doutrina cristã), procura-se o caminho que une o sentido inicial (a significação aparente das palavras do texto bíblico) a este sentido último. Colombo não tem nada de um empirista moderno: o argumento decisivo é o argumento de autoridade, não o de experiência. Ele sabe de antemão o que vai encontrar; a experiência concreta está aí para ilustrar uma verdade que se possui, não para ser investigada, de acordo com regras preestabelecidas, em vista de uma procura da verdade.

Apesar de sempre ser finalista, Colombo, como vimos, era mais perspicaz quando observava a natureza do que quando tentava compreender os indígenas. Seu comportamento hermenêutico não é exatamente o mesmo aqui e ali, como poderemos ver em detalhe.

"Desde a mais tenra infância vivi a vida dos marinheiros, e o faço até hoje. Este ofício leva aqueles que a abraçam a querer conhecer os segredos deste mundo", escreve Colombo no início do *Livro das profecias* (1501). Insistiremos aqui na palavra *mundo* (em oposição a "homens"): aquele que se identifica com a profissão de marinheiro relaciona-se mais com a natureza do que com seus próximos; e em seu espírito a natureza tem certamente mais afinidade com Deus do que os homens: ele escreve, rapidamente, na margem da *Geografia* de Ptolomeu: "Admiráveis são os impulsos tumultuosos do mar. Admirável é Deus nas profundezas." Os escritos de Colombo, e particularmente o diário da primeira viagem, revelam uma atenção constante a todos os fenômenos naturais. Peixes e pássaros, plantas e animais são as principais personagens das aventuras que conta; deixou-nos descrições detalhadas. "Eles pescaram com redes e pegaram um peixe, entre muitos outros, que se parecia realmente com um porco, não como o atum, mas, diz o Almirante, que era todo escamado, muito duro, e não tinha nele nada de mole exceto a cauda, os olhos e um orifício por baixo para expulsar os excrementos. Ele ordenou que fosse salgado para que os Reis o vissem" (16.11.1492). "Vieram ao navio mais de quarenta pardais juntos e dois albatrozes, e num deles deu uma pedrada um moço da caravela. Veio à nau uma fragata, e também um pássaro branco semelhante a uma gaivota" (4.10.1492). "Vi muitas árvores diferentes das nossas, e várias delas tinham ramos de tipos diferentes saindo de um mesmo tronco – um ramo era de um tipo, e o outro de outro –, tão estranhos por sua diversidade que era certamente a coisa mais maravilhosa do mundo. Por exemplo, um ramo tinha folhas como as da cana e outras como as do lentisco, e assim numa só árvore havia folhas de cinco ou seis tipos e todas diferentes" (16.10.1492). Durante a terceira viagem, ele faz escala nas ilhas do Cabo Verde, que na época serviam aos portugueses como lugar de deportação para todos os leprosos do reino. Supõe-se então que eles poderão curar-se comendo tartarugas e lavando-se com seu sangue. Colombo não presta a mínima atenção aos leprosos e a seus costumes singulares; mas inicia imediatamente uma longa descrição dos hábitos das tartarugas. Ao naturalista amador junta-se o etólogo experimentador, na célebre cena do combate entre um pecari e um macaco, descrita por Colombo num momento em que sua situação é quase trágica e não se poderia esperar que ele se concentrasse na observação da natureza: "Há inúmeros animais, pequenos e grandes, e muito diferentes dos nossos. Deram-me de presente dois porcos que um cão irlandês não ousava enfrentar. Um arpoador tinha ferido um animal semelhante a um macaco, porém muito maior e com uma face de homem; lhe tinha atravessado o corpo com uma flecha, do peito até a cauda e, como ele estava furioso, tinha tido de cortar-lhe um braço e uma perna. O porco, assim que o viu, ficou eriçado e se pôs a fugir. Eu, ao ver isso, mandei lançar o *begare*, como é chamado neste lugar, contra o outro, e quando ficou sobre ele, ainda que estivesse à morte e ainda tivesse a flecha no corpo, lançou a cauda em volta do focinho do porco e a manteve assim, com força, enquanto, com a mão que lhe restava, agarrava-o pela nuca, como um inimigo. A grande novidade desta cena e a beleza deste combate de caça levaram-me a escrever isto" (*Carta rarissima*, 7.7.1503).

Atento aos animais e às plantas, Colombo o é ainda mais a tudo que se refere à navegação, ainda que esta atenção esteja mais ligada ao senso prático do marinheiro do que à observação científica rigorosa. Concluindo o prefácio de seu primeiro diário, dirige a si mesmo esta injunção: "E, sobretudo, é muito importante que eu esqueça o sono e seja um navegador muito vigilante, porque assim deve ser; o que exigirá grande esforço", e podemos dizer que ele obedece à risca: nenhum dia sem anotações referentes às estrelas, aos ventos, à profundidade do mar, ao relevo da costa; os princípios teológicos não intervêm aqui. Quando Pinzón, comandante do segundo navio, desaparece à procura de ouro, Colombo passa o tempo fazendo levantamentos geográficos: "Esta noite toda esteve na corda, como dizem os marinheiros, que é andar barlaventeando e não andar nada, para ver uma angra, que é uma abertura entre as montanhas, que começou a ver ao pôr-do-sol, onde se mostravam duas montanhas enormes" (*Diário*, 13.11.1492).

O resultado desta observação vigilante é que Colombo consegue, em matéria de navegação, verdadeiras façanhas (apesar do naufrágio de sua nave): sempre sabe escolher os melhores ventos e as melhores velas; inaugura a navegação pelas estrelas e descobre a declinação magnética. Um de seus companheiros da segunda viagem, que não procura ser lisonjeiro, escreve: "Durante as navegações bastava-lhe olhar uma nuvem, ou, à noite, uma estrela, para saber o que ia acontecer e se haveria mau tempo." Em outras palavras, sabe interpretar os sinais da natureza em função de seus interesses. Aliás, a única comunicação realmente eficaz que ele estabelece com os indígenas baseia-se em sua ciência das estrelas: é quando, numa solenidade digna de Tintin, se aproveita do fato de conhecer a data de um eclipse iminente da Lua; encalhado na costa jamaicana há oito meses, não consegue mais convencer os índios a trazer mantimentos gratuitamente; então, ameaça roubar-lhes a Lua, e na noite de 29 de fevereiro de 1504 começa a cumprir a ameaça, diante dos olhos assustados dos caciques... O sucesso é imediato.

Mas duas personagens coexistem em Colombo (para nós), e quando o ofício de navegador não está mais em jogo a estratégia finalista torna-se preponderante em seu sistema de interpretação: não se trata mais de procurar a verdade, e sim de procurar confirmações para uma verdade conhecida de antemão (ou, como se diz, tomar desejos por realidade). Por exemplo, durante toda a primeira travessia (Colombo leva mais de um mês para ir das Canárias a Guanaani, a primeira ilha do Caribe que encontra), ele procura indícios de terra. E, evidentemente, encontra tais indícios, logo, uma semana após sua partida: "Começamos a ver numerosos tufos de ervas muito verdes que pareciam, segundo o Almirante, ter-se desligado da terra há pouco tempo" (17.9.1492). "Do lado do norte apareceu uma grande obscuridade, o que significa que ela cobre a terra" (18.9.1492). "Houve algumas ondas sem vento, o que é sinal evidente de proximidade da terra" (19.9.1492). "Vieram à nau capitânea dois albatrozes, e depois outro; o que foi um sinal de estar próximo da terra" (20.9.1492). "Viram uma baleia, sinal de que estavam perto da terra, pois elas andam sempre perto da costa"

(21.9.1492). Todos os dias Colombo vê "sinais" e, no entanto, sabemos hoje que os sinais mentiam (ou que não havia sinais), já que a terra só foi atingida no dia 12 de outubro, ou seja, mais de vinte dias depois!

No mar, todos os sinais indicam a proximidade da terra, já que Colombo assim o deseja. Em terra, todos os sinais revelam a presença de ouro: aqui também sua convicção já estava formada havia muito tempo. "Ele diz ainda que achava que havia imensas riquezas, pedras preciosas e especiarias" (14.11.1492). "O Almirante presumia que ali havia bons rios e muito ouro" (11.1.1493). Às vezes a afirmação desta convicção mistura-se, ingenuamente, com uma confissão de ignorância: "Creio que há muitas ervas e muitas árvores bastante apreciadas na Espanha para as tinturas, e como medicamentos e especiarias; mas não as conheço, o que me deixa deveras desgostoso" (19.10.1492). "Há também árvores de mil espécies, todas com frutos diferentes e todos tão perfumados que é uma maravilha, e estou profundamente desgostoso por não conhecê-las, pois estou certo de que têm todas muito valor" (21.10.1492). Durante a terceira viagem, ele mantém o mesmo esquema de pensamento: acha que as terras são ricas, pois deseja ardentemente que o sejam; sua convicção é sempre anterior à experiência. "E ele ansiava em penetrar os segredos destas terras, pois achava impossível que elas não contivessem coisas de valor" (Las Casas, *Historia*, I, 136).

Quais são os "sinais" que lhe permitem confirmar suas convicções? Qual é o procedimento de Colombo hermeneuta? Um rio lhe faz lembrar o Tejo. "Ele lembrou-se então que na embocadura do Tejo, próximo ao mar, encontra-se ouro, e pareceu-lhe certo que devia haver dele aqui" (*Diário*, 25.11.1492): não só uma vaga analogia deste gênero não prova nada, como também o próprio ponto de partida é falso: no Tejo não há ouro. Ou ainda: "O Almirante diz que onde há cera deve haver milhares de outras boas coisas" (29.11.1492): esta inferência nem se compara ao célebre "onde há fumaça há fogo"; e o mesmo serve para outra, onde a beleza da ilha leva Colombo a concluir suas riquezas

Um de seus correspondentes, Mosén Jaume Ferrer, havia escrito em 1495: "A maioria das coisas boas vem das regiões muito quentes, cujos habitantes são negros, ou papagaios..." Os negros e os papagaios são portanto considerados como sinais (provas) de calor, e este último como sinal de riqueza. Deveria surpreender-nos, então, o fato de Colombo nunca deixar de registrar a abundância de papagaios, o negrume da pele e a intensidade do calor? "Os índios que subiam à nave tinham entendido que o Almirante desejava ter algum papagaio" (13.12.1492): agora sabemos por quê! Durante a terceira viagem, ele vai mais para o sul: "Aí, as gentes são extremamente negras. E, quando daí naveguei em direção ao Ocidente, o calor era extremo" (*Carta aos reis*, 31.8.1498). Mas o calor é bem-vindo: "Do calor que, diz o Almirante, eles suportaram nesse lugar, ele deduziu que, nessas Índias e por onde iam, devia haver muito ouro" (*Diário*, 20.11.1492). Las Casas faz uma observação justa sobre um outro exemplo semelhante: "É uma maravilha ver como, quando um homem deseja muito algo e se agarra firmemente a isso em sua imaginação, tem a impressão, a todo momento, de que tudo aquilo que ouve e vê testemunha a favor dessa coisa" (*Historia*, I, 44).

A procura da localização da terra firme (o continente) constitui um outro exemplo espantoso deste comportamento. Desde a primeira viagem, Colombo registra em seu diário a informação pertinente: "Esta ilha Hispaniola (Haiti) e a outra ilha, Yamaye (Jamaica), estão a somente dez dias de canoa da terra firme, o que pode significar de sessenta a setenta léguas, e lá as gentes se vestem" (6.1.1493). Ele tem, porém, suas convicções, ou seja, que a ilha de Cuba é uma parte do continente (da Ásia), e decide eliminar qualquer informação que tenda a provar o contrário. Os índios encontrados por Colombo diziam que essa terra (Cuba) era uma ilha; já que a informação não lhe convinha, ele recusava a qualidade de seus informantes. "E como são homens bestiais e que pensam que o mundo inteiro é uma ilha, e que nem sabem o que é um continente, e não possuem nem cartas nem documentos antigos, e só encontram prazer em comer e estar com as mulheres, disseram que era uma ilha..." (Bernaldez, transcrevendo o diário da segunda viagem). É possível nos perguntarmos em que, exatamente, o amor pelas mulheres invalida a afirmação de que o país é uma ilha. De qualquer modo, no final desta segunda expedição, assistimos a uma cena célebre e grotesca, onde Colombo se recusa definitivamente a verificar pela experiência se Cuba é uma ilha, e decide aplicar o argumento de autoridade em relação a seus companheiros: todos descem à terra, e cada um pronuncia um juramento afirmando que "não tinha dúvida alguma de que fosse terra firme e não uma ilha, e que antes de muitas léguas, navegando pela dita costa, encontrariam um país de gente educada e conhecedora do mundo (...) Sob pena de dez mil maravedis (moeda espanhola) para quem dissesse depois o contrário do que agora dizia, e a cada vez, em qualquer tempo; sob pena também de ter a língua cortada, e, para os grumetes e gentes desta espécie, que nesse caso lhes sejam dadas cem chicotadas e que se lhes corte a língua" (*Juramento sobre Cuba*, junho de 1494). Estranho juramento esse, em que juram que encontrarão gente civilizada!

A interpretação dos sinais praticada por Colombo é determinada pelo resultado ao qual ele deve chegar. Até sua façanha, a descoberta da América, relaciona-se ao mesmo comportamento: ele não a descobre, encontra-a onde "sabia" que estaria (onde ele pensava estar a costa ocidental da Ásia). "Ele sempre tinha achado, no fundo de seu coração", relata Las Casas, "quaisquer que fossem as razões dessa opinião (eram a leitura de Toscanelli e das profecias de Esdras), que atravessando o oceano para além da ilha de Hierro, por uma distância de aproximadamente setecentas e cinqüenta léguas, acabaria por descobrir a terra" (*Historia*, I, 139). Já percorridas setecentas léguas, ele proíbe a navegação durante a noite, temendo deixar escapar a terra, que ele *sabe* estar bem próxima. Esta convicção é bem anterior à viagem; Fernando e Isabel lembram-se disso numa carta que segue a descoberta: "O que vós nos anunciastes realizou-se como se vós o tivésseis visto antes de dizê-lo a nós" (carta de 16.8.1494). O próprio Colombo, *a posteriori*, atribui sua descoberta a este conhecimento *a priori*, que identifica à vontade divina e às profecias (de fato bastante invocadas por ele nesse sentido): "Já disse que, para a execução do empreendimento das Índias, a razão, a matemática e o mapa-múndi não me foram de nenhuma utilidade. Tratava-se apenas da realização do que Isaías havia predito" ("Prefácio" ao *Livro das profecias*, 1501). Do mesmo modo, Colombo descobre (na terceira viagem) o continente americano propriamente dito porque procura, de maneira bem ordenada, aquilo que chamamos de América do Sul, como revelam suas anotações no livro de Pierre d'Ailly: por razões de simetria, deve haver quatro continentes no globo: dois ao norte e dois ao sul; ou, vistos no sentido contrário, dois a leste e dois a oeste. A Europa e a África ("Etiópia") formulam o primeiro par norte-sul; a Ásia é o elemento norte do segundo; resta descobrir, não, achar onde está localizado o quarto continente. Assim, a interpretação "finalista" não é obrigatoriamente menos eficaz do que a interpretação empirista: os outros navegadores não ousavam empreender a viagem de Colombo, pois não tinham a sua certeza.

Este tipo de interpretação, baseado na pré-ciência e na autoridade, nada tem de "moderno". Porém, como vimos, esta atitude é compensada por outra, que nos é bem mais familiar; é a admiração intransitiva da Natureza, tão intensa que se libera de toda interpretação e de toda função: é uma apreciação da Natureza que já não tem nenhuma utilidade. Las Casas transcreve um trecho do diário de sua terceira viagem, que mostra Colombo preferindo a beleza à utilidade: "Ele diz que mesmo se não houvesse lucros a obter, pela beleza dessas terras, (...) não deveríamos estimá-las menos" (*Historia*, I, 131). E a enumeração das admirações de Colombo não teria fim. "Toda esta terra é de montanhas muito altas e muito belas, nem áridas nem rochosas, mas muito acessíveis e com vales magníficos. Como as montanhas, os vales são repletos de árvores altas e frescas, que se tem grande satisfação em avistar" (*Diário*, 26.11.1492). "Aqui, os peixes são tão diferentes dos nossos, que é uma maravilha. Há alguns que são, como os galos, enfeitados das mais lindas cores do mundo: azuis, amarelos, vermelhos e de todas as cores. Outros são matizados de mil maneiras e suas cores são tão belas que não há quem não fique maravilhado e extasiado em vê-los. Há também baleias" (16.10.1492). "Aqui e por toda ilha, as árvores são verdes e as ervas também, como no mês de abril, na Andaluzia. O canto dos passarinhos é tal que pareceria que jamais o homem desejaria partir daqui. Os bandos de papagaios escondem o sol. Pássaros e passarinhos são de tantas espécies, e tão diferentes dos nossos, que é uma maravilha" (21.10.1492). Até o vento ali "sopra muito carinhosamente" (24.10.1492).

Para descrever sua admiração da natureza, Colombo não pode evitar os superlativos. O verde das árvores é tão intenso que deixa de ser verde. "As árvores eram ali tão viçosas que suas folhas deixavam de ser verdes e ficavam escuras de tanto verdejar" (16.12.1492). "Veio da terra um perfume, tão bom e tão suave, das flores ou das árvores, que era a coisa mais doce do mundo" (19.10.1492). "Ele diz ainda que aquela ilha é a mais bela que os olhos jamais viram" (28.10.1492). "Ele disse que nunca tinha visto coisa mais bela do que aquele vale no meio do qual corre o rio" (15.12.1492). "É certo que a beleza destas ilhas, com seus montes e suas serras, suas águas e seus vales regados por rios caudalosos, é um espetáculo tal que nenhuma outra terra sob o sol pode parecer melhor ou mais magnífica" (*Relatório para Antonio de Torres*, 30.1.1494).

Colombo tem consciência do que estes superlativos podem ter de inverossímil e, conseqüentemente, de pouco convincente; mas resolve correr o risco, já que era impossível proceder de outro modo. "Ele foi ver o porto e afirmou que entre todos os que já tinha visto nenhum se igualava àquele. E pede desculpas, dizendo que tanto elogiou os outros que já não sabe como elogiar aquele, e que teme ser acusado de tudo magnificar em demasia. Mas justifica seus elogios..." (*Diário*, 21.12.1492). E jura que não está exagerando: "Ele diz tanto e tais coisas da fertilidade, da beleza e da altitude das ilhas encontradas nesse porto, que pede aos Reis que não se espantem com tantos elogios, pois lhes garante que não crê dizer destas coisas um centésimo" (14.11.1492). E deplora a pobreza de seu verbo: "Dizia aos homens que o acompanhavam que, para fazer para os Reis uma relação de tudo quanto viam, mil línguas não bastaram para expressá-lo nem sua mão para escrevê-lo, e que lhe parecia estar encantado" (27.11.1492).

A conclusão desta admiração ininterrupta é lógica: o desejo de não deixar este ápice de beleza. "Disse que era um grande prazer ver todo aquele verdor, aquelas matas e pássaros que não podia decidir-se a deixar para retornar aos navios", lemos no dia 28 de outubro de 1492, e ele conclui, alguns dias depois: "Foi coisa tão maravilhosa ver as árvores e o frescor, a água tão cristalina, os pássaros e a suavidade dos lugares que ele diz acreditar que não quer mais partir daqui" (27.11.1492). As árvores são as verdadeiras sereias de Colombo. Diante delas, ele esquece suas interpretações e sua busca de lucro, para reiterar, incansavelmente, o que não serve para nada, não conduz a nada, e que, portanto, só pode ser *repetido*: a beleza. "Ele parava por mais tempo do que teria desejado, pelo desejo que tinha de ver e o deleite que experimentava em olhar a beleza e o frescor das terras, onde quer que entrasse" (27.11.1492). Talvez encontre aí um motivo que animou todos os grandes viajantes, conscientemente ou não.

A observação atenta da natureza conduz a três direções diferentes: à interpretação puramente pragmática e eficaz, quando se trata de assuntos de navegação; à interpretação finalista, em que os sinais confirmam as crenças e esperanças que se têm; e, finalmente, a esta recusa de interpretação que é a admiração intransitiva da natureza, a submissão absoluta à beleza, segundo a qual se gosta de uma árvore porque é bela, porque *é*, e não porque poderia ser utilizada como mastro de um navio, ou porque sua presença promete riquezas. Em relação aos sinais humanos, o comportamento de Colombo será, finalmente, mais simples.

De uns a outros, há solução de continuidade. Os sinais da natureza são indícios, associações estáveis entre duas entidades, e basta que uma esteja presente para que se possa imediatamente inferir a outra. Os sinais humanos, ou seja, as palavras da língua, não são simples associações, não unem diretamente um som a uma coisa, passam por intermédio do sentido, que é uma realidade intersubjetiva. Primeiro fato que chama a atenção: Colombo, em matéria de linguagem, parece notar só os nomes próprios, que, em certos aspectos, são os que mais se assemelham aos indícios naturais. Observemos, pois, esta atenção aos nomes próprios, e, para começar, a preocupação de Colombo em relação a seu próprio nome, a ponto de, como se sabe, modificar-lhe a ortografia várias vezes no decorrer de sua vida. Cedo aqui, mais uma vez, a palavra a Las Casas, grande admirador do Almirante e fonte única de inumeráveis informações a seu respeito, que revelará o sentido destas mudanças (*Historia*, 1, 2): "Mas este homem ilustre, renunciando ao nome estabelecido pelo costume, quis chamar-se Colón, recuperando o vocábulo antigo, menos por esta razão (ser o nome antigo) do que, devemos acreditar, movido pela vontade divina que o havia eleito para realizar o que seu nome e sobrenome significavam. A Providência divina quer, geralmente, que as pessoas por Ela designadas para servir recebam nomes e sobrenomes adequados à tarefa que lhes é confiada, como se viu em muitos lugares na Escritura Santa; e o Filósofo diz, no capítulo IV de sua *Metafísica*: 'Os nomes devem convir às qualidades e aos usos das coisas.' Por isso ele era chamado Cristobal, isto é, *Christum Ferens*, que quer dizer portador do Cristo, e é assim que ele assinava freqüentemente; pois em verdade foi o primeiro a abrir as portas do mar Oceano, para fazer passar nosso Salvador Jesus Cristo, até essas terras longínquas e reinos até então desconhecidos (...) Seu sobrenome foi Colón, que quer dizer repovoador, nome que convém àquele cujo esforço fez descobrir essas gentes, essas almas em número infinito que, graças à pregação do Evangelho, (...) foram e irão todos os dias repovoar a cidade gloriosa do Céu. Também lhe convém na medida em que foi o primeiro a fazer vir gentes da Espanha (embora não as que deveria), para fundar colônias, ou populações novas que, estabelecendo-se junto aos habitantes naturais (...), deviam constituir uma nova (...) Igreja cristã e um Estado feliz."

Colombo (4) e, depois dele, Las Casas, assim como muitos de seus contemporâneos, acreditam, portanto, que os nomes, ou, pelo menos, os de pessoas excepcionais, devem ser à imagem de seu ser. E Colombo tinha conservado nele mesmo dois traços dignos de figurar até em seu nome: o evangelizador e o colonizador; e tinha razão. A mesma atenção para com o nome, que beira o fetichismo, manifesta-se nos cuidados de que cerca sua assinatura; pois ele não assina, como qualquer um, seu nome, mas uma sigla particularmente elaborada – tão elaborada, aliás, que ainda não se pode penetrar seu segredo. E não se contenta em utilizá-la, impondo-a também a seus herdeiros. Lê-se na instituição de morgado: "Meu filho Don Diego e qualquer outra pessoa que herde este morgado, a partir do momento em que o herdar e dele tomar posse, assinará minha própria assinatura, tal como é por mim utilizada no momento, ou seja, um X com um S acima; um M com um A romano abaixo, com traços e vírgulas, tal qual traço-os agora, e que podem ser vistos em minhas assinaturas, que podem ser encontradas em grande número, e tal qual podem ser vistos pela presente" (22.2.1498).

Até os pontos e vírgulas são estabelecidos de antemão! Esta atenção excessiva para com o próprio nome encontra um prolongamento natural em sua atividade de denominador, durante as viagens. Como Adão no Éden, Colombo apaixona-se pela escolha dos nomes do mundo virgem que está vendo; e, assim como para ele mesmo, os nomes devem ser motivados. A motivação é estabelecida de várias maneiras. No início, há uma espécie de diagrama: a ordem cronológica dos batismos corresponde à ordem de importância dos objetos associados aos nomes. A seqüência será: Deus, a Virgem Maria, o rei de Espanha, a rainha, a herdeira real. "À primeira que encontrei (trata-se de ilhas), dei o nome de San Salvador, em homenagem a Sua Alta Majestade, que maravilhosamente deu-me tudo isto. Os índios chamam esta ilha de Guanaani. À segunda ilha dei o nome de Santa Maria de Concepción; à terceira, Fernandina; à quarta, Isabela; à quinta, Juana, e assim a cada uma delas dei um novo nome" (*Carta a Santangel*, fevereiro-março de 1493).

Colombo sabe perfeitamente que as ilhas já têm nome, de uma certa forma, nomes naturais (mas em outra acepção do termo); as palavras dos outros, entretanto, não lhe interessam muito, e ele quer rebatizar os lugares em função do lugar que ocupam em sua descoberta, dar-lhes nomes justos; a nomeação, além disso, equivale a tomar posse. Mais tarde, os registros religioso e real já quase esgotados, recorre a uma motivação mais tradicional, por semelhança direta, que ele justifica em seguida. "Dei a esse cabo o nome de Cabo Belo, porque é realmente belo" (19.10.1492). "Chamou-as de ilhas de Areia, pelo pouco fundo que tinham por seis léguas em sua parte sul" (27.10.1492). "Viu um cabo coberto de palmeiras, e nomeou-o Cabo das Palmeiras" (30.10.1492). "Há um cabo que avança muito no mar, às vezes alto e às vezes baixo, e por isso ele nomeou-o Cabo Alto-e-Baixo" (19.12.1492). "Encontramos partículas de ouro nos aros dos barris (...). O Almirante deu ao rio o nome de Rio do Ouro" (8.1.1493). "Quando avistou a terra, foi um cabo que nomeou do Pai e do Filho, porque sua extremidade leste é dividida em duas pontas rochosas, uma maior do que a outra" (12.1.1493, I, 195). "Chamei o local de Os Jardins, porque era o nome que convinha..." (*Carta aos reis*, 31.8.1498).

As coisas devem ter os nomes que lhes convêm. Há dias em que esta obrigação deixa Colombo num estado de verdadeiro furor nominativo. Assim, a 11 de janeiro de 1493: "Navegou quatro léguas em direção ao leste, até um cabo que chamou de Gurupês. De lá, a sudeste eleva-se o monte que ele chamou de Monte da Prata, que diz estar a oito léguas. Dezoito léguas a leste, quarta sudeste do Cabo Gurupês encontra-se o cabo que ele chamou do Anjo. (...) Quatro léguas a leste, quarta sudeste do Cabo do Anjo, há uma ponta que o Almirante chamou de Ponta do Ferro. Quatro léguas adiante, na mesma direção, uma outra ponta que nomeou Ponta Seca, e ainda seis léguas além, o cabo que chamou de Cabo Redondo. Mais além, a leste, está o Cabo Francês..." Ele parece ter tanto prazer nisso que há dias em que dá dois nomes sucessivos ao mesmo lugar (por exemplo, no dia 6 de dezembro de 1492, um porto que de madrugada tinha sido nomeado Maria fica sendo São Nicolau no fim da tarde). Por outro lado, se alguém quiser imitá-lo em sua ação de nomeador, ele anula a decisão para impor o nome que ele quer: durante sua fuga, Pinzón tinha nomeado um rio com seu próprio nome (coisa que o Almirante nunca faz), mas Colombo apressa-se em rebatizá-lo "Rio de Graça". Nem os índios escapam da torrente de nomes: os primeiros homens levados à Espanha são rebatizados Don Juan de Castilla e Don Fernando de Aragón...

O primeiro gesto de Colombo em contato com as terras recentemente descobertas (conseqüentemente, o primeiro contato entre a Europa e o que será a América) é uma espécie de ato de nominação de grande alcance: é uma declaração segundo a qual as terras passam a fazer parte do reino da Espanha. Colombo desce à terra numa barca decorada com o estandarte real, acompanhado por dois de seus capitães, e pelo escrivão real, munido de seu tinteiro. Sob os olhares dos índios, provavelmente perplexos, e sem se preocupar com eles, Colombo faz redigir um ato. "Ele lhes pediu que dessem fé e testemunho de que ele, diante de todos, tomava posse da dita ilha – como de fato tomou – em nome do Rei e da Rainha, seus Senhores..." (11.10.1492). Que este tenha sido o primeiro ato de Colombo na América nos diz bastante da importância que tinham para ele as cerimônias de nominação.

Como dissemos, os nomes próprios constituem um setor muito particular do vocabulário: desprovidos de sentido, servem somente para denotar, mas não servem, diretamente, para a comunicação humana; dirigem-se à natureza (o referente), não aos homens; são, à semelhança dos índices, associações diretas entre seqüências sonoras e segmentos do mundo. A parte da comunicação humana que prende a atenção de Colombo é, pois, precisamente o setor da linguagem que serve unicamente, pelo menos num primeiro momento, para designar a natureza.

Quando Colombo se volta para o resto do vocabulário, ao contrário, mostra muito pouco interesse e revela ainda mais sua concepção ingênua da linguagem, já que sempre vê os nomes confundidos às coisas: toda a dimensão de intersubjetividade, do *valor* recíproco das palavras (por oposição à sua capacidade denotativa), do caráter humano, e portanto arbitrário, dos signos, lhe escapa. Aqui está um episódio significativo, uma espécie de paródia do trabalho etnográfico: tendo aprendido o vocábulo indígena "cacique", preocupa-se menos em saber o que significa na hierarquia, convencional e relativa, dos índios, do que em ver a que palavra espanhola corresponde exatamente, como se fosse óbvio que os índios estabelecem as mesmas distinções que os espanhóis; como se o uso espanhol não fosse uma convenção entre tantas, e sim o estado natural das coisas: "Até então, o Almirante não pudera compreender se esta palavra (cacique) significava rei ou governador. Eles tinham também uma outra palavra para os grandes, que chamavam *nitayno*, mas ele não sabia se designava um fidalgo, um governador ou um juiz" (*Diário*, 23.12.1492). Colombo não duvida nem por um segundo de que os índios, como os espanhóis, distinguem entre fidalgo, governador e juiz; sua curiosidade limita-se ao exato equivalente indígena destes termos. Para ele, todo o vocabulário é semelhante aos nomes próprios, e estes decorrem das propriedades dos objetos que designam: o colonizador deve chamar-se Colón. As palavras são – e não são nada mais que isso – a imagem das coisas.

Não será nada surpreendente notar a pouca atenção que Colombo dá às línguas estrangeiras. Sua reação espontânea, nem sempre explícita, mas subjacente a seu comportamento, é que, no fundo, a diversidade lingüística não existe, já que a língua é natural. O que se torna ainda mais surpreendente na medida em que o próprio Colombo é poliglota, e ao mesmo tempo desprovido de língua materna: pratica tão bem (ou tão mal) o genovês quanto o latim, o português e o espanhol; mas as certezas ideológicas sempre souberam superar as contingências individuais. Até sua convicção da proximidade da Ásia, que lhe dá a coragem de partir, baseia-se num mal-entendido lingüístico caracterizado. É opinião comum em sua época que a Terra é redonda; mas acredita-se, com razão, que a distância entre a Europa e a Ásia pela via ocidental é muito grande, talvez até demais. Colombo aceita a autoridade do astrônomo árabe Alfragamus, que indica com bastante correção a circunferência da Terra, mas exprime-a em milhas árabes, de um terço superiores às milhas italianas, a que Colombo está acostumado. Este não pode conceber que as medidas sejam convenções, que o mesmo termo tenha significados diferentes segundo as diferentes tradições (ou línguas, ou contextos); traduz então em milhas italianas, e a distância não parece estar além de suas forças. E, apesar de a Ásia não estar onde ele pensa que está, tem como consolo a descoberta da América...

Colombo não reconhece a diversidade das línguas e, por isso, quando se vê diante de uma língua estrangeira, só há dois comportamentos possíveis, e complementares: reconhecer que é uma língua, e recusar-se a aceitar que seja diferente, ou então reconhecer a diferença e recusar-se a admitir que seja uma língua... Os índios que encontra logo no início, a 12 de outubro de 1492, provocam uma reação do segundo tipo; ao vê-los, promete: "Se Deus assim o quiser, no momento da partida levarei seis deles a Vossas Altezas, para que aprendam a falar" (estes termos chocaram tanto os vários tradutores franceses de Colombo que todos corrigiram: "para que aprendam nossa língua"). Mais tarde, consegue admitir que eles têm uma língua, mas não chega a conceber a diferença, e continua a escutar palavras familiares em sua língua, e fala com eles como se devessem compreendê-lo, e censura-os pela má pronúncia de palavras ou nomes que pensa reconhecer. Com esta deformação de audição, Colombo mantém diálogos engraçados e imaginários, dos quais o mais longo refere-se ao Grande Can, meta de sua viagem. Os índios dizem a palavra *Cariba*, designando os habitantes (antropófagos) do Caribe. Colombo entende *caniba*, ou seja, gente do Can. Mas entende também que, segundo os índios, estas personagens têm cabeça de cão (do espanhol *can*), com as quais, justamente, comem-nos. E acha que os índios estão inventando histórias, censurando-os então por isso: "O Almirante achava que estavam mentindo, e acreditava que aqueles que os capturavam eram da senhoria do Grande Can" (26.11.1492).

Quando Colombo reconhece, enfim, a diferença de uma língua, gostaria que, pelo menos, fosse a de todas as outras; há, em suma, as línguas latinas de um lado, e as línguas estrangeiras do outro. As semelhanças são grandes no interior de cada grupo, a julgar pela facilidade do próprio Colombo para as primeiras, e a do especialista em línguas que traz com ele para as outras. Quando ouve falar de um grande cacique no interior das terras, que imagina ser o Can, envia, como emissário, "um certo Luís de Torres que tinha vivido com o governador de Múrcia e tinha sido judeu e sabia, dizem, o hebraico, o caldeu e um pouco de árabe" (2.11.1492). É possível que nos perguntemos em que língua teriam sido feitas as negociações entre o enviado de Colombo e o cacique índio, aliás imperador da China; mas este último não compareceu ao encontro.

O resultado desta falta de atenção para com a língua do outro é fácil de prever: de fato, em todo o decorrer da primeira viagem, antes de os índios levados à Espanha terem aprendido a "falar", é a total incompreensão; ou, como diz Las Casas, na margem do diário de Colombo: "Estavam todos no escuro, pois não compreendiam o que os índios diziam" (30.10.1492). Isto não chega a ser chocante, nem surpreendente; ao contrário, o que choca e surpreende é o fato de Colombo agir o tempo todo como se entendesse o que lhe dizem, dando, simultaneamente, provas de sua incompreensão. A 24 de outubro de 1492, por exemplo, escreve: "Pelo que ouvi dos índios, (a ilha de Cuba) é bastante extensa, de grande comércio, e que havia nela ouro e especiarias e grandes naus e mercadores." Mas, duas linhas abaixo, no mesmo dia, escreve: "não compreendo a linguagem deles". Portanto, o que ele "entende" e "escuta" é simplesmente um resumo dos livros de Marco Polo e Pierre d'Ailly. "Ele entendeu que vinham até ali navios de grande tonelagem, pertencentes ao Grande Can, e que a terra firme estava a dez dias de navegação" (28.10.1492). "Repito, pois, o que disse repetidas vezes: Caniba não é nada senão o povo do Grande Can, que deve ser vizinho deste." E continua com este comentário saboroso: "A cada dia que passa, diz o Almirante, compreendemos melhor estes índios, e com eles acontece o mesmo, embora várias vezes tenham tomado uma coisa por outra" (11.12.1492). Dispomos de outro relato que ilustra a maneira pela qual seus homens faziam-se compreender pelos índios: "Os Cristãos, achando que, se saíssem de suas chalupas em grupos de dois ou três no máximo, os índios não teriam medo, avançaram em direção a eles de três em três, dizendo que não os temessem em sua língua que conheciam um pouco pela conversa daqueles que traziam. No fim, todos os índios se puseram a fugir, de modo que não restou nem grande nem pequeno" (27.11.1492).

Colombo nem sempre é enganado por suas ilusões, e admite que não há comunicação (o que torna ainda mais problemáticas as "informações" que pensa obter em suas conversas): "Não conheço a língua das gentes daqui, eles não me compreendem e nem eu nem nenhum de meus homens os entendemos" (27.11.1492). E diz ainda que só compreendia a língua dos indígenas "por conjecturas" (15.1.1493); sabemos, no entanto, o quanto esse método é pouco seguro...

A comunicação não-verbal não é nada melhor que a troca de palavras. Colombo prepara-se para desembarcar com seus homens. "Um dos índios (que estão diante dele) veio, pelo rio, até a popa da barca e iniciou um longo discurso, que o Almirante não compreendeu (o que em nada surpreende). Mas notou que os outros índios, de tempos em tempos, levantavam as mãos ao céu e davam um grito. O Almirante achava que eles lhe diziam que sua vinda lhes agradava (exemplo típico de *wishful thinking*), mas viu que o índio que trazia consigo (este sim, compreende a língua) mudava de cor, ficando amarelo como a cera, e tremia muito, dizendo por sinais que era preciso que o Almirante saísse do rio, porque queriam matá-los" (3.12.1492). Resta saber se Colombo entendeu bem o que o segundo índio lhe dizia "por sinais". Eis um exemplo de emissão simbólica mais ou menos tão bem-sucedida quanto a primeira: "Eu desejava muito falar com eles, e já não tinha nada que lhes pudesse ser mostrado para que viessem, exceto um tamborim que mandei trazer ao castelo de popa, para ser tocado e fazer dançar alguns jovens, pensando que eles viriam ver a festa. Mas assim que viram o tamborim ser tocado e a dança, todos abandonaram os remos, tomaram seus arcos, estenderam-nos, cada um cobrindo-se com o escudo, e começaram a atirar flechas sobre nós" (*Carta aos reis*, 31.8.1498).

Estes fracassos não se devem unicamente à ignorância da língua e dos costumes dos índios (embora

Colombo pudesse ter tentado vencê-la): os intercâmbios com os europeus também não são bem-sucedidos. Assim, voltando da primeira viagem, nos Açores, Colombo comete um erro após outro em sua comunicação com um capitão português que lhe era hostil. Crédulo demais no início, vê seus homens detidos, quando esperava a melhor das recepções; dissimulador grosseiro em seguida, não consegue atrair o capitão a seu navio, para prendê-lo. Sua percepção dos homens à sua volta não é muito clarividente: aqueles em quem deposita toda confiança (como Roldán, ou Hojeda) voltam-se em seguida contra ele, ao passo que ele negligencia pessoas que lhe são realmente dedicadas, como Diego Mendez.

Colombo não é bem-sucedido na comunicação humana porque não está interessado nela. Lê-se em seu diário, a 6 de dezembro de 1492, que os índios que havia trazido a bordo de seu barco tentam escapar e inquietam-se ao ver-se longe de sua ilha. "Aliás ele os compreendia tão mal quanto eles a ele, e tinha o maior temor do mundo das gentes desta ilha. Assim, para conseguir falar com os habitantes desta ilha, teria sido necessário permanecer alguns dias neste porto. Mas ele não o fazia, para ver mais terras e duvidando que o bom tempo durasse." Tudo está aí, no encadeamento de algumas frases: a pouca percepção que Colombo tem dos índios, mistura de autoritarismo e condescendência; a incompreensão de sua língua e de seus sinais; a facilidade com que aliena a vontade do outro visando a um melhor conhecimento das ilhas descobertas; a preferência pela terra, e não pelos homens. Na hermenêutica de Colombo, estes não têm lugar reservado.

COLOMBO E OS ÍNDIOS

Colombo fala dos homens que vê unicamente porque estes, afinal, também fazem parte da paisagem. Suas menções aos habitantes das ilhas aparecem sempre no meio de anotações sobre a Natureza, em algum lugar entre os pássaros e as árvores. "No interior das terras, há muitas minas de metais e inúmeros habitantes" (*Carta a Santangel*, fevereiro-março de 1493). "Até então, ia cada vez melhor, naquilo que tinha descoberto, pelas terras como pelas florestas, plantas, frutos, flores e gentes" (*Diário*, 25.11.1492). "As raízes ali eram tão grossas quanto as pernas, e todos, diz, eram fortes e valentes" (16.12.1492): vemos claramente como são introduzidas as pessoas, em função de uma comparação necessária à descrição das raízes. "Notaram que as mulheres casadas usavam panos de algodão, mas não as meninas, algumas já com dezoito anos. Havia ainda cães mastins e perdigueiros. Encontraram também um homem que tinha no nariz uma pepita de ouro do tamanho de um meio castelhano..." (17.10.1492): esta referência aos cães entre observações sobre as mulheres e os homens indica bem o registro em que estavam inseridos.

A primeira referência aos índios é significativa: "Então viram gentes nuas..." (11.10.1492). É bastante revelador que a primeira característica desta gente que chama a atenção de Colombo seja a falta de vestimentas – que, por sua vez, são símbolos de cultura (daí o interesse de Colombo pelas pessoas vestidas, que poderiam aproximar-se mais do que se sabe do Grande Can; e fica um pouco decepcionado por encontrar apenas selvagens). A mesma constatação reaparece: "Vão completamente nus, homens e mulheres, como suas mães os pariram" (6.11.1492). "Este rei e todo os seus andavam nus como tinham nascido, assim como suas mulheres, sem nenhum embaraço" (16.12.1492): as mulheres, pelo menos, podiam ser mais cuidadosas. Suas observações limitam-se, freqüentemente, ao aspecto físico das pessoas: sua estatura, cor da pele (mais apreciada na medida em que é mais clara, ou seja, mais parecida). "Todos são como os canarinos, nem negros nem brancos" (11.10.1492). "São mais claros que os de outras ilhas. Entre outros, tinham visto jovens tão brancas quanto é possível ser na Espanha" (13.12.1492). "Há belíssimos corpos de mulheres" (21.12.1492). E conclui, com surpresa, que apesar de nus os índios parecem mais próximos dos homens do que dos animais. "Todas as gentes das ilhas e lá da terra firme, embora tenham aparência animalesca e andem nus (...), parecem ser bastante razoáveis e de inteligência aguçada" (Bernaldez).

Fisicamente nus, os índios também são, na opinião de Colombo, desprovidos de qualquer propriedade cultural: caracterizam-se, de certo modo, pela ausência de costumes, ritos e religião (o que tem uma certa lógica, já que, para um homem como Colombo, os seres humanos passam a vestir-se após a expulsão do paraíso, e esta situa-se na origem de sua identidade cultural). Além disso, Colombo tem, como vimos, o hábito de ver as coisas segundo sua conveniência, mas é significativo que ele seja assim levado à imagem da nudez espiritual. "Pareceu-me que eram gente muito desprovida de tudo", escreve no primeiro encontro, e ainda: "Pareceu-me que não pertenciam a nenhuma seita" (11.10.1492). "Estas gentes são muito pacíficas e medrosas, nuas, como já disse, sem armas e sem leis" (4.11.1492). "Não são de nenhuma seita, nem idólatras" (27.11.1492). Já desprovidos de língua, os índios se vêem sem lei ou religião; e, se possuem cultura material, esta não atrai a atenção de Colombo, não mais do que, anteriormente, sua cultura espiritual: "Traziam pelotas de algodão fiado, papagaios, lanças, e outras coisinhas que seria tedioso enumerar" (13.10.1492): o importante, claro, é a presença dos papagaios. Sua atitude em relação a esta outra cultura é, na melhor das hipóteses, a de um colecionador de curiosidades, e nunca vem acompanhada de uma tentativa de compreender: observando, pela primeira vez, construções em alvenaria (durante a quarta viagem, na costa de Honduras), contenta-se em ordenar que se quebre delas um pedaço, para guardar como lembrança.

É de esperar que todos os índios, culturalmente virgens, página em branco à espera da inscrição espanhola e cristã, sejam parecidos entre si. "Todos pareciam-se com aqueles de que já falei, mesma condição, também nus, e da mesma estatura" (17.10.1492). "Vieram muitos deles, semelhantes aos das outras ilhas, igualmente nus e pintados" (22.10.1492). "Estes têm a mesma natureza, e os mesmos hábitos que os que até agora encontramos" (1.11.1492). "São, diz o Almirante, gente semelhante aos índios de que já falei, de mesma fé" (3.12.1492). Os índios se parecem por estarem nus, privados de características distintivas.

Dado este desconhecimento da cultura dos índios e sua assimilação à natureza, não se pode esperar encontrar nos escritos de Colombo descrições detalhadas da população. A imagem que Colombo nos dá dos índios obedece, no início, às mesmas regras que a descrição da natureza: decidido a tudo admirar, começa, então, pela beleza física dos índios. "Eram todos muito bem feitos, belíssimos de corpo e muito harmoniosos de rosto" (11.10.1492). "E todos de boa estatura, gente muito bonita" (13.10.1492). "Eram aqueles os mais belos homens e as mais belas mulheres que tinham encontrado até então" (16.12.1492).

Um autor como Pierre Martyr, que reflete exatamente as impressões (ou os fantasmas) de Colombo e de seus primeiros companheiros, pinta cenas idílicas. Eis que as índias vêm saudar Colombo: "Todas eram belas. Era como se víssemos aquelas esplêndidas náiades ou ninfas das fontes, tão decantadas pela Antiguidade. Tendo nas mãos feixes de palmas que seguravam ao executar suas danças, que acompanhavam de cantos, dobraram os joelhos e os apresentaram ao adelantado" (I, 5; cf. fig. 3).

Esta admiração, decidida de antemão, estende-se também à moral. Colombo declara de cara que são gente boa, sem se preocupar em fundamentar sua afirmação. "São as melhores gentes do mundo, e as mais pacíficas" (16.12.1492). "O Almirante diz que não crê que

Fig. 3 – Colombo desembarca no Haiti

um homem jamais tenha visto gente de coração tão bom" (21.12.1492). "Não creio que haja no mundo homens melhores, assim como não há terras melhores" (25.12.1492): a fácil ligação entre homens e terras indica bem o espírito com que escreve Colombo, e a pouca confiança que podemos depositar nas qualidades descritivas de suas observações. Além disso, no momento em que conhecer melhor os índios, cairá no outro extremo, o que não tornará sua informação mais digna de fé: vê-se, náufrago na Jamaica, "cercado por um milhão de selvagens cheios de crueldade, e que nos são hostis" (*Carta rarissima*, 7.7.1503). Sem dúvida, o que mais chama a atenção aqui é o fato de Colombo só encontrar, para caracterizar os índios, adjetivos do tipo bom/mau, que na verdade não dizem nada: além de dependerem do ponto de vista de cada um, são qualidades que correspondem a extremos e não a características estáveis, porque relacionadas à apreciação pragmática de uma situação, e não ao desejo de conhecer.

Dois traços dos índios parecem, à primeira vista, menos previsíveis do que os outros: são a "generosidade" e a "covardia". Ao ler as descrições de Colombo, percebemos que estas afirmações informam mais sobre o próprio do que sobre os índios. Na falta das palavras, índios e espanhóis trocam, desde o primeiro encontro, pequenos objetos; e Colombo não se cansa de elogiar a generosidade dos índios, que dão tudo por nada. Uma generosidade que, às vezes, parece-lhe beirar a burrice: por que apreciam igualmente um pedaço de vidro e uma moeda? Uma moeda pequena e uma de ouro? "Dei", escreve, "muitas outras coisas de pouco valor que lhes causaram grande prazer" (*Diário*, 11.10.1492). "Tudo o que têm, dão em troca de qualquer bagatela que se lhes ofereça, tanto que aceitam na troca até mesmo pedaços de tigela e taças de vidro quebradas" (13.10.1492). "Alguns tinham pedaços de ouro no nariz, que de bom grado trocavam por (...) [coisas] que valem tão pouco que não valem nada" (22.11.1492). "Seja coisa de valor ou coisa de baixo preço, qualquer que seja o objeto que se lhes dá em troca e qualquer que seja seu valor, ficam satisfeitos" (*Carta a Santangel*, fevereiro-março de 1493). Colombo não compreende que os valores são convenções – a mesma incompreensão que mostrou em relação às línguas, como vimos – e que o ouro não é mais precioso do que o vidro "em si", mas somente no sistema europeu de troca. E, quando conclui a descrição das trocas dizendo:

"Até pedaços de barris quebrados aceitavam, dando tudo o que tinham, como bestas idiotas!" (*Carta a Santangel*, fevereiro-março de 1493), temos a impressão de que é ele o idiota: um sistema de troca diferente significa, para ele, a ausência de sistema, e daí conclui pelo caráter bestial dos índios.

O sentimento de superioridade gera um comportamento protecionista: Colombo nos diz que proíbe seus marinheiros de efetuarem trocas, segundo ele, escandalosas. No entanto, vemos o próprio Colombo oferecer presentes estranhos, que hoje associamos aos "selvagens" (mas foi Colombo o primeiro a ensiná-los a apreciar e exigir tais presentes). "Mandei procurá-lo, dei-lhe um gorro vermelho, algumas miçangas de vidro verde, que pus em seu braço, e um par de guizos que prendi a suas orelhas" (*Diário*, 15.10.1492). "Dei-lhe um belíssimo colar de âmbar que trazia no pescoço, um par de calçados vermelhos e um frasco de água de flor de laranjeira. Alegrou-se muito com isso" (18.12.1492). "O senhor já trazia camisa e luvas que o Almirante lhe tinha dado" (26.12.1492). Compreende-se que Colombo fique chocado com a nudez do outro, mas luvas, um gorro vermelho e sapatos seriam, nessas circunstâncias, presentes mais úteis do que taças de vidro quebradas? Em todo caso, os chefes índios poderão vir visitá-los *vestidos*... Veremos que depois os índios descobrirão outros usos para os presentes espanhóis, embora sua utilidade continue não sendo demonstrada. "Como não tinham vestimentas, os indígenas se perguntaram de que poderiam servir agulhas, e os espanhóis satisfizeram sua engenhosa curiosidade, mostrando-lhes por gestos que as agulhas servem para arrancar os espinhos que freqüentemente lhes penetram a pele, ou para limpar os dentes; e assim começaram a fazer delas muito caso" (Pierre Martyr, I, 8).

É com base nessas observações e trocas que Colombo declara que os índios são as pessoas mais generosas do mundo, dando assim uma contribuição importante ao mito do *bon sauvage*. "Não cobiçam os bens de outrem" (26.12.1492). "São a tal ponto desprovidos de artifício e tão generosos com o que possuem, que ninguém acreditaria a menos que o tivesse visto" (*Carta a Santangel*, fevereiro-março de 1493). "E que não se diga, diz o Almirante, que dão generosamente porque o que davam pouco valia, pois os que davam uma pepita de ouro e os que davam a cabaça de água agiam do mesmo modo, e com a mesma liberalidade. E é fácil saber, diz o Almirante, quando se dá uma coisa de coração" (*Diário*, 21.12.1492).

A coisa é, na verdade, menos simples do que parece. Colombo pressente isso quando, em sua carta a Santangel, recapitula sua experiência: "Não pude saber se possuem bens privados, mas tive a impressão de que todos tinham direitos sobre o que cada um possuía, especialmente no que se refere aos víveres" (fevereiro-março de 1493). Será que uma outra relação com a propriedade privada explicaria estes comportamentos "generosos"? Fernando, o filho, diz algo nesse sentido quando relata um episódio da segunda viagem: "Alguns índios que o Almirante tinha trazido de Isabela entraram nas cabanas (que pertenciam aos índios locais) e serviram-se de tudo o que era de seu agrado; os proprietários não deram o menor sinal de aborrecimento, como se tudo o que possuíssem fosse propriedade comum. Os indígenas, achando que tínhamos o mesmo costume, no início pegaram dos cristãos tudo o que era de seu agrado; mas notaram seu erro rapidamente" (51). Colombo, nesse momento, esquece sua própria impressão, e declara logo depois que os índios, longe de serem generosos, são todos ladrões (inversão paralela àquela que os tinha transformado de melhores homens do mundo em selvagens violentos). Imediatamente, impõe-lhes castigos cruéis, os mesmos que se costumava então aplicar na Espanha: "Como na viagem que fiz a Cibao, ocorreu que algum índio roubou, se fosse descoberto que alguns deles roubam, castigai-os cortando-lhes o nariz e as orelhas, pois são partes do corpo que não se pode esconder" (*Instruções a Mosen Pedro Margarite*, 9.4.1494).

O discurso sobre a "covardia" encaminha-se do mesmo modo. No início, é a condescendência risonha: "Não têm armas e são tão medrosos que um dos nossos bastaria para fazer fugir cem deles, mesmo brincando" (*Diário*, 12.11.1492). "O Almirante garante aos Reis que com dez homens faríamos fugir dez mil deles, a tal ponto são covardes e medrosos" (3.12.1492). "Não possuem nem ferro, nem aço, nem armas, e não são feitos para isso; não porque não sejam saudáveis, e de boa estatura, mas porque são prodigiosamente medrosos" (*Carta a Santangel*, fevereiro-março de 1493). A Caça aos índios pelos cães, outra "descoberta" de Colombo, baseia-se numa observação semelhante: "Pois, contra os índios, um cão equivale a dez homens" (Bernaldez). Por isso, Colombo deixa tranqüilamente parte de seus homens em Hispaniola, no final da primeira viagem. Ao voltar, um ano depois, é forçado a admitir que foram todos mortos por aqueles índios medrosos e ignorantes das armas. Teriam eles se organizado em bandos de mil para acabar com cada um dos espanhóis? Então, cai no outro extremo, deduzindo, de algum modo, a coragem a partir da covardia. "Não há gente pior do que os covardes que nunca arriscam suas vidas no confronto direto, e sabereis que, se os índios encontrarem um ou dois homens isolados, não é de espantar que os matem" (*Instruções a Mosen Pedro Margarite*, 9.4.1494); o rei deles, Caonabo, é "homem tão mau quanto audacioso" (*Relatório para Antonio de Torres*, 30.1.1494). Ao que tudo indica, Colombo não compreende os índios melhor agora: na verdade, nunca sai de si mesmo.

É verdade que, num certo momento de sua carreira, Colombo faz um esforço suplementar. Acontece durante a segunda viagem, quando pede ao frei Ramón Pane que descreva detalhadamente os costumes e as crenças dos índios; e ele mesmo deixa, em prefácio a esta descrição, uma página de observações "etnográficas". Começa por uma declaração de princípio: "Não encontrei entre eles nenhuma idolatria e nenhuma outra religião", tese que mantém, apesar dos exemplos que ele mesmo dá em seguida. Descreve várias práticas "idólatras", dizendo, no entanto: "Nenhum de nossos homens pôde compreender as palavras que pronunciavam." Sua atenção volta-se, então, para uma fraude: um ídolo falante era na verdade um objeto oco, ligado por um tubo a outro cômodo da casa, onde ficava o assistente do mágico. O pequeno tratado de Ramón Pane (preservado na biografia de Francisco Colombo, capítulo 62) é bem mais interessante, apesar do autor, que não se cansa de repetir: "Como os índios não possuem nenhum alfabeto ou escrita, não dizem bem seus mitos, e me é impossível transcrevê-los corretamente; temo colocar o início no fim, e vice-versa"

(6). "Como escrevi às pressas e não tinha papel suficiente, não pude colocar cada coisa em seu devido lugar" (8). "Não consegui saber mais nada acerca disso, e o que escrevi tem pouco valor" (11).

Será que podemos adivinhar, através das anotações de Colombo, como os índios percebem os espanhóis? Dificilmente. Aqui também, toda a informação é viciada, porque Colombo decidiu tudo de antemão: e já que o tom, durante a primeira viagem, é de admiração, os índios também devem ser admirativos. "Disseram-se muitas outras coisas que não pude compreender, mas pude ver que estava maravilhado com tudo" (*Diário*, 18.12.1492): apesar de não entender o que dizem, Colombo sabe que o "rei" indígena está em êxtase diante dele. É possível, como diz Colombo, que os índios tenham considerado a possibilidade de os espanhóis serem seres de origem divina; o que daria uma boa explicação para o medo inicial e seu desaparecimento diante do comportamento indubitavelmente humano dos espanhóis. "São crédulos, sabem que há um Deus no céu, e estão convencidos de que viemos de lá" (12.11.1492). "Achavam que todos os cristãos vinham do céu, e que o reino dos Reis de Castela ali se encontrava, e não neste mundo" (16.12.1492). "Ainda agora, depois de tanto tempo comigo, e apesar de numerosas conversas, continuam convencidos de que venho do céu" (*Carta a Santangel*, fevereiro-março de 1493). Voltaremos a esta crença quando for possível examiná-la mais a fundo; observemos, entretanto, que, para os índios do Caribe, o oceano podia parecer tão abstrato quanto o espaço que separa o céu e a terra.

O lado humano dos espanhóis é a sede que têm de bens terrestres: o ouro, como vimos desde o início, e, em seguida, as mulheres. Nas palavras de um índio, relatadas por Colombo: "Um dos índios que vinham com o Almirante falou com o rei dizendo-lhe que os cristãos vinham do céu e andavam à procura de ouro" (*Diário*, 16.12.1492). Esta frase é verdadeira em mais de um sentido. Pode-se dizer, simplificando até a caricatura, que os conquistadores espanhóis pertencem, historicamente, à época de transição entre uma Idade Média dominada pela religião e a época moderna, que coloca os bens materiais no topo de sua escala de valores. Também na prática, a conquista terá estes dois aspectos essenciais: os cristãos vêm ao Novo Mundo imbuídos de religião, e levam, em troca, ouro e riquezas.

A atitude de Colombo para com os índios decorre da percepção que tem deles. Podemos distinguir, nesta última, duas componentes, que continuarão presentes até o século seguinte e, praticamente, até nossos dias, em todo colonizador diante do colonizado. Estas duas atitudes já tinham sido observadas na relação de Colombo com a língua do outro. Ou ele pensa que os índios (apesar de não utilizar estes termos) são seres completamente humanos com os mesmos direitos que ele, e aí considera-os não somente iguais, mas idênticos, e este comportamento desemboca no assimilacionismo, na projeção de seus próprios valores sobre os outros, ou então parte da diferença, que é imediatamente traduzida em termos de superioridade e inferioridade (no caso, obviamente, são os índios os inferiores): recusa a existência de uma substância humana realmente outra, que possa não ser meramente um estado imperfeito de si mesmo. Estas duas figuras básicas da experiência da alteridade baseiam-se no egocentrismo, na identificação de seus próprios valores com os valores em geral, de seu *eu* com o universo; na convicção de que o mundo é um.

Por um lado, Colombo quer que os índios sejam como ele e, como os espanhóis, é assimilacionista de modo inconsciente e ingênuo. Sua simpatia pelos índios traduz-se, "naturalmente", no desejo de vê-los adotar seus próprios costumes. Decide levar alguns índios para a Espanha, para que "ao retornarem sejam intérpretes dos cristãos, e adotem nossos costumes e nossa fé" (12.11.1492). E ainda "devemos fazer com que construam cidades, ensiná-los a andar vestidos e adotar nossos costumes" (16.12.1492). "Vossas Altezas devem ficar satisfeitas, pois em breve terão feito deles cristãos e lhes terão instruído nos bons costumes de seu reino" (24.12.1492). O desejo de fazer com que os índios adotem os costumes dos espanhóis nunca vem acompanhado de justificativas; afinal, é algo lógico.

Na maior parte do tempo, este projeto de assimilação confunde-se com o desejo de cristianizar os índios, espalhar o Evangelho. Sabemos que esta intenção fundamenta o projeto inicial de Colombo, apesar de a idéia ser um pouco abstrata no início (nenhum padre acompanha a primeira expedição). A intenção começa a concretizar-se assim que ele vê os índios. Logo depois de tomar posse das novas terras, através de ato notarial devidamente lavrado, declara: "Entendi que eram gente que se entregaria e se converteria com muito mais facilidade à nossa Santa Fé pelo amor do que pela força..." (11.10.1492). O "entendimento" de Colombo é, evidentemente, uma decisão tomada de antemão; e refere-se aqui aos meios que devem ser utilizados e não ao fim que deve ser atingido. Este último nem precisa ser afirmado, já que é óbvio. Colombo volta constantemente à idéia de que a conversão é o principal objetivo da expedição, e reafirma a esperança de que os reis de Espanha aceitem os índios como vassalos, sem nenhuma discriminação. "E digo que Vossas Altezas não devem permitir que nenhum estrangeiro tenha qualquer relação com esse país e não ponha nele os pés se não for católico cristão, pois a expansão e glória da religião cristã são finalidade e princípio desta empresa, e que não admitam nessas regiões ninguém que não seja bom cristão" (27.11.1492). Este tipo de comportamento implica, entre outras coisas, o respeito pela vontade individual dos índios, já que são equiparados aos cristãos. "Como já considerava aquela gente como vassalos dos Reis de Castela, e não via razão em ofendê-los, concordou em deixá-lo [um índio idoso]" (18.12.1492).

Esta visão de Colombo é facilitada pela capacidade que tem em ver as coisas como lhe convém. Neste caso, particularmente, os índios já são, a seu ver, dotados de qualidades cristãs, e já desejam a conversão. Vimos que, segundo ele, os índios não pertenciam a nenhuma "seita", eram virgens em matéria de religião e, na verdade, já tinham uma predisposição ao cristianismo. E as virtudes que imagina encontrar neles são virtudes cristãs: "Estas gentes não são de nenhuma seita, nem idólatras, e sim muito mansos e ignorantes do que é o mal, não sabem matar-se uns aos outros (...) Estão sempre dispostos a recitar qualquer oração que lhes ensinarmos, e fazem o sinal da cruz. E Vossas Altezas devem decidir-se a fazer deles cristãos" (12.11.1492). "Amam o próximo como a si mesmos", escreve na noite de Natal (25.12.1492). É evidente que esta imagem só pode ser obtida através da supressão de todos os traços dos índios que poderiam contradizê-la – supressão no discurso sobre eles e também, se for o caso, na realidade. Durante a segunda expedição, os religiosos que acompanham Colombo começam a converter os índios; mas falta muito para que todos se curvem e se ponham a venerar as imagens santas. "Depois de terem deixado a capela, esses homens jogaram as imagens ao solo, cobriram-nas com um punhado de terra e urinaram sobre elas"; vendo isto, Bartolomeu, irmão de Colombo, decide puni-los de modo bem cristão: "Como lugar-tenente do vice-rei e governador das ilhas, levou aqueles homens maus à justiça, e, uma vez definido o crime, fez com que fossem queimados em público" (Ramón Pane *in* F. Colombo, 62, 26).

Seja como for, sabemos atualmente que a expansão espiritual está indissoluvelmente ligada à conquista material (é necessário dinheiro para fazer cruzadas); e surge aí a primeira falha num programa que implicava a igualdade dos parceiros: a conquista material (e tudo o que ela implica) será ao mesmo tempo resultado e condição da expansão espiritual. Colombo escreve: "Creio que, se começarmos, em breve Vossas Altezas conseguirão converter à nossa Santa Fé uma multidão de povos, ganhando grandes territórios e riquezas, assim como todos os povos da Espanha, pois há sem dúvida nestas terras grandes quantidades de ouro" (12.11.1492). Esta conexão torna-se quase automática para ele: "Vossas Altezas têm aqui um outro mundo onde pode expandir-se muito nossa Santa Fé e de onde se pode tirar muito proveito" (*Carta aos reis*, 31.8.1498). O proveito tirado pela Espanha é incontestável: "Pela vontade divina, pus deste modo um outro mundo sob a autoridade do Rei e da Rainha, nossos senhores, e assim a Espanha, que diziam ser tão pobre, tornou-se o mais rico dos reinos" (*Carta à ama-de-leite*, novembro de 1500).

Colombo age como se entre as duas ações se estabelecesse um certo equilíbrio: os espanhóis dão a religião e tomam o ouro. Porém, além de a troca ser bastante assimétrica, e não necessariamente interessante para a outra parte, as implicações desses dois atos se opõem. Propagar a religião significa que os índios são considerados como iguais (diante de Deus). E se eles não quiserem entregar suas riquezas? Então será preciso subjugá-los, militar e politicamente, para poder tomá-las à força; em outras palavras, colocá-los, agora do ponto de vista humano, numa posição de desigualdade (de inferioridade). E Colombo não hesita nem um pouco em falar da necessidade de subjugá-los, sem perceber a contradição existente entre o que cada uma de suas ações implica, ou, pelo menos, a descontinuidade que estabelece entre divino e humano. Por essa razão notou que eram medrosos e desconheciam o uso das armas. "Com cinqüenta homens Vossas Altezas podiam dominar todos eles e fariam deles o que quisessem" (*Diário*, 14.10.1492): ainda é o cristão que fala? Ainda se trata de igualdade? Partindo pela terceira vez para a América, pede permissão para levar com ele voluntários criminosos que sejam por isso perdoados: ainda é o projeto evangelizador?

"Minha vontade, escreve Colombo na primeira viagem, era não passar por nenhuma ilha sem dela tomar posse" (15.10.1492); na época, chega a oferecer uma ilha aqui e outra ali a algum de seus companheiros. No início, os índios não deviam entender muito dos ritos que Colombo executava em companhia de seus notários. Quando as coisas começam a se esclarecer, não ficam exatamente entusiasmados. "Fundei ali um povoado e dei vários presentes [luvas? gorro vermelho? Colombo não informa] ao *quibian* – assim chamam o senhor da terra – mas bem sabia que a concórdia não duraria. São realmente gente muito rústica [traduzindo: que não desejam se submeter aos espanhóis], e meus homens são bastante importunos; enfim eu tomava posse de terras pertencentes a esse *quibian* [segunda etapa da troca: dão-se luvas, tomam-se terras]. Ao ver as casas feitas e o ardor de nosso tráfico, ele resolveu queimar tudo e matar-nos" (*Carta rarissima*, 7.7.1503). A continuação desta história é ainda mais sinistra. Os espanhóis conseguem prender a família do *quibian* e querem usá-la como refém; alguns dos índios, no entanto, conseguem escapar. "Os prisioneiros restantes foram tomados de desespero, pois não tinham escapado com seus companheiros, e no dia seguinte descobriu-se que tinham se enforcado aos barrotes da ponte, com as cordas que puderam encontrar, dobrando os joelhos por não haver espaço suficiente para se enforcarem como se deve." Fernando, o filho de Colombo, que relata este episódio, presenciou-o; tinha apenas quatorze anos, e pode-se pensar que a reação de seu pai foi igual à sua: "Para nós, que estávamos a bordo, a morte deles não era uma grande perda, mas agravou bastante a situação dos homens em terra; o *quibian* teria ficado feliz em fazer a paz em troca de seus filhos, mas agora, que já não tínhamos reféns, havia razões para temer que fizesse guerra ainda mais cruel contra nossa vida" (99).

Eis que a guerra substitui a paz, mas pode-se pensar que Colombo nunca tenha posto completamente de lado este meio de expansão, já que desde a primeira viagem acalenta um projeto particular. "Parti esta manhã", nota já a 14 de outubro de 1492, "para procurar um local onde pudesse ser construída uma fortaleza." "Porque aqui há um cabo rochoso bastante elevado, poderíamos construir uma fortaleza" (5.11.1492). Sabemos que realizará este sonho após o naufrágio de sua nau, e aí deixará seus homens. Mas a fortaleza, mesmo que revele não ser particularmente eficaz, não seria um passo em direção à guerra, logo à submissão e à desigualdade?

Assim, gradativamente, Colombo passará do assimilacionismo, que implica uma igualdade de princípio, à ideologia escravagista e, portanto, à afirmação da inferioridade dos índios. Isto já podia ser notado em alguns julgamentos sumários que surgem desde os primeiros contatos. "Devem ser bons servidores e industriosos" (11.10.1492). "Servem para obedecer" (16.12.1492). Para manter sua coerência, Colombo estabelece distinções sutis entre índios inocentes, cristãos em potencial, e índios idólatras, praticantes do canibalismo; ou índios pacíficos (que se submetem ao poder dele) e índios belicosos, que merecem por isso ser punidos; mas o importante é que aqueles que ainda não são cristãos só podem ser escravos: não há uma terceira possibilidade. Imagina então que os navios que transportam rebanhos de animais de carga no sentido Europa-América sejam carregados de escravos no caminho de volta, para evitar que retornem vazios e enquanto não se acha ouro em quantidade suficiente, e a equivalência implicitamente estabelecida entre animais e homens não é, sem dúvida, gratuita. "Os transportadores poderiam ser pagos em escravos canibais, gente feroz mas saudável e de ótimo entendimento, os quais, arrancados de sua desumanidade serão, cremos, os melhores escravos que há" (*Relatório para Antonio de Torres*, 30.1.1494).

Os Reis da Espanha não aceitam esta sugestão de Colombo: preferem ter vassalos em vez de escravos; súditos que possam pagar impostos, em vez de seres que pertencem a alguém; mas Colombo não renuncia a seu projeto, e ainda escreve, em setembro de 1498: "Daqui poderíamos enviar, em nome da Santíssima Trindade, tantos escravos quantos se possam vender, e também brasil [madeira]. Se as informações de que disponho são boas, dizem que poderiam ser vendidos quatro mil escravos, que poderiam valer vinte milhões ou mais" (*Carta aos reis*, setembro de 1498). Os deslocamentos podem apresentar alguns problemas no início, mas estes serão rapidamente resolvidos. "É verdade que muitos deles morrem no momento, mas não será sempre assim. Os negros e os canarinos tinham começado da mesma maneira" (*ibid.*). Dirige seu governo da ilha de Hispaniola nesse sentido, e uma outra carta, endereçada aos reis, de outubro de 1498, é resumida por Las Casas assim: "De tudo o que diz, deduz-se que o lucro que pretendia dar aos espanhóis que ali se encontravam consistia em lhes dar escravos para serem vendidos em Castela" (*Historia*, I, 155). No espírito de Colombo, a propagação da fé e a escravização estão intimamente ligadas.

Michele de Cuneo, membro da segunda expedição, deixou um dos raros relatos que descrevem detalhadamente como se dava o tráfico de escravos no início; relato que não permite ilusões quanto à percepção que se tem dos índios. (...) "Quando nossas caravelas tiveram de partir para a Espanha, reunimos em nosso acampamento mil e seiscentas pessoas, machos e fêmeas desses índios, dos quais embarcamos em nossas caravelas, a 17 de fevereiro de 1495, quinhentas e cinqüenta almas entre os melhores machos e fêmeas. Quanto aos que restaram, foi anunciado nos arredores que quem quisesse poderia pegar tantos deles quantos desejasse; o que foi feito. E, quando todos estavam servidos, sobravam ainda quatrocentos, aproximadamente, a quem demos permissão para ir aonde quisessem. Entre eles havia muitas mulheres com crianças de colo. Como temiam que voltássemos para pegá-las, e para escapar de nós mais facilmente, deixaram os filhos em qualquer lugar no chão e puseram-se a fugir como desesperadas; e algumas fugiram para tão longe que foram parar a sete ou oito dias de nosso acampamento em Isabela, além das montanhas e atrás de imensos rios; o que faz com que, de agora em diante, só os alcancemos com grande esforço." Assim começa a operação; eis aqui seu desenlace: "Mas quando atingimos as águas que cercam a Espanha, uns duzentos dos índios morreram, creio que por causa do ar ao qual não estavam habituados, mais frio do que o deles. Foram jogados no mar (...). Desembarcamos todos os escravos, a metade deles doente."

Mesmo quando não se trata de escravidão, o comportamento de Colombo implica o não-reconhecimento do direito dos índios à vontade própria; implica que os considera, em suma, como objetos vivos. Assim, em seus impulsos de naturalista, sempre quer trazer à Espanha espécimes de todos os gêneros: árvores, pássaros, animais e índios; não lhe ocorre a idéia de pedir a opinião deles. "Diz que gostaria de prender uma meia dúzia de índios para levá-los consigo; mas diz que não pode pegá-los porque todos tinham partido antes do anoitecer. Mas no dia seguinte, terça-feira, 8 de agosto, doze homens vieram numa canoa até a caravela: foram todos aprisionados e levados à nau do Almirante, que escolheu seis deles e enviou à terra os outros seis" (Las Casas, *Historia*, I, 134). O número já tinha sido fixado: meia dúzia; os indivíduos não contam, são contados. Numa outra ocasião ele quer mulheres (não por lubricidade, mas para ter uma amostra de cada coisa). "Enviei alguns homens a uma casa na margem oeste do rio. Eles me trouxeram sete cabeças de mulheres, jovens e adultas, e três crianças" (*Diário*, 12.11.1492). Ser índio, e ainda por cima mulher, significa ser posto, automaticamente, no mesmo nível que o gado.

As mulheres: se Colombo só se interessa por elas enquanto naturalista, o mesmo não acontece com os outros. Vamos ler o relato que Michele de Cuneo, fidalgo de Savona, faz de um episódio da segunda viagem – uma história entre mil, mas que tem a vantagem de ser contada por seu protagonista. "Quando estava na barca, capturei uma mulher caribe belíssima, que me foi dada pelo dito senhor Almirante e com quem, tendo-a trazido à cabina, e estando ela nua, como é costume deles, concebi o desejo de ter prazer. Queria pôr meu desejo em execução, mas ela não quis, e tratou-me com suas unhas de tal modo que eu teria preferido nunca ter começado. Porém, vendo isto (para contar-te tudo, até o fim), peguei uma corda e amarrei-a bem, o que a fez lançar gritos inauditos, tu não terias acreditado em teus ouvidos. Finalmente, chegamos a um tal acordo que posso dizer-te que ela parecia ter sido educada numa escola de prostitutas."

Este relato é revelador em vários aspectos. O europeu acha as mulheres índias bonitas; não lhe ocorre, evidentemente, a idéia de pedir a ela consentimento para "pôr seu desejo em execução". Dirige esse pedido ao Almirante, que é homem e europeu como ele, e que parece dar mulheres a seus compatriotas com a mesma facilidade com que distribui guizos entre os chefes indígenas. Michele de Cuneo escreve, é claro, para um outro homem, e prepara cuidadosamente o prazer da leitura para seu destinatário, pois, para ele, trata-se de uma história de puro prazer. No início, ele se coloca no papel ridículo de macho humilhado; mas faz isso unicamente para tornar ainda maior a satisfação de seu leitor em ver a ordem finalmente estabelecida com o trunfo do homem branco. Último olhar cúmplice: nosso fidalgo omite a descrição da "execução", mas faz com que seja deduzida a partir de seus efeitos, aparentemente além de sua expectativa, e que permitem, além disso, num salto surpreendente, a identificação da índia a uma prostituta: surpreendente, pois aquela que recusava violentamente a solicitação sexual se vê assimilada à que faz desta solicitação sua profissão. Mas não é esta a verdadeira natureza de toda mulher, que um número suficiente de palmadas basta para revelar? A recusa só podia ser hipócrita; arranhe a mulher arisca, e descobrirá a prostituta. As mulheres índias são mulheres, ou índios ao quadrado; nesse sentido, tornam-se objeto de uma dupla violentação.

Como Colombo pode estar associado a estes dois mitos aparentemente contraditórios, um em que o outro é um "bom selvagem" (quando é visto de longe), e o outro em que é um "cão imundo", escravo em potencial? É porque ambos têm uma base comum, que é o desconhecimento dos índios, a recusa em admitir que sejam sujeitos com os mesmos direitos que ele, mas diferentes. Colombo descobriu a América, mas não os americanos.

Toda a história da descoberta da América, primeiro episódio da conquista, é marcada por esta ambigüidade: a alteridade humana é simultaneamente revelada e recusada. O ano de 1492 já simboliza, na história da Espanha, este duplo movimento: nesse mesmo ano o país repudia seu outro interior, conseguindo a vitória sobre os mouros na derradeira batalha de Granada e forçando os judeus a deixar seu território; e descobre o outro exterior, toda essa América que virá a ser latina. Sabemos que o próprio Colombo liga constantemente os dois eventos: "No corrente ano de 1492, depois que Vossas Altezas puseram fim na guerra contra os mouros (...), nesse mesmo mês, (...) Vossas Altezas (...) pensaram em enviar-me, a mim, Cristóvão Colombo, às ditas paragens da Índia. (...) Assim, após terem expulsado todos os judeus para fora de vossos reinos e domínios, Vossas Altezas nesse mesmo mês de janeiro ordenaram-me que partisse com armada suficiente às ditas terras da Índia", escreve no início do diário da primeira viagem. A unidade destes dois movimentos, nos quais Colombo tende a ver a intervenção divina, está na propagação da fé cristã. "Espero em Nosso Senhor que Vossas Altezas se decidirão a enviar rapidamente [religiosos] para unir à Igreja tão grandes povos e convertê-los, assim como Elas destruíram aqueles que não queriam confessar o Pai, o Filho e o Espírito Santo" (6.11.1492). Mas também podemos ver as duas ações como orientadas em sentidos opostos, e complementares: uma expulsa a heterogeneidade do corpo da Espanha, a outra a introduz irremediavelmente.

A seu modo, Colombo participa deste duplo movimento. Não percebe o outro, como vimos, e impõe a ele seus próprios valores; mas o termo que usa mais freqüentemente para referir-se a si mesmo e que é utilizado também por seus contemporâneos é: o Estrangeiro; e, se tantos países buscaram a honra de ser a sua pátria, é porque ele não tinha nenhuma.

II
CONQUISTAR

AS RAZÕES DA VITÓRIA

O encontro entre o Velho e o Novo Mundo, que a descoberta de Colombo tornou possível, é de um tipo muito particular: é uma guerra, ou melhor, como se dizia então, a Conquista. Um mistério continua ligado à conquista; trata-se do resultado do combate. Por que esta vitória fulgurante, se os habitantes da América são tão superiores em número a seus adversários, e lutam em seu próprio solo? Se nos limitarmos à conquista do México, a mais espetacular, já que a civilização mexicana é a mais brilhante do mundo pré-colombiano: como explicar que Cortez, liderando algumas centenas de homens, tenha conseguido tomar o reino de Montezuma, que dispunha de várias centenas de milhares de guerreiros? Tentarei encontrar uma resposta na abundante literatura que esta fase da conquista, já na época, suscitou: os relatórios do próprio Cortez; as crônicas espanholas, das quais a mais digna de atenção é a de Bernal Díaz del Castillo; e, finalmente, os relatos indígenas, transcritos por missionários espanhóis ou redigidos pelos próprios mexicanos.

Em relação ao uso que sou levado a fazer dessa literatura, coloca-se uma questão preliminar, que não precisava ser considerada no caso de Colombo. Os escritos deste último podiam conter, tecnicamente falando, falsidades; isto não diminuía em nada seu valor, já que eu podia interrogá-los principalmente enquanto atos, e não enquanto descrições. Ora, o assunto aqui já não é mais a experiência de um homem, que escreveu, e sim um acontecimento em si não-verbal, a conquista do México; os documentos analisados já não valem unicamente (ou tanto quanto no outro caso) enquanto gestos, mas como fontes de informação sobre uma realidade da qual não fazem parte. O caso dos textos que exprimem o ponto de vista dos índios é particularmente grave: dada a inexistência de escrita indígena, são todos posteriores à conquista e, portanto, influenciados pelos conquistadores; voltarei a isto no último capítulo deste livro. De modo geral, tenho uma desculpa e uma justificativa a formular. A desculpa: se renunciarmos a essa fonte de informações, não poderemos substituí-la por nenhuma outra, a menos que renunciemos a toda e qualquer informação desse tipo. O único remédio é não ler esses textos como enunciados transparentes e tentar, ao mesmo tempo, levar em conta o ato e as circunstâncias de sua enunciação. Quanto à justificativa, poderia ser expressa na linguagem dos retóricos antigos: as questões aqui levantadas remetem menos ao conhecimento do verdadeiro do que ao do verossímil. Explico-me: um fato pode não ter acontecido, contrariamente às alegações de um cronista. Mas o fato de ele ter podido afirmá-lo, de ter podido contar com a sua aceitação pelo público contemporâneo, é pelo menos tão revelador quanto a simples ocorrência de um evento, a qual, finalmente, deve-se ao acaso. A recepção dos enunciados é mais reveladora para a história das ideologias do que sua produção; e, quando um autor comete um engano ou mente, seu texto não é menos significativo do que quando diz a verdade; o que importa é que o texto possa ser recebido pelos contemporâneos, ou que seu produtor tenha acreditado nele. Nessa perspectiva, a noção de "falso" é não-pertinente.

As grandes etapas da conquista do México são bem conhecidas. A expedição de Cortez, em 1519, é a terceira que chega à costa mexicana; é composta de algumas centenas de homens. Cortez é enviado pelo governador de Cuba; mas após a partida dos navios este último muda de idéia e tenta revocar Cortez. Este desembarca em Vera Cruz e declara estar sob a autoridade direta do rei de Espanha. Ao saber da existência do império asteca, inicia uma lenta progressão em direção ao interior, tentando conseguir a adesão das populações cujas terras atravessa, com promessas ou com guerra. A batalha mais difícil é travada contra os tlaxcaltecas, que, a partir de então, seriam seus melhores aliados. Cortez chega finalmente à Cidade do México, onde é bem recebido; após algum tempo, decide prender o soberano asteca, e consegue fazê-lo. Fica então sabendo da chegada de uma nova expedição espanhola à costa, enviada pelo governador de Cuba e dirigida contra ele; os recém-chegados são mais numerosos do que seus soldados. Cortez parte com alguns dos seus ao encontro desse exército, enquanto os outros ficam na Cidade do México para guardar Montezuma, sob o comando de Pedro de Alvarado. Cortez ganha a batalha contra seus compatriotas, prende o chefe, Panfilo de Narvaez, e convence os outros a se colocarem sob suas ordens. Mas fica sabendo que, durante a sua ausência, as coisas se complicaram na Cidade do México: Alvarado massacrou um grupo de mexicanos durante uma festa religiosa, e a guerra começou. Cortez retorna à capital e se une a suas tropas na fortaleza sitiada; Montezuma morre nesse momento. Os ataques dos astecas[1] são tão insistentes que ele decide deixar a cidade à noite; sua partida é descoberta, e na batalha que se segue metade de seu exército é aniquilada: é a *Noche Triste.* Cortez se retira para Tlaxcala, recupera as forças e volta para sitiar a Cidade do México; corta todas as vias de acesso e ordena a construção de bergantins rápidos (a cidade encontrava-se, então, no meio dos lagos). Após alguns meses de sítio, a Cidade do México cai; a conquista terá durado aproximadamente dois anos.

Retomemos, para começar, as explicações geralmente propostas para a vitória fulgurante de Cortez. Uma primeira razão é o comportamento ambíguo, hesitante, do próprio Montezuma, que não opõe a Cortez quase nenhuma resistência (o que está relacionado, portanto, à primeira fase da conquista, até a morte dele); este comportamento talvez tenha, além dos motivos culturais aos quais voltarei, razões mais pessoais: em vários aspectos difere do comportamento de outros dirigentes astecas. Bernal Díaz, transcrevendo as palavras dos dignitários de Cholula, descreve-o assim: "Os papas responderam que, na realidade, Montezu-

1. Seria mais correto falar em *mexicas* em vez de "astecas", e grafar o nome de seu "imperador" *Motecuhzoma.* Mas optei por me ater ao uso comum.

ma, sabendo que devíamos ir até a sua capital, comunicava-se com eles todos os dias a esse respeito, mas sem determinar claramente o que desejava; que um dia ordenava que, se chegássemos, fôssemos recebidos com todo o respeito e guiados até a Cidade do México; que no outro dia dizia que não queria que fôssemos à sua capital; e que, finalmente, há pouco tempo seus deuses Tezcatlipoca e Huitzilopochtli, a quem eles têm grande devoção, tinham aconselhado matar-nos ali em Cholula ou levar-nos amarrados à Cidade do México" (83). Tem-se a impressão de que é realmente ambigüidade, e não simples inabilidade, quando os mensageiros de Montezuma anunciam simultaneamente aos espanhóis que o reino dos Astecas lhes é dado de presente e pedem que não venham à Cidade do México, mas que voltem para a terra deles; veremos que Cortez contribui conscientemente para alimentar essa hesitação.

Em certas crônicas, Montezuma é descrito como um homem melancólico e resignado; afirma-se também que é corroído pela má consciência, expiando em sua pessoa um episódio pouco glorioso da história asteca mais remota: os astecas se comprazem em se apresentar como sucessores legítimos dos toltecas, a dinastia anterior, quando, na verdade, são usurpadores, recém-chegados. Este complexo de culpa nacional teria feito com que ele imaginasse que os espanhóis eram descendentes diretos dos antigos toltecas, que teriam vindo recuperar seus bens? Veremos que, neste caso também, a idéia é em parte sugerida pelos espanhóis, e é impossível afirmar com certeza que Montezuma acreditasse nisso.

Tendo os espanhóis chegado à sua capital, o comportamento de Montezuma é ainda mais singular. Não somente ele se deixa prender por Cortez e seus homens (essa prisão é a decisão mais surpreendente de Cortez, juntamente com a de "queimar" – na realidade, fazer encalhar – seus próprios navios: com o punhado de homens que tem prende o imperador asteca, cercado pelo poderoso exército asteca); como também, uma vez preso, só se preocupa em evitar qualquer derramamento de sangue. Contrariamente ao que fará, por exemplo, o último imperador asteca, Cuauhtemoc, procura impedir por todos os meios que a guerra se instale em sua cidade: prefere abandonar seu poder, seus privilégios e suas riquezas. Mesmo durante a breve ausência de Cortez, quando este vai enfrentar a expedição punitiva enviada contra ele, não tentará se aproveitar da situação para livrar-se dos espanhóis. "Achamos que Montezuma estava arrependido [do começo das hostilidades] e que se tivesse sido autor e conselheiro delas, na opinião da maior parte dos soldados de Pedro de Alvarado, todos teriam sido massacrados. Mas na verdade Montezuma procurava apaziguar seus súditos e pedia que cessassem seus ataques" (Bernal Díaz, 125). A história ou a lenda (pouco importa), transcrita pelo jesuíta Tovar, chega a apresentá-lo, às vésperas de sua morte, pronto a converter-se ao cristianismo; mas, cúmulo da ironia, o padre espanhol, ocupado em juntar ouro, não tem tempo para isso. "Dizem que ele pediu o batismo e converteu-se à verdade do Santo Evangelho e, embora lá houvesse um padre, supõe-se que estivesse mais preocupado em procurar riquezas do que em catequizar o pobre rei" (Tovar, p. 83).

Infelizmente, faltam documentos que teriam permitido penetrar o universo mental pessoal desse estranho imperador: diante dos inimigos, prefere não usar seu imenso poder, como se não tivesse certeza de querer vencer; como diz Gomara, capelão e biógrafo de Cortez: "Nossos espanhóis nunca puderam saber a verdade, porque na época não compreendiam a língua, e depois já não vivia nenhuma pessoa com quem Montezuma pudesse ter compartilhado seu segredo" (107). Os historiadores espanhóis da época procuraram em vão a resposta para essas perguntas, vendo em Montezuma um louco ou um sábio. Pierre Martyr, cronista que ficou na Espanha, tende a optar pela segunda solução: "Ele parecia obedecer a injunções muito mais duras do que as regras de gramática ditadas às criancinhas, e suportava tudo com paciência, para evitar um levante de seus súditos e seus grandes. Qualquer coisa lhe parecia menos difícil de suportar do que uma revolta de seu povo. É como se ele quisesse imitar Diocleciano, que preferiu tomar veneno a tomar de novo as rédeas do império ao qual tinha abdicado" (V, 3). Gomara às vezes o despreza: "Montezuma deve ter sido um homem fraco e de pouca coragem, para ter-se deixado prender assim e, mais tarde, preso, por nunca ter tentado fugir, mesmo quando Cortez lhe oferecia a liberdade e seus próprios homens suplicavam que a aceitasse" (89). Porém, em outras ocasiões, confessa sua perplexidade e a impossibilidade de chegar a uma conclusão: "A covardia de Montezuma, ou o amor que sentia por Cortez e pelos espanhóis..." (91), ou, ainda, "Em minha opinião, ou era muito sábio, passando pelas coisas assim, ou tão néscio que não as sentia" (107). Continuamos nessa hesitação.

A personagem Montezuma tem certamente algo a ver com esta não-resistência ao mal. No entanto, esta explicação é válida unicamente para a primeira metade da campanha de Cortez, pois Montezuma morre no decorrer dos acontecimentos (provavelmente apunhalado por seus carcereiros espanhóis), de modo tão misterioso quanto tinha vivido; e seus sucessores na liderança do estado asteca declararão, imediatamente, uma guerra feroz e impiedosa aos espanhóis. Entretanto, durante a segunda fase da guerra, um outro fator começa a ter papel decisivo: a exploração que Cortez faz das dissensões internas entre as diversas populações que ocupam o solo mexicano. Sai-se muito bem nisso: ao longo de toda a campanha, sabe aproveitar-se das lutas internas entre facções rivais e, na fase final, comanda um exército de tlaxcaltecas e outros índios aliados numericamente comparável ao dos mexicanos; nesse exército, os espanhóis são apenas, de certo modo, apoio logístico, ou força de comando: suas unidades parecem ser compostas, freqüentemente, por dez cavaleiros espanhóis e dez mil combatentes índios a pé! Os contemporâneos já percebiam isso: segundo Motolinia, franciscano e historiador da "Nova Espanha", "os conquistadores dizem que os tlaxcaltecas merecem que Sua Majestade lhes conceda muitos favores, e que, se não fosse pelos tlaxcaltecas, eles teriam sido mortos, quando os astecas expulsaram os cristãos da Cidade do México, e os tlaxcaltecas os acolheram" (III, 16). E, de fato, durante vários anos os tlaxcaltecas desfrutam de vários privilégios concedidos pela coroa: dispensados de impostos, tornam-se freqüentemente os administradores das regiões recém-conquistadas.

Ao ler a história do México, não podemos evitar a pergunta: por que os índios não resistem mais? Será que não se dão conta das ambições colonizadoras de Cortez? A resposta desloca a pergunta: os índios das regiões atravessadas por Cortez no início não ficam muito impressionados com suas intenções colonizadoras, porque esses índios já foram conquistados e colonizados – pelos astecas. O México de então não é um estado homogêneo, e sim um conglomerado de populações subjugadas pelos astecas, que ocupam o topo da pirâmide. Desse modo, longe de encarnar o mal absoluto, Cortez freqüentemente aparecerá como um mal menor, como um libertador, mantidas as proporções, que permite acabar com uma tirania particularmente detestável, porque muito mais próxima.

Sensibilizados como estamos aos danos causados pelo colonialismo europeu, temos dificuldade em compreender por que os índios não se revoltam imediatamente, enquanto é tempo, contra os espanhóis. Mas os conquistadores só atrapalharam os astecas. Podemos ficar escandalizados ao saber que os espanhóis apenas procuram ouro, escravos e mulheres. "Só se preocupavam, na verdade, em procurar uma boa índia e conseguir algum sangue", escreve Bernal Díaz (142), que conta a seguinte anedota: depois da queda da Cidade do México, "Cuauhtemoc e todos os seus capitães queixam-se a Cortez que alguns de nossos chefes que estavam nos bergantins, assim como vários dos que tinham combatido em guerra, tinham levado as filhas e mulheres de muitos personagens importantes. Pediram a devolução delas. Cortez respondeu que seria difícil para ele tomá-las dos camaradas que já as tinham, mas que seriam procuradas, e levadas até ele; que veria se eram cristãs, ou se queriam voltar para as suas casas com os pais e maridos, e que então mandaria devolvê-las rapidamente". O resultado da investigação não surpreende: "A maior parte delas não quis seguir nem pai, nem mãe, nem marido; mas, ao contrário, escolheram ficar com os soldados com quem estavam. Outras se esconderam; outras declararam que não queriam mais ser idólatras. Algumas até estavam grávidas; de modo que somente três foram, Cortez tendo dado ordem expressa de deixá-las partir" (157).

Mas é justamente disso que falavam os índios das outras partes do México quando reclamavam dos danos causados pelos astecas: "Os habitantes dessas aldeias (...) queixam-se muito de Montezuma e de seus coletores de impostos, que lhes roubavam tudo o que tinham, e que, se suas mulheres e filhas fossem formosas, violentavam-nas diante deles e de seus maridos, e roubavam-nas, e que obrigavam-nos a trabalhar como se fossem escravos, e pedras e lenha e muitos outros serviços de semear milharais (...) e muitas outras queixas" (Bernal Díaz, 86).

O ouro e as pedras preciosas, que atraem os espanhóis, já eram recolhidos como imposto pelos funcionários de Montezuma; parece impossível rejeitar esta alegação como pura invenção dos espanhóis, visando legitimar sua conquista, embora fosse também isso: muitos testemunhos concordam nesse sentido. O *Codex Florentino* representa aos chefes das tribos vizinhas queixando-se a Cortez da opressão exercida pelos mexicanos: "Pois Montezuma e os mexicanos causaram grande desgosto e os mexicanos trouxeram problemas. Vieram causar a miséria à nossa vista, pois nos obrigaram a todos os tipos de impostos" (XII, 26). E Diego Durán, dominicano simpatizante e mestiço cultural, por assim dizer, descobre a semelhança justa quando acusa os astecas: "Se os anfitriões fossem inatenciosos ou indiferentes, os astecas roubavam e saqueavam as aldeias, despiam as pessoas de suas roupas, surravam-nos, tomavam-lhes tudo o que tinham e os desonravam; destruíam-lhes as sementes e inflingiam-lhes mil injúrias e penas. Todo o país tremia diante deles. Aonde quer que chegassem, tudo aquilo de que precisavam lhes era dado; mas, mesmo quando eram bem tratados, agiam assim (...) Era o povo mais cruel e mais demoníaco que se possa imaginar, devido à maneira como tratavam seus vassalos, que era bem pior do que a maneira como os espanhóis trataram-nos e tratam-nos" (III, 19). "Faziam todo o mal que podiam, como os espanhóis fazem hoje se ninguém os detiver" (III, 21).

Há muitas semelhanças entre conquistadores antigos e novos, e estes últimos sentiram isso, já que eles mesmos descreveram os astecas como invasores recentes, conquistadores como eles. Mais especificamente, e aqui também a semelhança se mantém, a relação com o predecessor é de continuidade implícita, e às vezes inconsciente, acompanhada da negação desta relação. Os espanhóis queimarão os livros dos mexicanos para apagar a religião deles; destruirão os monumentos, para fazer desaparecer qualquer lembrança de uma grandeza antiga. Mas, cem anos antes, durante o reinado de Itzcoatl, os próprios astecas tinham destruído todos os livros antigos, para poderem escrever a história a seu modo. Ao mesmo tempo, os astecas, como vimos, gostam de aparecer como continuadores dos toltecas; e os espanhóis freqüentemente optam por uma certa fidelidade ao passado, seja em religião ou política; são assimilados enquanto assimilam. Fato simbólico entre outros, a capital do novo estado será a do México vencido. "Considerando que Tenochtitlán tinha sido tão grande e tão célebre, pareceu-nos bom repovoá-la

(...) Se no passado ela foi capital e rainha de todas estas províncias, continuará sendo doravante" (Cortez, 3). Cortez procura algum modo de constituir para si uma legitimidade, não mais diante do rei da Espanha, o que tinha sido uma de suas grandes preocupações durante a campanha, mas diante da população local, assumindo a continuidade do reino de Montezuma. O vice-rei de Mendoza reutilizará os registros fiscais do império asteca.

O mesmo acontece no âmbito da religião: de fato, a conquista religiosa muitas vezes consiste em tirar de um lugar certas imagens e colocar outras em seu lugar – preservando, e isto é essencial, os locais de culto, acendendo diante deles as mesmas ervas aromáticas. Cortez conta: "Fiz com que fossem tirados de seus lugares e jogados pelas escadarias os ídolos mais importantes, em que eles acreditavam mais; fiz com que limpassem as capelas onde se encontravam, pois estavam cheias do sangue dos sacrifícios e nelas pus as imagens de Nossa Senhora e de outros santos" (2). E Bernal Díaz confirma: "Foi então ordenado que no futuro se incensasse com incenso indígena a imagem de Nossa Senhora e o Crucifixo" (52). "É justo que o que serviu ao culto do demônio seja transformado em templo para o serviço de Deus", escreve por sua vez o frei Lorenzo de Bienvenida. Os padres e frades cristãos ocuparão exatamente o espaço que, antes da repressão, ocupavam os profissionais do culto religioso indígena, que os espanhóis aliás chamavam pelo nome de *papas* (contaminação do termo indígena que os designava e da palavra "papa"); Cortez torna explícita a continuidade: "O respeito e a acolhida que eles [os índios] dão aos padres são conseqüência das ordens do Marquês del Valle, Don Hernán Cortez, pois desde o início ordenou-lhes que obedecessem aos padres, assim como sempre tinham feito em relação aos ministros de seus ídolos" (Motolinia, III, 3).

Às reticências de Montezuma durante a primeira fase da conquista, às divisões internas entre os mexicanos na segunda, freqüentemente acrescenta-se um outro fator: a superioridade dos espanhóis em matéria de armas. Os astecas não conheciam a metalurgia, e por isso suas espadas e armaduras são menos eficazes; as flechas (não-envenenadas) não valem os arcabuzes e canhões dos espanhóis; nos deslocamentos, estes últimos são bem mais rápidos: dispõem, em terra, de cavalos, ao passo que os astecas sempre andam a pé e, na água, sabem construir bergantins, cuja superioridade em relação às canoas indígenas tem um papel decisivo na fase final do sítio da Cidade do México; e, finalmente, os espanhóis, sem saber, inauguram também a guerra bacteriológica, ao trazer a varíola, que provoca muitas baixas no exército adversário. No entanto, estas superioridades, em si incontestáveis, não explicam tudo, se levarmos também em conta a relação numérica entre os dois campos. E, além disso, os arcabuzes são, na verdade, poucos, e os canhões, pouquíssimos, e a sua potência não se compara à de uma bomba moderna; e, mais ainda, a pólvora está quase sempre molhada. O efeito das armas de fogo e dos cavalos não pode ser diretamente calculado pelo número de vítimas.

Não procurarei negar a importância desses fatores, e sim encontrar neles algo em comum, que permita articulá-los e compreendê-los, acrescentando a eles vários outros, que parecem ter passado despercebidos.

Ao fazê-lo, serei levado a tomar ao pé da letra uma resposta sobre as razões da conquista-derrota que se encontra nas crônicas indígenas e que foi negligenciada até agora no Ocidente, tomada sem dúvida por pura fórmula poética. Com efeito, a resposta dos relatos indígenas, que é uma descrição mais do que uma explicação, consistiria em dizer que tudo aconteceu porque os maias e os astecas perderam o controle da comunicação. A palavra dos deuses tornou-se ininteligível, ou então os deuses se calaram. "A compreensão está perdida, a sabedoria está perdida" (*Chilam Balam*, 22). "Não havia mais nenhum grande mestre, ou grande orador, ou sacerdote supremo, quando os soberanos mudaram, ao chegarem" (*ibid.*, 5). O livro maia de *Chilam Balam* é cortado por esta pergunta lancinante, incansavelmente formulada, porque já não podia obter resposta: "Qual será o profeta, qual será o sacerdote que dará o verdadeiro sentido às palavras deste livro?" (24). Os astecas, por sua vez, descrevem o início de seu próprio fim como um silêncio que cai: os deuses não lhes falam mais. "Eles pediram aos deuses que lhes concedessem favores e a vitória sobre os espanhóis e outros inimigos. Mas devia ser tarde demais, porque não obtiveram mais nenhuma resposta em seus oráculos; então consideraram os deuses mudos ou mortos" (Durán, III, 77).

Teriam os espanhóis triunfado sobre os índios com a ajuda dos signos?

MONTEZUMA E OS SIGNOS

Os índios e os espanhóis praticam a comunicação de maneiras diferentes. Mas o discurso da diferença é um discurso difícil. Já notamos, em relação a Colombo: o postulado da diferença leva facilmente ao sentimento de superioridade, e o postulado da igualdade ao de indiferença, e é sempre difícil resistir a esse duplo movimento, ainda mais que o resultado final desse encontro parece indicar, sem sombra de dúvida, o vencedor: não seriam os espanhóis superiores, além de diferentes? A verdade, ou aquilo que, para nós, ocupará seu lugar não é, porém, tão simples.

Diremos, desde já, que não há, evidentemente, nenhuma inferioridade "natural" dos índios no plano lingüístico ou simbólico: vimos, por exemplo, que na época de Colombo eram eles que aprendiam a língua do outro e, durante as primeiras expedições em direção à Cidade do México, são também dois índios, chamados pelos espanhóis de Julian e Melchior, que servem de intérpretes.

Fig. 4 – Consulta ao adivinho e ao livro

Mas há, certamente, muito mais. Sabemos, graças aos textos da época, que os índios dedicam grande parte de seu tempo e forças à *interpretação* das mensagens, e que essa interpretação tem formas extremamente elaboradas, relacionadas às diversas espécies de adivinhação. A primeira delas é a adivinhação cíclica (nossa astrologia é um exemplo deste tipo). Os astecas dispõem de um calendário religioso, composto de treze meses com duração de vinte dias; cada um desses dias possui um caráter próprio, propício ou nefasto, que é transmitido aos atos realizados nesse dia e, principalmente, às pessoas que nele nasceram. Saber a data de nascimento de alguém é conhecer seu destino; por isso, assim que nasce uma criança, procura-se o intérprete profissional, que é, ao mesmo tempo, o sacerdote da comunidade (cf. fig. 4).

"Quando nascia um menino ou uma menina, o pai ou pais do bebê iam imediatamente à casa dos astrólogos, feiticeiros ou adivinhos, que havia em abundância, pedindo-lhes que determinassem o destino do menino ou menina recém-nascido. (...) O astrólogo e feiticeiro adivinho pegava o livro dos destinos e o calendário. Vendo a natureza do dia, enunciava profecias, tirava a sorte e estabelecia o destino, favorável ou desfavorável, da criança, consultando uma folha de papel, sobre a qual estavam pintados todos os deuses que adoravam, cada qual no espaço que lhe era reservado. (...) Era possível saber se a criança seria rica ou pobre, valente, corajosa, ou covarde, sacerdote ou homem casado, ladrão ou bêbado, moderado ou lascivo – todas essas coisas podiam ser vistas nesses desenhos" (Durán, II, 2).

Além dessa interpretação preestabelecida e sistemática, que decorre do caráter, estabelecido uma vez por todas, de cada dia do calendário, há uma segunda forma de adivinhação, esta pontual, que toma a forma de presságios. Qualquer acontecimento que saia um pouco do comum, afastando-se da ordem estabelecida, será interpretado como prenúncio de um outro acontecimento, geralmente nefasto, por acontecer (o que implica que nada neste mundo acontece por acaso). Por exemplo, o fato de um prisioneiro ficar triste é mau augúrio, pois para os astecas isto é inesperado. Ou o fato de um pássaro gritar em certa hora, ou de um rato atravessar o templo, ou de alguém fazer uma pausa ao falar, ou de determinado sonho ocorrer. Às vezes, é verdade, esses presságios são fatos não somente raros mas completamente sobrenaturais. "Enquanto eram preparadas iguarias delicadas com as coisas que as mulheres astecas trazem para vender, aconteceu uma coisa prodigiosa e aterrorizante, que amedrontou e mergulhou no estupor os habitantes de Xochimilco. Quando todos estavam sentados em seus lugares para comer, as iguarias se transformaram, à vista deles, em pés e mãos de homem, em braços, cabeças, corações humanos, em fígados e intestinos. Diante de coisa tão horrível, nunca antes vista ou ouvida, os habitantes de Xochimilco chamaram os áugures e perguntaram-lhes o que aquilo podia significar. Estes anunciaram que era péssimo presságio, pois significava a destruição da cidade e a morte de muita gente" (Durán, III, 12). No cotidiano, assim como no excepcional, portanto, "acreditavam em mil augúrios e presságios" (Motolinia, II, 8): um mundo superdeterminado será também, forçosamente, um mundo superinterpretado.

De resto, quando os signos tardam, não hesitam em solicitá-los, e para isso também se dirigem ao adivinho profissional. Este responde recorrendo a uma de suas técnicas habituais: pela água, pelos grãos de milho, pelos fios de algodão. Este prognóstico, que permite saber se uma pessoa ausente está viva ou morta, se um doente vai sarar ou não, se um marido volúvel voltará para a esposa, prolonga-se em verdadeiras profecias, e vemos os grandes chefes astecas visitarem regularmente o adivinho antes de começar uma operação importante. E mais: sem terem sido solicitadas, diversas personagens afirmam ter tido comunicação com os deuses e profetizam o futuro. Toda a história dos astecas, tal como é contada em suas próprias crônicas, é feita de realizações de profecias anteriores, como se um acontecimento não pudesse ocorrer se não tivesse sido previamente anunciado: a partida do local de origem, a escolha de uma nova localização, tal vitória na guerra ou tal derrota. Aí, só pode tornar-se ato aquilo que foi anteriormente verbo.

Os astecas estão convencidos de que todas essas espécies de previsão do futuro se realizam, e só em casos excepcionais tentam resistir à sorte que lhes é anunciada; em maia, a mesma palavra significa "profecia" e "lei". "Não é possível escapar ao que deve acontecer" (Durán, III, 67). "Estas coisas se realizarão. Ninguém poderá impedi-las" (*Chilam Balam*, 22). E as coisas efetivamente se realizam, já que os homens fazem para isso tudo quanto podem; em outros casos, a profecia é ainda mais verdadeira, por ter sido, na realidade, formulada retrospectivamente, após a ocorrência do fato. Em todos os casos, esses presságios e adivinhações gozam de enorme prestígio e, se for preciso, arriscarão a vida para obtê-los, sabendo bem que a recompensa vale o risco: o detentor da profecia é o favorito dos deuses; o mestre da interpretação é, simplesmente, *o* mestre.

O mundo é colocado, em princípio, como superdeterminado; os homens respondem a essa situação regulamentando minuciosamente sua vida social. Tudo é previsível e, portanto, tudo é previsto, e a palavra-chave da sociedade meso-americana é: ordem. Lê-se numa página do livro maia de *Chilam Balam*: "Conheciam a ordem de seus dias. Completo era o mês; completo, o ano; completo, o dia; completa, a noite; o sopro de vida também, quando passava; completo o sangue, quando chegavam a seus leitos, a suas esteiras, a seus tronos. Em boa ordem recitavam as boas orações; em boa ordem procuravam os dias propícios, até verem as estrelas propícias entrarem em seu reino;

então observavam quando começaria o reino das boas estrelas. Então tudo era bom" (5). Durán, um dos melhores observadores da sociedade asteca, conta, por sua vez, a seguinte anedota: "Um dia perguntei a um velho por que semeava feijões tão tarde no ano, já que naquela época geralmente geava. Respondeu que tudo tinha sua razão de ser e seu dia particular" (II, 2). Esta regulamentação impregna os mínimos detalhes da vida, que poderíamos imaginar deixados a critério do indivíduo; o ritual propriamente dito é apenas o que se sobressai numa sociedade completamente ritualizada; ora, os ritos religiosos são tantos e tão complexos que mobilizam um verdadeiro exército de oficiantes. "Eram tantas as cerimônias que um só ministro não podia assistir a todas" (Durán, I, 19).

É portanto a sociedade – por intermédio da casta dos sacerdotes, meros depositários do saber social – que decide a sorte do indivíduo, o qual não é, pois, um indivíduo no sentido que geralmente damos ao termo. Na sociedade indígena de antigamente, o indivíduo não representa em si uma totalidade social, é unicamente o elemento constitutivo de outra totalidade, a coletividade. Durán diz também, numa passagem em que se sente um misto de admiração e nostalgia, por não encontrar mais em sua própria sociedade os valores aos quais aspira: "Para o assunto mais insignificante, aquela nação dispunha de muitos funcionários. Tudo era tão bem registrado que nenhum detalhe escapava às contas. Havia funcionários para tudo, e até empregados encarregados da limpeza. A ordem era tal que ninguém ousava intervir no dever de outrem nem dizer nada, pois teria sido imediatamente despedido" (III, 41).

O que os astecas mais prezam não é, realmente, a opinião individual, a iniciativa individual. Temos uma prova suplementar da preeminência do social sobre o individual no papel desempenhado pela família: os pais são queridos, os filhos adorados, e a atenção consagrada a uns e outros absorve grande parte da energia social. Reciprocamente, o pai e a mãe são considerados responsáveis pelos erros que o filho cometa; entre os tarascos, a solidariedade na responsabilidade estende-se até os criados. "Os preceptores e amas-de-leite que tinham educado o filho são igualmente mortos, assim como os criados, pois lhe ensinaram maus hábitos" (*Relación de Michoacán*, BI, 8, cf. III, 12).

Mas a solidariedade familiar não é um valor supremo, pois, apesar de ser transindividual, a célula familiar ainda não é a sociedade; os laços familiares, na verdade, passam para o último plano, abaixo das obrigações para com o grupo. Nenhuma qualidade pessoal torna alguém invulnerável à lei social, e os pais aceitam de bom grado as punições que reprimem infrações cometidas por seus filhos. "Apesar de ficarem aflitos vendo os filhos maltratados, amando-os tanto, não ousavam reclamar, e reconheciam que a punição era justa e boa" (Durán, I, 21). Um outro relato descreve o rei Nezahualpilli, de Texcoco, célebre por sua sabedoria, punindo com a morte sua própria filha porque ela tinha deixado que um jovem lhe dirigisse a palavra; aos que tentam intervir em favor de sua filha, responde "que não devia infringir a lei em favor de ninguém, pois se o fizesse daria mau exemplo aos outros senhores e ficaria desonrado" (Zorita, 9).

É que a morte só é uma catástrofe numa perspectiva estritamente individual, ao passo que, do ponto de vista social, o benefício obtido da submissão à regra do grupo pesa mais do que a perda de um indivíduo. Por isso vemos os futuros sacrificados aceitarem sua sorte, se não com alegria, pelo menos sem desespero; e o mesmo acontece em relação aos soldados no campo de batalha: o sangue deles contribuirá para manter a sociedade viva. Para ser mais exato, esta é a imagem que o povo asteca quer ter de si mesmo, e não é certo que todas as pessoas que fazem parte dele aceitem isso de bom humor: para evitar que os prisioneiros fiquem tristes na véspera de seu sacrifício (mau presságio, como vimos), recebem drogas; e Montezuma precisará reorganizar seus soldados em prantos, aflitos com a morte de seus companheiros: "É para isso que nascemos! É para isso que vamos à guerra! É a morte bendita que exaltavam nossos antepassados!" (Durán, III, 62).

Nessa sociedade superestruturada, um indivíduo não pode ser igual a outro, e as distinções hierárquicas adquirem uma importância primordial. É bastante impressionante ver que quando, no meio do século XV, Montezuma I, após ter ganho muitas batalhas, decide codificar as leis de sua sociedade, formula catorze prescrições, das quais somente as duas últimas lembram nossas leis (punição do adultério e do roubo), ao passo que dez regulamentam algo que, a nosso ver, não passa de etiqueta (voltarei às duas outras leis): as insígnias, as roupas, os adornos que alguém tem ou não o direito de usar, o tipo de casa apropriado para cada camada da população. Durán, sempre nostálgico da sociedade hierárquica e desgostoso com o igualitarismo que vê nascer entre os espanhóis, escreve: "Nas casas dos reis e nos templos havia salas e cômodos onde eram instaladas ou recebidas pessoas de qualidade diferente, de modo que umas não se misturassem às outras, de modo que os de sangue nobre não fossem tratados como as pessoas de classes inferiores. (...) Nos estados e comunidades bem organizados dava-se muita atenção a essas coisas, à diferença da desordem que reina em nossos estados modernos, onde é quase impossível distinguir o cavaleiro do carregador, o castelão do marido. (...) Por isso, para evitar essa confusão e esta variedade, e para que cada um saiba onde é o seu lugar, os indígenas possuíam leis importantes, decretos e ordenâncias" (I, 11).

Devido a esta forte integração, a vida de uma pessoa não é nenhum campo aberto e indeterminado, que uma vontade individual livre modelaria, e sim a realização de uma ordem sempre presente (ainda que não se exclua completamente a possibilidade de alguém modificar seu próprio destino). O futuro do indivíduo é determinado pelo passado coletivo; o indivíduo não constrói seu futuro, este se revela; daí o papel do calendário, dos presságios, dos augúrios. A pergunta que caracteriza esse mundo não é, como para os conquistadores espanhóis ou os revolucionários russos, de tipo praxeológico: "que fazer?", mas epistêmico: "Como saber?". E a interpretação do acontecimento se faz menos em função de seu conteúdo concreto, individual e único, do que em função de uma ordem preestabelecida e a ser restabelecida, da harmonia universal.

Seria forçar o sentido da palavra "comunicação" dizer, a partir disso, que há duas grandes formas de comunicação, uma entre os homens, e outra entre o homem e o mundo, e constatar que os índios cultivam principalmente esta última, ao passo que os espanhóis cultivam principalmente a primeira? Estamos habituados a conceber somente a comunicação inter-humana, pois, o "mundo" não sendo um sujeito, o diálogo com ele é bastante assimétrico (se é que há diálogo). Mas talvez esta seja uma visão limitada, responsável, aliás, pelo sentimento de superioridade que temos nesse campo. A noção seria mais produtiva se fosse ampliada de modo a incluir, além da interação de indivíduo a indivíduo, a que existe entre a pessoa e seu grupo social, a pessoa e o mundo natural, a pessoa e o universo religioso. E é este segundo tipo de comunicação que desempenha um papel predominante na vida do homem asteca, que interpreta o divino, o natural e o social através de indícios e presságios, com o auxílio do profissional que é o sacerdote-adivinho.

Não se deve imaginar que esta predominância exclui o conhecimento dos fatos, o que poderíamos chamar mais especificamente de coleta de informação; pelo contrário. E a ação sobre *outrem*, por intermédio dos signos, que aqui se mantém em estado embrionário; em compensação, sempre se informam acerca do estado das *coisas*, inertes ou vivas: o homem aqui importa mais como objeto do discurso do que como destinatário dele. Uma guerra, lê-se na *Relación de Michoacán*, será sempre precedida pelo envio de espiões. Depois de um reconhecimento minucioso, voltam para prestar contas de sua missão. "Os espiões sabem onde ficam os rios, assim como as entradas e saídas da aldeia, e os lugares perigosos. Quando o acampamento está montado, desenham no chão um mapa preciso, que indica todos esses fatos ao chefe militar, que o mostra à sua gente" (III, 4). Durante a invasão espanhola, Montezuma nunca deixa de enviar espiões ao campo adversário, e sempre está perfeitamente ciente dos fatos: assim, fica sabendo da chegada das primeiras expedições, ao passo que os espanhóis ainda ignoram completamente a existência dele; então envia instruções aos governadores regionais: "Ele ordenou (...): 'Façam com que toda a costa seja vigiada (...), em todos os lugares onde os estrangeiros poderiam desembarcar' " (*Codex Florentino*, que será abreviado daqui em diante *CF*, XII, 3). Também mais tarde, quando Cortez está na Cidade do México, Montezuma é imediatamente informado da chegada de Narvaez, que Cortez ignora. "Sempre sabiam o que ocorria, através da palavra, da pintura ou dos memoriais. Para isso, dispunham de homens muito velozes que, indo e vindo, serviam de mensageiros, e que tinham sido treinados desde a infância para correr e ter fôlego, para que pudessem subir uma encosta íngreme correndo e sem ficarem cansados" (Acosta, VI, 10). À diferença dos tarascos de Michoacán, os astecas desenham seus mapas e mensagens em papel, podendo assim transmiti-los a distância.

Mas os constantes sucessos na coleta de informação não estão ligados, como se poderia imaginar, a um domínio da comunicação inter-humana. Há algo de emblemático na recusa, constantemente reiterada por Montezuma, em se comunicar com os intrusos. Durante a primeira fase da conquista, enquanto os espanhóis ainda estão perto da costa, a mensagem mais importante que Montezuma envia é que ele não quer nenhum intercâmbio de mensagens! Ele recebe as informações, mas não se alegra com isso, muito pelo contrário; eis a imagem que nos dão dele os relatos dos astecas: "Montezuma baixou a cabeça e, sem dizer uma palavra, a mão sobre a boca, ficou um longo momento, como [se estivesse] morto, ou mudo, pois não pôde falar nem responder" (Durán, III, 69). "Quando o escutou, Montezuma apenas inclinou a cabeça; mantinha a cabeça baixa (...) Não falou então, mas ficou muito tempo cheio de aflição, como se estivesse ao lado de si mesmo"[1] (*CF*, XII, 13). Montezuma não fica simplesmente amedrontado com o conteúdo dos relatos; revela-se literalmente incapaz de comunicar, e o texto faz um paralelo significativo entre "mudo" e "morto". Esta paralisia não enfraquece unicamente a coleta de informação; já simboliza a derrota, visto que o soberano asteca é, antes de mais nada, um mestre da palavra – ato social por excelência –, e que a renúncia à linguagem é o reconhecimento de uma derrota.

De modo totalmente coerente, estão associados em Montezuma o medo da informação recebida e o medo da informação pedida pelos outros, especialmente quando se refere à sua pessoa. "Todos os dias vários mensageiros iam e vinham, relatando ao rei Montezuma tudo o que acontecia, dizendo que os espanhóis faziam muitas perguntas a respeito dele, colhendo informações sobre sua pessoa, seu comportamento e sua casa. Isto deixou-o bastante angustiado, hesitante em relação ao caminho a seguir, fugir, ou se esconder, ou então esperar, pois temia os maiores males e os maiores ultrajes para ele e para todo o seu reino" (Tovar, p. 75). "E quando Montezuma soube que faziam muitas perguntas sobre ele e que exigiam sua presença, que os

1. Aponto aqui um traço estilístico dos textos nahuatl: uma expressão é freqüentemente seguida por uma ou várias outras, sinônimas. O uso do paralelismo é bastante comum, mas, além disso, Sahagún, interessado nas capacidades expressivas da língua, tinha pedido a seus informantes que lhe fornecessem sempre todas as expressões possíveis para uma mesma coisa.

deuses queriam tê-lo diante dos olhos urgentemente, seu coração ficou apertado de tormento e angústia" (*CF*, XII, 13). Segundo Durán, a reação inicial de Montezuma é querer se esconder no fundo de uma gruta profunda. De acordo com os conquistadores, as primeiras mensagens de Montezuma afirmam que ele está disposto a dar-lhes qualquer coisa em seu reino, com uma condição: que renunciem ao desejo de vir vê-lo.

Esta recusa de Montezuma não é um ato pessoal. A primeira lei enunciada por seu antepassado, Montezuma I, diz: "Os reis nunca devem aparecer em público, exceto se for uma ocasião extrema" (Durán, III, 26), e Montezuma II segue esta lei à risca, proibindo ainda que seus súditos olhem para ele quando aparece em público. "Se um homem comum ousasse levantar os olhos e olhá-lo, Montezuma ordenava que fosse morto." Durán, que relata este fato, reclama que isso prejudica seu trabalho de historiador. "Interroguei certa vez um índio acerca dos traços faciais de Montezuma, sua estatura e aspecto geral, e eis a resposta que obtive: 'Padre, não mentirei para o senhor, e nem direi coisas que não sei. Nunca vi o rosto dele'" (III, 53). Não é surpreendente que esta lei encabece a lista de regras relacionadas à diferenciação hierárquica da sociedade: nos dois casos, o que se elimina é a pertinência do indivíduo diante do regulamento social. O corpo do rei continua individual, mas a função do rei, mais do que qualquer outra, é puro efeito social; é portanto necessário subtrair esse corpo aos olhares. Ao deixar-se ver, Montezuma estaria contrariando seus valores, tanto quanto ao deixar de falar: sai de sua esfera de ação, que é o intercâmbio social, e torna-se um indivíduo vulnerável.

É igualmente revelador ver Montezuma receber a informação e punir os que a trazem, e assim falhar no plano das relações humanas. Quando um homem chega da costa para descrever o que viu, Montezuma agradece, mas ordena a seus guardas que o ponham na prisão e vigiem-no bem. Os mágicos tentam ter sonhos proféticos e interpretar os presságios sobrenaturais. "Quando Montezuma viu que os sonhos não lhe eram favoráveis, e consumavam os maus presságios anteriores, com uma fúria e uma raiva demoníacas ordenou que os velhos e velhas fossem jogados na prisão para sempre. Só deviam receber pequenas quantidades de comida, até que morressem de fome. Os sacerdotes dos templos (...) puseram-se todos de acordo para não dizer mais nada a Montezuma, pois temiam ter o mesmo destino que os outros velhos" (III, 68). Porém, pouco tempo depois, eles já não se encontram na prisão; Montezuma então decide puni-los de modo exemplar: "Ordenou aos carcereiros que partissem e fossem às cidades de onde vinham os feiticeiros, que lhes destruíssem as casas, que lhes matassem as mulheres e filhos e que cavassem o local das casas até que saísse água. Além disso, deviam destruir ou levar os bens deles; e, se algum dia um desses feiticeiros fosse visto num templo, devia ser apedrejado, e seu corpo jogado às feras selvagens" (*ibid.*). Nessas condições, é compreensível que se tornem escassos os voluntários para informar sobre o comportamento dos espanhóis, ou interpretá-lo.

Mesmo quando a informação chega a Montezuma, sua interpretação, necessária, se faz no âmbito da comunicação com o mundo, e não da comunicação com os homens; é aos deuses que pede conselho sobre o comportamento que deve ter nos assuntos puramente humanos (porque tinha sido assim desde sempre, como sabemos a partir das histórias indígenas do povo asteca). "Parece que Montezuma, devido à grande devoção que tinha por seus ídolos Tezcatlipoca e Huitzilopochtli (respectivamente, o deus dos infernos e o deus da guerra), sacrificava-lhes crianças todos os dias, para conseguir a inspiração do que devia ser feito em relação a nós" (Bernal Díaz, 41). "Assim que Montezuma foi informado do que tinha acontecido, sentiu irritação e uma forte dor. Sacrificou alguns índios a Huitzilopochtli, que era seu deus da guerra, para obter a revelação do que devia acontecer em relação à nossa viagem à Cidade do México e se esclarecer acerca da questão de nossa entrada na cidade" (*id.*, 83).

Naturalmente, quando desejam compreender o presente, os dirigentes do país procuram não os conhecedores de homens, mas os que praticam o intercâmbio com os deuses, os mestres-intérpretes. Assim é em Tlaxcala. "Depois de escutarem a mensagem, de péssimo humor, concordaram em chamar todos os adivinhos, todos os papas e outros que têm a sorte, espécie de feiticeiros que chamavam de *tacal agual*. Foi-lhes recomendado procurar, em suas adivinhações, em seus feitiços e suas sortes, quem nós éramos e se poderíamos ser vencidos por hostilidades de dia e de noite" (Bernal Díaz, 66). Na Cidade do México, ocorre exatamente a mesma reação: "o rei convocou imediatamente toda a sua corte em conselho, expôs a triste novidade, perguntando quais meios poderiam ser empregados para expulsar de seu país aqueles deuses malditos que vinham para destruí-los, e debatendo longamente sobre a questão, como exigia um assunto de tal gravidade, resolveram chamar todos os feiticeiros e sábios necromantes que tinham um pacto com o demônio, para que fizessem o primeiro ataque, suscitando com sua arte visões aterrorizantes que, pelo terror, obrigariam aquela gente a voltar para seu país" (Tovar, p. 75).

Montezuma sabia colher informações sobre seus inimigos quando eles se chamavam tlaxcaltecas, tarascos, huastecas. Mas o intercâmbio de informação era então perfeitamente estabelecido. A identidade dos espanhóis é tão diferente, o comportamento deles a tal ponto imprevisível que abalam todo o sistema de comunicação, e os astecas não conseguem mais fazer algo que era justamente especialidade deles: a coleta de informações. Se os índios tivessem sabido, escreve repetidas vezes Bernal Díaz, que éramos tão poucos, como estávamos fracos, exaustos... Todas as ações dos espanhóis pegam os índios de surpresa, como se fossem eles que conduzissem uma guerra regular e os espanhóis os atormentassem com um movimento de guerrilha.

Encontramos uma confirmação global dessa atitude dos índios diante dos espanhóis na própria construção dos relatos indígenas da conquista. Começam, invariavelmente, pela enumeração dos presságios que anunciou a vinda de homens estranhos para tomar o reino. Também o rei por mensagens que, além de tudo, predizem, sempre, a vitória dos recém-chegados. "Naquele tempo o ídolo Quetzalcoatl, deus dos cholultecas, anunciou a vinda de homens estranhos para tomar o reino. Também o rei de Texcoco [Nezahualpilli], que tinha um pacto com o demônio, veio certa vez visitar Montezuma numa hora imprópria, e garantiu que os deuses lhe tinham dito que grandes provações e grandes sofrimentos se preparavam para ele e seu reino; vários feiticeiros e encantadores diziam a mesma coisa" (Tovar, p. 69). Dispomos de indicações semelhantes no que se refere não somente aos astecas do México central, com também aos tainos do Caribe, "descobertos" por Colombo, aos tarascos de Michoacán, aos maias do Yucatán e da Guatemala, aos incas do Peru etc. Um profeta maia, Ah Xupan Nauat, teria previsto, já no século XI, que a invasão do Yucatán começaria em 1527. Tomados em conjunto, esses relatos, oriundos de populações muito distantes umas das outras, impressionam pela uniformidade: a chegada dos espanhóis é *sempre* precedida por presságios, a vitória deles é *sempre* anunciada como certa. E mais: os presságios são estranhamente semelhantes, de um extremo do continente americano ao outro. São sempre um cometa, raios, um incêndio, homens bicéfalos, pessoas falando durante o transe etc.

Ainda que não quiséssemos excluir *a priori* a realidade desses presságios, um número tão grande de coincidências bastaria para colocar-nos de sobreaviso. Tudo leva a crer que os presságios foram inventados *a posteriori*; mas por quê? Vemos agora que esse modo de viver o acontecimento está totalmente de acordo com as normas da comunicação tal como é praticada pelos índios. Em vez de perceberem o fato como um encontro puramente humano apesar de inédito – a chegada de homens ávidos de ouro e de poder –, os índios integram-no numa rede de relações naturais, sociais e sobrenaturais, onde o acontecimento perde sua singularidade; é de certo modo domesticado, absorvido numa ordem de crenças preexistente. Os astecas vêem a conquista – isto é, a derrota – e ao mesmo tempo superam-na mentalmente, inscrevendo-a numa história concebida segundo suas exigências (e não são os únicos que agem assim): o presente torna-se inteligível e, ao mesmo tempo, menos inadmissível, a partir do momento em que é possível vê-lo prenunciado no passado. E a solução é tão apropriada à situação que, ao ouvir o relato, todos pensam lembrar-se de que os presságios tinham realmente aparecido antes da conquista. Mas, enquanto isso, as profecias exercem um efeito paralisante sobre os índios que têm conhecimento delas e diminuem-lhes a resistência; sabemos, por exemplo, que Montejo será especialmente bem recebido nas regiões do Yucatán de onde provêm as profecias de *Chilam Balam*.

Este comportamento contrasta com o de Cortez, mas não com o comportamento de todos os espanhóis; já encontramos um exemplo espanhol de concepção da comunicação espantosamente semelhante: a de Colombo. Como Montezuma, Colombo coletava informações, cuidadosamente, acerca das coisas, mas falha na comunicação com os homens. Ainda mais notável é o fato de, ao voltar de sua descoberta excepcional, Colombo dedicar-se à redação de seu *Chilam Balam*: não pararia enquanto não produzisse um *Livro das profecias*, coletânea de fórmulas extraídas dos (ou atribuídas aos) Livros Santos, que supostamente prediriam sua própria aventura, e as conseqüências dela. Por suas estruturas mentais, que o ligam à concepção medieval do saber, Colombo está mais próximo daqueles que descobre do que de certos companheiros dele: como teria ficado chocado em saber disso! E ele não é o único. Maquiavel, teórico do mundo do porvir, escreve, pouco tempo depois, nos *Discursos*: "Exemplos antigos e modernos provam igualmente que eventos importantes nunca ocorrem, em nenhuma cidade ou país, sem terem sido anunciados por presságios, revelações, prodígios ou outros sinais celestes" (I, 56). Las Casas dedica um capítulo inteiro de sua *Historia de las Indias* ao seguinte tema: "Onde vemos como a Providência divina nunca permite que acontecimentos importantes, para o bem do mundo ou para sua punição, ocorram sem terem sido previamente anunciados e preditos pelos santos, ou por outras pessoas, inclusive os infiéis e pessoas más, e às vezes até pelos demônios" (I, 10). Mais vale uma profecia feita pelos demônios do que profecia nenhuma! No fim do século, o jesuíta José de Acosta é mais prudente, mas ainda manifesta a mesma estrutura mental. "Parece razoável pensar que um acontecimento dessa importância [como a descoberta da América] deva ser mencionado nas Santas Escrituras" (I, 15).

Este modo particular de praticar a comunicação (que põe de lado a dimensão inter-humana e privilegia o contato com o mundo) é responsável pela imagem deformada que os índios terão dos espanhóis, durante os primeiros contatos e, principalmente, pela idéia de que eles são deuses; idéia que também tem um efeito paralisante. Este fato parece ser bastante raro na história das conquistas e das colonizações (reaparece na Melanésia, e é responsável pelo triste destino do Capitão Cook); só pode ser explicado por uma incapacidade em perceber a identidade humana dos outros, isto é, admiti-los, ao mesmo tempo, como iguais e como diferentes.

A primeira reação, espontânea, em relação ao estrangeiro é imaginá-lo inferior, porque diferente de nós:

não chega nem a ser um homem, e, se for homem, é um bárbaro inferior; se não fala a nossa língua, é porque não fala língua nenhuma, não sabe falar, como pensava ainda Colombo. Assim, os eslavos da Europa chamam o alemão vizinho de *nemec*, o mudo; os maias do Yucatán chamam os invasores toltecas de *numob*, os mudos, e os maias cakchiquel se referem aos maias mam como "gagos" ou "mudos". Os próprios astecas chamam os povos ao sul de Vera Cruz de *nonoualca*, os mudos, e os que não falam o nahuatl de *tenime*, bárbaros, ou *popoloca*, selvagens; partilham do desprezo que todos os povos têm por seus vizinhos, julgando que os mais distantes, cultural ou geograficamente, não servem nem para serem sacrificados e consumidos (o sacrificado deve ser simultaneamente estrangeiro e estimado, ou seja, na realidade, próximo). "Nosso deus não gosta da carne desses povos bárbaros. Para ele, é pão ruim, duro, insípido, porque falam uma língua estrangeira, porque são bárbaros" (Durán, 3, 28).

Para Montezuma, as diferenças entre astecas, tlaxcaltecas e chichimecas existem, é claro, mas são automaticamente absorvidas na hierarquia do mundo asteca: os *outros* são os subordinados, aqueles que podem ser – ou não – as vítimas do sacrifício. Porém, mesmo nos casos mais extremos, não há sentimento de estranheza absoluta: dos totonacas, por exemplo, os astecas dizem simultaneamente que falam uma língua bárbara e levam uma vida civilizada (*CF*, X, 29), ou seja, que pode parecer tal aos olhos dos astecas.

Ora, a estranheza dos espanhóis é muito mais radical. As primeiras testemunhas da chegada deles correm para contar a Montezuma suas impressões: "Devemos dizer a ele o que vimos, e é aterrador: nunca se viu nada semelhante" (*CF*, XII, 6). Não conseguindo inseri-los na categoria dos totonacas – portadores de uma alteridade quase nada radical –, os astecas renunciam, diante dos espanhóis, a seu sistema de alteridades humanas, e são levados a recorrer ao único outro dispositivo acessível: o intercâmbio com os deuses. Nisso também podemos compará-los a Colombo; entretanto, aparece também uma diferença essencial: como eles, Colombo não consegue facilmente ver o outro como humano e igual ao mesmo tempo; mas, devido a isso, trata-os como animais. O erro dos índios, aliás, não durará muito; o suficiente, entretanto, para que a batalha seja definitivamente perdida e a América submetida à Europa. Como diz em outra passagem o *Livro de Chilam Balam*: "Aqueles que não puderem compreender morrerão; os que compreenderem viverão" (9).

Observemos agora, não mais a recepção, mas a *produção* dos discursos e dos símbolos, tal como é praticada nas sociedades indígenas na época da conquista. Não há necessidade de voltar ao livro santo, o *Popol Vuh*, que põe a palavra na origem do mundo, para saber que as práticas verbais são altamente estimadas: nada seria mais falso do que imaginar os astecas indiferentes a esta atividade. Como vários outros povos, os astecas interpretam seu próprio nome referindo-se ao domínio da língua por oposição às outras tribos: "Os índios desta Nova Espanha procedem, segundo narram geralmente suas histórias, de dois povos diferentes: dão ao primeiro o nome de Nahuatlaca, o que significa 'gente que se explica e fala claramente', opondo-se ao segundo povo, então muito selvagem e bárbaro, que se ocupava unicamente com a caça e ao qual deram o nome de Chichimeca, que significa 'gente que vai à caça' e que vive dessa ocupação primitiva e agreste" (Tovar, p. 9).

Aprender a bem falar faz parte da educação familiar; é, inclusive, a primeira coisa em que pensam os pais: "Zelavam cuidadosamente para que [o filho] soubesse conversar de modo apropriado com os outros, e que sua conversa fosse conveniente" (*CF*, VIII, 20, p. 71); e um preceito antigo, que os pais transmitem aos filhos, diz: "Não dê mau exemplo, não fale sem parar, não interrompa o discurso dos outros. Se alguém fala mal ou de modo pouco claro, trate de não fazer o mesmo; se não lhe cabe falar, fique quieto" (Olmos em Zorita, 9). Os pais não param de dizer a seus filhos: "Você deve falar lentamente, bem pausadamente; não deve falar precipitadamente, nem ofegando, nem em falsete, senão dirão que você é um gemedor, um resmungão, um tagarela. Você também não deve gritar, senão será tratado de imbecil, de sem-vergonha, de bruto, de verdadeiro bruto. (...) Você deve esmerar-se, adoçar suas palavras, sua voz" (*CF*, VI, 22).

Que uma tal atenção seja dedicada àquilo que os retóricos latinos chamavam de *actio* ou *pronuntiatio* deixa supor que não sejam indiferentes aos outros aspectos da fala; e sabemos que esta educação não é deixada a cargo unicamente dos pais, mas é também ministrada em escolas especiais. Existem, no Estado asteca, duas espécies de escolas, uma onde se prepara para o ofício de guerreiro, e outra de onde saem os sacerdotes, os juízes e os dignitários reais; é nessas últimas, chamadas de *calmecac*, que se dedica uma atenção particular ao verbo: "Ensinavam cuidadosamente os meninos a falar. Os que não falavam bem, que não saudavam bem, eram picados com espinhos de maguey. (...) Ensinavam-lhes cantos, chamados de cantos divinos, e que estavam escritos nos livros. E também lhes ensinavam a contar os dias, e o livro dos sonhos, e o livro dos anos" (*CF*, III, Apêndice, 8). O *calmecac* é uma escola de interpretação e de oratória, de retórica e hermenêutica. São tomados, pois, todos os cuidados para que os alunos se tornem bem falantes e bons intérpretes.

É que, como diz um outro cronista (Juan Bautista Pomar, na *Relação de Texcoco*), aprendiam simultaneamente "a bem falar e a bem governar". Na civilização asteca – como em muitas outras –, os altos dignitários reais são escolhidos principalmente em função de suas qualidades oratórias. Sahagún conta que, "entre os mexicanos, os reitores doutos, virtuosos e valorosos eram muito estimados" (VI, "Prólogo", 2), e lembra: "Os reis sempre tinham a seu lado oradores hábeis, para falar e responder sempre que fosse necessário. Utilizavam-nos assim desde os primeiros momentos de sua eleição" (VI, 12, 8). Os antigos maias vão ainda mais longe: os futuros chefes são escolhidos através de um procedimento que lembra uma prova por enigmas: devem saber interpretar certas expressões figuradas, chamadas de "linguagem de Zuyua". O poder exige a sabedoria, que é atestada pelo saber-interpretar. "Estas são as coisas que é necessário compreender para tornar-se chefe da aldeia, quando se é conduzido até o soberano, o chefe superior. Estas são as palavras. Se os chefes da aldeia não as compreenderem, então nefasta é a estrela que orna a noite" (*Chilam Balam*, 9). Se os candidatos não passam nessa prova, são severamente punidos. "Os chefes da aldeia serão presos por não terem podido compreender. (...) Serão enforcados, terão a ponta da língua cortada, e os olhos arrancados" (*ibid.*). Como as vítimas da esfinge, os futuros chefes se vêem diante do dilema: interpretar ou morrer (à diferença, entretanto, das personagens das *Mil e uma noites*, cuja lei seria: "Conte ou morra!". Mas há, sem dúvida, civilizações narrativas e civilizações interpretativas); e conta-se que, uma vez eleito, o chefe é marcado pela inscrição de pictogramas sobre seu corpo: garganta, pé, mão.

A associação entre o poder e o domínio da língua é claramente marcada entre os astecas. O próprio chefe de Estado é chamado de *tlatoani*, o que quer dizer, literalmente, "aquele que possui a palavra" (um pouco como nosso "ditador"), e a perífrase que designa o sábio é "o possuidor da tinta vermelha e da tinta negra", ou seja, aquele que sabe pintar e interpretar os manuscritos pictográficos. As crônicas indígenas descrevem Montezuma como "um retórico e um orador nato. Quando falava, atraía com suas frases refinadas e seduzia com seus raciocínios profundos; todos ficavam satisfeitos com sua conversa tranqüila" (Durán, III, 54). No Yucatán, os profetas-intérpretes gozam da mais alta estima e dos maiores privilégios: "Os sacerdotes tinham por ofício tratar e ensinar suas ciências, indicar as calamidades e os meios de remediá-las, pregar nas festas, celebrar os sacrifícios e administrar seus sacramentos. Os *chilanes* [profetas] deviam dar a todos da comunidade as respostas do demônio, e a estima em que eram tidos era tal, que só saíam carregados em liteiras" (Landa, 27).

Mesmo depois da Conquista, os espanhóis não podem conter a admiração pela eloqüência indígena. Quinze anos após o fim do império asteca, Vasco de Quiroga conta: "Cada um deles nos agradeceu por sua vez com tal eloqüência que era como se tivesse estudado a arte da oratória durante toda à vida" (p. 316). Sebastián Ramirez de Fuenleal, presidente da segunda *audiencia* (tribunal, e também fonte de todo o poder legal), da qual faz parte Vasco de Quiroga, sente tanto prazer em escutar os índios falarem que se esquece do desagrado provocado pelo teor de suas palavras: "Há dez dias os chefes de Michoacán e os filhos do Cazonci [rei local] vieram trazer suas queixas a Vossa Majestade. Pronunciaram um discurso tão bem ordenado que dava prazer ouvir a tradução que faziam os intérpretes."

Os espanhóis da época ficam igualmente fascinados pela linguagem. Mas a pura e simples existência de uma atenção para com a produção verbal por parte de ambos não significa que os mesmos aspectos da fala sejam valorizados num caso e no outro. A fala privilegiada pelos astecas é a fala ritual, isto é, regulamentada em suas formas e em suas funções, fala memorizada e, portanto, sempre citada. A forma mais impressionante da fala ritual é constituída pelos *huehuetlatolli*, discursos aprendidos de cor, mais ou menos longos, que cobrem uma grande variedade de temas e correspondem a toda uma série de circunstâncias sociais: rezas, cerimônias de corte, diversos ritos de passagem na vida do indivíduo (nascimento, puberdade, casamento, morte), partidas, encontros etc. São sempre formulados numa linguagem cuidada, e supostamente herdados de tempos imemoriais, daí seu arcaísmo lingüístico. Sua função é a de toda palavra numa sociedade sem escrita: materializam a memória social, isto é, o conjunto de leis, normas e valores que devem ser transmitidos de uma geração a outra, para garantir a identidade da coletividade; isto explica também a importância excepcional dada à educação pública, à diferença do que acontece nas sociedades do livro, onde a sabedoria a que se pode ter acesso sozinho equilibra os valores transmitidos pela instituição coletiva.

A ausência de escrita é um elemento importante da situação, talvez até o mais importante. Os desenhos estilizados, os pictogramas usados pelos astecas, não são um grau inferior da escrita: registram a experiência, e não a linguagem. A escrita dos europeus é tão pouco familiar aos índios que suas reações serão rapidamente exploradas pela tradição literária: é comum representar o índio portador de um fruto e de uma mensagem escrita, que menciona o fato; o índio come o fruto no caminho e fica perplexo ao ser acusado disso pelo destinatário da carta. Os desenhos do *Codex* retêm unicamente os grandes marcos da história, que, em si, são ininteligíveis; o discurso ritual que os acompanha permitirá compreendê-los: nos damos conta disso facilmente hoje em dia, pois alguns desenhos se mantêm obscuros para nós, na ausência de qualquer comentário antigo.

Que a ausência de escrita seja reveladora do comportamento simbólico em geral e, ao mesmo tempo, da capacidade de perceber o outro, parece ser ilustrado por outro fato. As três grandes civilizações ameríndias encontradas pelos espanhóis não se situam no mesmo nível de evolução da escrita. Os incas são totalmente desprovidos de escrita (dispõem de um uso mnemotécnico de cordões, aliás bastante elaborado); os astecas possuem pictogramas; entre os maias, encontram-se rudimentos de uma escrita fonética. Ora, observamos uma gradação comparável na intensidade da crença de que os espanhóis são deuses. Os incas acreditam firmemente nessa natureza divina. Os astecas, só num primeiro momento. E os maias colocam a pergunta e respondem a ela pela negativa: em vez de "deuses", chamam os espanhóis de "estrangeiros", ou então "comedores de *anones*", fruto que eles mesmos não ousam consumir, ou "barbados", ou até "poderosos"; mas nunca "deuses". Por um lado, diz-se que houve entre eles um momento de hesitação a esse respeito (como nos *Anais dos Cakchiquel,* isto é, na Guatemala, não no Yucatán), mas vemos também que é rapidamente superado e que a imagem dos espanhóis continua fundamentalmente humana. A coisa se torna ainda mais incrível na medida em que somente alguns sacerdotes ou nobres são iniciados na escrita maia; mas não é o uso efetivo da escrita que conta, a escrita como instrumento, e sim a escrita enquanto índice da evolução das estruturas mentais. Torna-se necessário, entretanto, acrescentar aqui uma outra explicação (a menos que seja, secretamente, a mesma): os maias também são o único dos três grupos que sofreu uma invasão estrangeira (a dos mexicanos): sabem o que é uma outra civilização, outra, e ao mesmo tempo, superior; e suas crônicas contentam-se freqüentemente em inserir os espanhóis na rubrica que era anteriormente reservada para os invasores toltecas.

O importante aqui é a escrita; ausente, ela não pode assumir a função de suporte da memória, e esta cabe à palavra. É por isso que os *huehuetlatolli* têm tanta importância, é por isso também que, mesmo fora desses gêneros fixos, percebemos, lendo os informantes de Sahagún, por exemplo, que suas respostas expressam um saber aprendido de cor, sem variações individuais. Mesmo se pensarmos que os informantes, certamente velhos, exageram o papel dos discursos atuais em detrimento da fala improvisada, não podemos deixar de ficar impressionados com a quantidade e o tamanho desses discursos e, portanto, com a parte ocupada pelo ritual no seio da vida verbal da comunidade.

O traço essencial desses discursos é o fato de virem do passado; assim como a interpretação, a produção discursiva é dominada pelo passado, e não pelo presente; a própria palavra *huehuetlatolli* significa "palavras dos antigos". Essas palavras, diz um velho, "vos foram deixadas, vos são entregues pelos homens e mulheres de antigamente, foram cuidadosamente guardadas, armazenadas em vossas entranhas, em vossa garganta" (*CF*, VI, 35). O que é confirmado por outros cronistas: "Para condenar estes discursos com as mesmas palavras empregadas pelos oradores e poetas, eram exercitados todos os dias nas escolas dos jovens de famílias nobres que seriam seus sucessores, e, por meio da repetição contínua, gravavam-nos na memória sem modificar uma só palavra", escreve Tovar (*Carta a Acosta*).

De modo mais geral, a referência ao passado é essencial para a mentalidade asteca da época. Encontramos uma ilustração comovente disso num documento bastante excepcional, intitulado *Diálogos e doutrina cristã*, que data de 1524, ou seja, apenas três anos após a conquista. Os doze primeiros franciscanos chegaram ao México e começaram seu trabalho de conversão. Mas um dia, na Cidade do México, um homem se levanta e protesta: certamente não tem capacidade para responder aos argumentos teológicos dos cristãos; mas os mexicanos também tiveram seus especialistas em assuntos divinos, e eles poderiam enfrentar os franciscanos, explicar a eles por que os deuses dos astecas não são inferiores ao deus dos espanhóis. Os franciscanos aceitam o desafio, e o próprio Cortez dá ordens para que se organize o encontro. Sem dúvida ocorrem outros debates desse mesmo gênero nos primeiros anos da pós-conquista; dispomos atualmente de um relato asteca recolhido por Sahagún, que é apresentado como um resumo do encontro da Cidade do México em 1524, mas que deve ser, na verdade, uma representação literária e generalizada desse tipo de debate. O conjunto do debate situa-se no âmbito da ideologia cristã, mas ainda assim seu valor de testemunho continua grande.

Ora, qual será o argumento inicial dos religiosos astecas? Nossa religião, dirão, é antiga; nossos antepassados já aderiram a ela, não há pois nenhuma razão para renunciar a ela. "É uma palavra nova, essa que dizeis, que nos perturba e nos contraria. Pois nossos pais, aqueles que foram, aqueles que viveram nesta terra, não costumavam falar assim" (7, 950-6). "Era a doutrina de nossos antepassados, é pela graça dos deuses que vivemos, eles nos mereceram" (7, 970-2). "E nós, agora, destruiremos a antiga regra de vida?" (7, 1016-8). Esses argumentos não convenceram os padres franciscanos. A seu modo, o relato de que dispomos ilustra a maior eficácia do discurso cristão: o diálogo é bastante assimétrico, pois as palavras dos evangelizadores ocupam um lugar não somente maior, como também crescente; tem-se a impressão de que a voz dos sacerdotes mexicanos, afirmando a ligação com o passado, é progressivamente abafada pelos abundantes discursos dos franciscanos.

Este não é um exemplo isolado; encontramos um relato quase idêntico em Cortez, que conta este debate improvisado: "Aproveitei a ocasião para fazê-los notar o quanto a religião deles era tola e vã, pois acreditavam que ela podia oferecer-lhes bens que não sabiam defender, e que lhes eram tomados com tanta facilidade. Responderam-me que era a religião de seus pais" (5). Quarenta ou cinqüenta anos mais tarde Durán ainda ouve a mesma resposta: "Interroguei alguns velhos acerca da origem de seu saber no que concerne ao destino dos homens, e eles responderam que os antigos lhes tinham legado e ensinado isso, e que era tudo o que sabiam. (...) Dão a entender que não adquiriram nada a partir de uma investigação particular" (II, 2).

De nosso ponto de vista atual, a posição dos cristãos não é, em si, "melhor" que a dos astecas, ou mais próxima da "verdade". A religião, qualquer que seja seu conteúdo, é um discurso transmitido pela tradição, e que importa enquanto garantia de uma identidade cultural. A religião cristã não é em si mais racional do que o "paganismo" indígena. Mas seria ilusório ver nos sacerdotes astecas antropólogos do religioso. Saber que a religião não passa de um discurso tradicional não faz com que eles se distanciem dela nem um pouco; muito pelo contrário, é exatamente por essa razão que eles não podem colocá-la em questão. A opinião pessoal, como vimos, não tem valor nesse contexto, e não se aspira a um saber ao qual o indivíduo pudesse chegar através de uma indagação pessoal. Os espanhóis tentam racionalizar sua escolha da religião cristã; é desse esforço (ou melhor, de seu malogro) que nasce, nessa época, a separação entre a fé e a razão, e a própria possibilidade de manter um discurso não-religioso sobre a religião.

A submissão do presente ao passado continua a ser uma característica significativa da sociedade indígena da época, e podemos observar indícios dessa atitude em vários outros campos além do religioso (ou, se preferirem, encontramos o religioso muito além dos limites nos quais temos o hábito de encerrá-lo). Os comentadores recentes quase nunca puderam conter sua admiração por um Estado que dava tanta atenção à educação das crianças: ricos e pobres são "escolarizados", na escola religiosa ou na escola militar. É claro, porém, que este não é um traço que possa ser admirado isoladamente: a educação pública é essencial em qualquer sociedade onde o passado pesa muito sobre o presente, ou, o que vem a ser o mesmo, onde a coletividade tem precedência sobre o indivíduo. Uma das catorze leis de Montezuma I consagra essa preeminência do antigo sobre o novo e dos velhos sobre os jovens: "Preceptores e velhos repreenderão, corrigirão e castigarão os jovens, e os vigiarão e dirigirão nos exercícios habituais, e não deixarão que fiquem ociosos, a perder tempo" (Durán, III, 26). Os testes por enigmas dos chefes maias não põem à prova uma capacidade interpretativa qualquer: não se trata de dar uma resposta engenhosa, mas a resposta certa, isto é, tradicional; conhecer a resposta implica pertencer à boa linhagem, já que ela é transmitida de pai para filho. A palavra que, em nahuatl, designa a verdade, *neltiliztli*, está ligada etimologicamente a "raiz", "base", "fundamento"; a verdade está vinculada à estabilidade; e um *huehuetlatolli* põe em paralelo estas duas questões: "o homem possui a verdade? Existem coisas estáveis e duráveis?" (*Colección*, 10, 15).

Nesse mundo voltado para o passado, dominado pela tradição, sobrevém a conquista: um acontecimento absolutamente imprevisível, surpreendente, único (digam o que disserem os presságios recolhidos posteriormente). Traz uma outra concepção do tempo, que combate a dos astecas e maias. Dois traços do calendário indígena onde esta concepção é expressa de modo particularmente claro são pertinentes aqui. Em primeiro lugar, cada dia particular pertence a um número de ciclos maior do que para nós: há o ano religioso de 260 dias e o ano astronômico de 365 dias; os anos, por sua vez, formam ciclos, como os nossos séculos, mas de modo mais circunscrito, de vinte, ou de cinqüenta e dois anos etc. Em seguida, esse calendário baseia-se na convicção íntima de que o tempo se repete. Nossa cronologia tem duas dimensões, uma cíclica e outra linear. Se digo "quarta-feira, vinte e cinco de fevereiro", apenas indico o lugar do dia no interior de três ciclos (semana, mês, ano); mas, ao acrescentar "1981", submeto o ciclo à progressão linear, já que o cômputo dos anos segue uma sucessão sem repetição, do infinito negativo ao infinito positivo. Entre os maias e os astecas, ao contrário, é o ciclo que domina em relação à linearidade: há uma sucessão no interior do mês, do ano, e do "feixe" de anos; mas estes, em vez de estarem situados numa cronologia linear, repetem-se exatamente de um a outro. Há diferenças no interior de cada seqüência, mas uma seqüência é idêntica à outra, e nenhuma delas está situada num tempo absoluto (daí as dificuldades encontradas na tradução das cronologias indígenas para a nossa). Não é por acaso que a imagem, gráfica e mental, que os astecas têm do tempo é a roda (ao passo que a nossa seria mais a flecha). Como diz uma inscrição (tardia) no *Livro de Chilam Balam*: "Treze vintenas de anos, e em seguida sempre recomeçará de novo" (22).

Os livros antigos dos maias e dos astecas ilustram essa concepção do tempo, tanto por seu conteúdo quanto pelo uso que deles se faz. São guardados, em cada região, pelos adivinhos-profetas e são (entre outros) crônicas, livros de história; ao mesmo tempo, permitem prever o futuro; já que o tempo se repete, o conhecimento do passado leva ao conhecimento do futuro; ou melhor, são a mesma coisa. Assim, vemos nos *Chilam Balam* maias que é sempre importante situar o acontecimento em seu lugar no sistema (tal dia, de tal mês, de tal vintena de anos) mas não há referência à progressão linear, inclusive para eventos posteriores à conquista; de modo que não temos nenhuma dúvida quanto ao dia da semana em que um determinado fato ocorreu, mas podemos hesitar entre mais ou menos vinte anos. A própria natureza dos acontecimentos obedece a esse princípio cíclico, já que cada seqüência contém os mesmos eventos; os que ocupam exatamente o mesmo lugar em seqüências diferentes tendem a se confundir. Assim, nesses livros, a invasão tolteca apresenta aspectos que são incontestavelmente próprios da conquista espanhola, e vice-versa, de modo que vemos claramente que se trata de uma invasão, mas não podemos saber com certeza se é uma ou a outra, embora séculos as separem.

Não são unicamente as seqüências passadas que se parecem, as futuras também. Por isso os acontecimentos são contados ou no passado, como numa crônica, ou no futuro, sob a forma de profecias: mais uma vez, é a mesma coisa. A profecia tem raízes no passado, já que o tempo se repete; o caráter positivo ou negativo dos dias, meses, anos e séculos futuros é estabelecido a partir de uma busca intuitiva de um denominador comum com os períodos correspondentes do passado. Reciprocamente, hoje em dia tiramos informações acerca do passado desses povos das profecias, que, geralmente, são as únicas a terem sido preservadas. Durán conta que, entre os astecas, os anos eram repartidos em ciclos de acordo com os pontos cardeais; "os anos mais temidos eram os do norte e os do oeste, devido à experiência que tiveram das grandes desgraças que se produziram sob aqueles signos" (II, 1). O relato maia da invasão espanhola mistura inextricavelmente futuro e passado, e procede por prospecções retrospectivas. "Estas palavras devem ser apreciadas como são apreciadas as pedras preciosas. Elas concernem à futura introdução do cristianismo" (*Chilam Balam*, 24). "Assim Deus nosso Pai envia um sinal do tempo em que virão, pois não há concórdia. Os descendentes dos antigos soberanos são desonrados e levados à miséria; tornamo-nos cristãos enquanto eles nos tratam como animais" (*ibid.*, 11). Um copista tardio acrescenta esta nota significativa: "Neste décimo oitavo dia de agosto de 1776 houve um furacão. Anotei-o aqui para que se possa ver quantos anos passarão antes que ocorra outro" (*ibid.*, 21). Vê-se claramente que uma vez estabelecido o termo da série, a distância que separa dois furacões, será possível prever todos os furacões futuros. A profecia é memória.

Os mesmos livros existem entre os astecas (mas não foram tão bem conservados); neles são consignados, além das delimitações dos territórios ou os montantes dos impostos, os acontecimentos do passado; e são eles que se consultam quando se quer conhecer o futuro: passado e futuro pertencem ao mesmo livro, concernem ao mesmo especialista. Montezuma também procurará esse livro para saber o que os estrangeiros vão fazer. Inicialmente, ordena que seja feito um quadro representando exatamente o que seus mensageiros viram à beira-mar. O pintor mais habilidoso da Cidade do México é encarregado disso; quando termina o quadro, Montezuma lhe pergunta: "Irmão, peço que me digas a verdade acerca do que desejo perguntar-te: por acaso sabes algo acerca do que aqui pintaste? Teus antepassados deixaram algum desenho ou descrição desses homens que virão ou serão trazidos a este país?" (Durán, III, 70). Vemos que Montezuma não quer admitir que um acontecimento inteiramente novo possa ocorrer, que sobrevenha algo que já não fosse sabido pelos antepassados. A resposta do pintor é negativa, mas Montezuma não pára por aí e consulta todos os outros pintores do reino; nada. Por fim lhe recomendam um velho chamado Quilaztli, que é "bem instruído e conhecedor de todas as matérias relativas às tradições e aos livros pintados". Quilaztli, apesar de não ter ouvido falar da chegada dos espanhóis, sabe tudo acerca dos estrangeiros que virão, e diz ao rei: "Para que creias que o que digo é a verdade, olha atentamente para este desenho! Ele me foi legado por meus antepassados. – E, tirando então um desenho muito antigo, mostrou a ele o barco e os homens vestidos como estavam pintados [no novo desenho]. O rei viu nele outros homens montados em cavalos e outros em águias voadoras, todos vestidos com muitas cores, chapéu à cabeça e espada à cinta" (*ibid.*).

O relato é visivelmente bem literário; nem por isso deixa de ser revelador da concepção asteca do tempo e do evento: menos a de Montezuma, é claro, do que a do narrador e de seu auditório. Não podemos crer que existisse um desenho, bem anterior à chegada dos espanhóis, representando seus barcos e as espadas, roupas e chapéus, as barbas e a cor da pele (e o que devemos achar dos homens montados em águias voadoras?). Trata-se de uma profecia fabricada *a posteriori*, de uma prospecção retrospectiva. Mas é revelador que se sinta a necessidade de forjar essa história: não pode haver nenhum acontecimento inteiramente inédito, a repetição tem prioridade sobre a diferença.

Em lugar desse tempo cíclico, repetitivo, imobilizado numa seqüência inalterável, em que tudo é sempre previsto com antecedência e o evento singular não passa de realização de presságios desde sempre presentes em lugar desse tempo dominado pelo sistema, vem se impor o tempo unidirecional, o tempo da apoteose e da realização, como é vivido então pelos cristãos. De resto, a ideologia e a atividade por ele inspiradas auxiliam-se mutuamente: os espanhóis consideram a facilidade da conquista como uma prova da superioridade da religião cristã (é o argumento decisivo que se emprega durante os debates teológicos: a superioridade do Deus cristão é evidenciada pela vitória dos espanhóis sobre os astecas), e, ao mesmo tempo, foi em nome dessa superioridade que fizeram a conquista: a qualidade de uma justifica a outra, e vice-versa. E é também a conquista que justifica a concepção cristã do tempo, que não é um incessante retorno e sim uma progressão infinita em direção à vitória final do espírito cristão (concepção que seria mais tarde herdada pelo comunismo).

Deste choque entre um mundo atual e um acontecimento único resulta a incapacidade de Montezuma em produzir mensagens apropriadas e eficazes. Grandes mestres na arte da fala ritual, os índios saem-se muito mal em situação de improvisação; e é esta, precisamente, a situação da conquista. Sua educação verbal favorece o paradigma em detrimento do sintagma, o código em detrimento do contexto, a conformidade com a ordem em vez da eficácia do instante, o passado em vez do presente. Ora, a invasão espanhola cria uma situação radicalmente nova, completamente inédita, uma situação em que a arte da improvisação é mais importante do que a do ritual. Nesse contexto, é bastante notável ver que Cortez não só pratica constantemente a arte da adaptação e da improvisação, como também tem consciência disso, e o reivindica como princípio de seu comportamento: "Esforçar-me-ei sempre em acrescentar o que me parecer apropriado, pois as regiões que se descobriam a cada dia são tão grandes, e tão diversas, e os segredos a que temos acesso por meio dessas descobertas tantos, que as novas circunstâncias impõem novas opiniões e novas decisões; e se Vossa Majestade notar alguma contradição entre o que estou dizendo e o que terei a dizer ou o que já disse, que Vossa Excelência saiba que um fato novo fez com que eu adotasse uma nova opinião" (4). A preocupação com a coerência cede lugar à preocupação com uma adequação pontual de cada gesto particular.

De fato, a maior parte das comunicações dirigidas aos espanhóis impressiona pela ineficácia. Para convencê-los a deixar o país, Montezuma envia-lhes ouro, todas as vezes; mas nada podia convencê-los mais a ficar. Outros chefes, com o mesmo intuito, mandam-lhes mulheres; elas se tornam a justificativa suplementar da conquista e, ao mesmo tempo, como veremos, uma das armas mais poderosas nas mãos dos espanhóis, arma simultaneamente defensiva e ofensiva. Para desencorajar os intrusos, os guerreiros astecas anunciam que todos eles serão sacrificados e comidos, por eles ou pelos animais selvagens; e quando, certa vez, prendem alguns deles, fazem com que sejam sacrificados diante dos soldados de Cortez; e o fim é o que eles tinham predito: "Comiam as carnes com *chilmole*, e desta maneira sacrificaram todos os outros. Comiam-lhes as pernas e os braços, enquanto o coração e o sangue eram oferecidos aos ídolos, e o corpo, que eram as entranhas e os pés, lançavam aos tigres e leões que tinham na casa das feras" (Bernal Díaz, 152). Mas essa sorte pouco invejável de seus companheiros só pode produzir nos espanhóis um efeito: levá-los a lutar com mais determinação, visto que agora só têm uma escolha: vencer – ou morrer na panela.

E também este outro episódio comovente, relatado por Bernal Díaz: os primeiros enviados de Montezuma pintam para ele um retrato de Cortez, ao que tudo indica muito parecido, já que a delegação seguinte é liderada por "um grande cacique mexicano que tinha o rosto, os traços e o corpo semelhantes aos de Cortez. (...) Como se parecia realmente com Cortez, nós o chamávamos por esse nome em nosso campo: o Cortez daqui e o Cortez de acolá!" (39). Essa tentativa de agir sobre Cortez com o auxílio de uma mágica por semelhança (sabe-se que os astecas "personificam" assim seus deuses) não surte, evidentemente, nenhum efeito.

Ineficazes em suas mensagens dirigidas a (ou contra) os espanhóis, os astecas não conseguem mais dominar a comunicação com os outros índios, nessa situação nova. Já em tempo de paz, e antes da chegada dos espanhóis, as mensagens de Montezuma caracterizam-se por seu aspecto cerimonial, entrave potencial a um certo tipo de eficácia: "Respondia raramente, pois em geral sua resposta era transmitida por seus próximos e amigos, que sempre ficavam a seu lado e serviam-lhe, em suma, de secretários", escreve Motolinia (III, 7). No estado de improvisação imposto pela conquista, surgem novas dificuldades. Os presentes de Montezuma, que tinham sobre os espanhóis o efeito oposto ao esperado, prejudicam-no também junto à sua própria população, pois conotam sua fraqueza, e fazem com que outros chefes decidam mudar de campo: "Ficaram estupefatos e entre eles dizia-se que certamente éramos *teules* [seres de origem divina], pois Montezuma tinha medo de nós e nos enviava ouro e presentes. Ora, se até então tínhamos tido grande reputação de homens valentes, a partir de então nos estimaram ainda mais" (Bernal Díaz, 48).

Ao lado das mensagens voluntárias, mas que não comunicam o que seus autores desejariam, há outras, que não parecem intencionais, e que são tão infelizes em seus efeitos quanto as primeiras: trata-se de uma certa incapacidade dos astecas em dissimular a verdade. O grito de guerra, que os índios lançam invariavelmente ao iniciarem a batalha, e que visa amedrontar o inimigo, na verdade revela a presença deles e permite que os espanhóis se orientem melhor. O próprio Montezuma fornece informações preciosas a seus carcereiros, e, se Cuauhtemoc é preso, é porque tenta fugir num barco ricamente decorado com insígnias reais. Sabemos que isso não acontece por acaso. Um capítulo inteiro do *Codex Florentino* é consagrado aos "armamentos que os reis utilizavam na guerra" (VIII, 12), e o mínimo que se pode dizer é que esses adornos não são particularmente discretos: "Usavam um capacete de plumas coloridas que se chamava tlauhquechol, enfeitado com ouro, e em volta do capacete uma coroa de lindas penas; e do meio da coroa saía um penacho de quetxal. Levavam nas costas um tambor de pele, colocado em sua base e decorado com ouro. Vestiam uma camisa rubra feita de penas, enfeitada com lâminas de sílex, ornamentadas com ouro; e sua saia de folhas de sapotizeiro era toda coberta de penas de quetxal. O escudo era rodeado de ouro fino e seus pingentes eram feitos de penas preciosas", etc. Nesse livro dedicado à conquista, são também relatados os feitos do guerreiro Tzilacatzin; ele se disfarça de mil modos para desorientar os espanhóis; mas, o texto acrescenta: "deixava a cabeça descoberta, para mostrar que era um guerreiro otomi" (*CF*, XII, 32). Não é surpreendente, portanto, que Cortez ganhe uma batalha decisiva, logo após sua fuga da Cidade do México na *Noche Triste*, precisamente graças a essa falta de dissimulação entre os astecas. "Cortez abria caminho entre os índios, conseguia facilmente localizar e matar-lhes os chefes, que eram reconhecíveis por seus escudos de ouro, e não dava atenção aos guerreiros comuns; de modo que foi capaz de matar-lhes o grande chefe com um golpe de sua lança (...) Quando Cortez matou o grande chefe, eles começaram a retirar-se e nos deixaram partir" (F. de Aguilar).

Tudo acontece como se, para os astecas, os signos decorressem automática e necessariamente do mundo que designam, em vez de serem uma arma destinada a manipular os outros. Esta característica da comunicação entre os índios dá origem, junto aos autores que lhes querem bem, à lenda de que os índios são um povo que desconhece a mentira. Motolinia afirma que os primeiros padres tinham notado principalmente dois traços dos índios: "Que eram gente muito verdadeira, e que não tomariam a propriedade de outros nem que ela fosse abandonada na rua durante vários dias" (III, 5). Las Casas enaltece a total ausência de "duplicidade" nos índios, à qual opõe a atitude dos espanhóis: "Os espanhóis nunca respeitaram a própria palavra ou a verdade nas Índias, em relação aos índios" (*Relación*, "Peru"), de modo que, afirma, "mentiroso" e "cristão" tornaram-se sinônimos: "Quando os espanhóis perguntavam aos índios (e isto aconteceu não uma vez, mas freqüentemente) se eram cristãos, o índio respondia: 'Sim, senhor, já sou um pouco cristão, pois já sei mentir um pouco; um dia saberei mentir muito e serei muito cristão'" (*Historia*, II, 145). Os próprios índios não discordariam desta descrição; lê-se em Tovar: "O discurso pacífico do Capitão [Cortez] mal acabara, e os soldados puseram-se a saquear o palácio real e as casas das pessoas importantes, onde esperavam encontrar riquezas, e assim os índios começaram a considerar como muito suspeita a atitude dos espanhóis" (p. 80).

Os fatos estão, evidentemente, aquém das descrições entusiastas dos amigos dos índios: não podemos conceber uma linguagem sem a possibilidade da mentira, assim como não há palavra que ignore as metáforas. Mas uma sociedade pode favorecer ou, ao contrário desencorajar completamente toda palavra que, em vez de descrever fielmente as coisas, preocupa-se principalmente com seu efeito, e desconsidera, pois, a dimensão da verdade. Segundo Alvarado Tezozomoc, "Montezuma promulgou uma lei segundo a qual quem dissesse uma mentira, por leve que fosse, seria arrastado nas ruas pelos meninos do colégio de Tepochcalco até que desse o último suspiro" (103). Zorita também situa a origem desse traço nos costumes e na educação: "Ninguém ousava jurar em falso, temendo que os deuses em nome dos quais jurava viessem a puni-lo com uma grave enfermidade. (...) Os pais alertavam severamente seus filhos contra a mentira, e um pai punia o filho que cometesse uma ofensa, picando-lhe os lábios com um espinho de maguey. Conseqüentemente, os filhos cresciam acostumados a dizer a verdade. Quando perguntamos aos índios velhos por que seu povo mente tanto hoje em dia, respondem que é porque o falso deixou de ser punido. (...) Os índios dizem que aprenderam essa atitude com os espanhóis" (9).

No primeiro contato entre a tropa de Cortez e os índios, os espanhóis declaram (hipocritamente) que não buscam a guerra, e sim a paz e o amor; "não se deram ao trabalho de responder com palavras, mas fizeram-no com uma nuvem de flechas" (Cortez, 1). Os índios não se dão conta de que as palavras podem ser uma arma tão poderosa quanto as flechas. Alguns dias antes da queda da Cidade do México, a cena se repete: às propostas de paz formuladas por Cortez, na verdade já vencedor, os astecas respondem obstinadamente: "Por isso não voltem a falar de paz, pois as palavras são para as mulheres e as armas são para os homens!" (Bernal Díaz, 154).

Esta repartição das funções não é fortuita. Pode-se dizer que a oposição guerreiro/mulher tem um papel estruturador no imaginário social asteca como um todo. Embora várias opções se apresentem para o jovem em busca de uma profissão (soldado, sacerdote, mercador), sem dúvida a carreira de guerreiro é a mais prestigiosa de todas. O respeito pela palavra não chega a erigir os especialistas do discurso acima dos chefes guerreiros (o chefe de Estado combina as duas supremacias, pois é simultaneamente guerreiro e sacerdote). O soldado é o macho por excelência, pois tem o poder de dar a morte. As mulheres, geradoras, não podem aspirar a esse ideal; todavia, as ocupações e atitudes delas não constituem um segundo pólo valorizado da axiologia asteca; não se surpreendem com a fraqueza das mulheres, mas nunca a elogiam. E a sociedade trata de fazer com que ninguém ignore seu papel: no berço do recém-nascido colocam-se, se for menino, uma espadinha e um escudinho, e, se for menina, utensílios para tecelagem.

A pior coisa que se pode fazer com um homem é chamá-lo de mulher; em certa ocasião os guerreiros adversários são obrigados a se vestirem com roupas de mulher, por não terem aceito o desafio que lhes tinha sido feito ao combate. Vemos também que as mulheres assumem essa imagem (de origem masculina, suspeitamos), e elas mesmas contribuem para manter essa oposição, atacando os jovens que ainda não se distinguiram nos campos de batalha assim: "De fato, aquele dos longos cabelos trançados também fala! Falas realmente? (...) Tu, com esse topete fedorento, empesteado, não será apenas uma mulher como eu?" E o informante de Sahagún acrescenta: "Na verdade, com esse tormento as mulheres podiam incitar os homens à guerra; assim, obrigavam-nos a agir e provocavam-nos; assim as mulheres impeliam-nos à batalha" (*CF*, II, 23). Tovar conta uma cena reveladora, da época da conquista, na qual Cuauhtemoc, encarnação dos valores guerreiros, ataca Montezuma, assimilado às mulheres, devido à sua passividade. Montezuma fala a seu povo do terraço do palácio onde é mantido prisioneiro pelos espanhóis. "Mal terminara e um valoroso capitão, de dezoito anos, chamado Cuauhtemoc, que já queriam eleger rei, diz em voz alta: 'Que diz esse covarde do Montezuma, essa mulher dos espanhóis, porque é esse o nome que podemos dar a ele, já que se entregou a eles como uma mulher, por medo, deixando-nos com pés e mãos atados, atraiu sobre nós todos esses males'" (Tovar, pp. 81-2).

Às mulheres as palavras, aos homens as armas... O que os guerreiros astecas não sabiam era que as "mulheres" ganhariam a guerra; apenas no sentido figurado, é verdade: no sentido próprio, as mulheres foram e são as perdedoras de todas as guerras. Contudo, talvez a assimilação não seja completamente fortuita: o modelo cultural que se impõe a partir do Renascimento, apesar de ser introduzido e assumido por homens, glorifica o que se poderia chamar de vertente feminina da cultura: a improvisação em lugar do ritual, as palavras em lugar das flechas. Mas não quaisquer palavras: nem as que designam o mundo e nem as que transmitem as tradições, e sim aquelas cuja razão de ser é a ação sobre outrem.

A guerra, aliás, não passa de outro campo de aplicação dos mesmos princípios da comunicação observáveis em tempo de paz; logo, encontramos nela comportamentos semelhantes diante da escolha oferecida em cada caso. Pelo menos no início, os astecas conduzem uma guerra que está submetida à atualização e ao cerimonial: o tempo, o lugar, o modo, são previamente decididos, o que é mais harmonioso, porém menos eficaz. "Era costume geral em todas as cidades e todas as províncias deixar, nos limites extremos de cada uma,

uma larga faixa de terra deserta, inculta para suas guerras" (Motolinia, III, 18). O combate tem hora certa para começar e para acabar. O objetivo do combate não é tanto matar, mas fazer prisioneiros (o que favorece claramente os espanhóis). A batalha começa com um primeiro envio de flechas. "Se as flechas não ferissem ninguém, e o sangue não corresse, retiravam-se como podiam, pois viam nisso um presságio seguro de que a batalha acabaria mal para eles" (Motolinia, *Carta de introdução*).

Encontramos outro exemplo marcante dessa atitude atual pouco antes da queda da Cidade do México: tendo esgotado todos os outros recursos, Cuauhtemoc decide empregar a arma suprema. O que é? A magnífica roupa emplumada, herdada de seu pai, roupa à qual se atribuía a capacidade misteriosa de fazer o inimigo fugir por sua simples aparição; um valente guerreiro será vestido com ela e lançado contra os espanhóis. Mas as penas de quetzal não trazem a vitória aos astecas (cf. *CF*, XII, 38).

Assim como há duas formas de comunicação, há duas formas de guerra (ou dois aspectos da guerra, um valorizado aqui e outro lá). Os astecas não concebem e não compreendem a guerra total de assimilação que os espanhóis estão fazendo contra eles (inovando em relação à sua própria tradição); para eles, a guerra deve acabar num tratado, estabelecendo o montante dos tributos que o perdedor deverá pagar ao vencedor. Antes de ganhar a partida, os espanhóis já tinham obtido uma vitória decisiva: a que consiste em impor seu próprio tipo de guerra; a superioridade deles já não é mais posta em dúvida. Atualmente, temos dificuldade em imaginar uma guerra que seja regida por outro princípio que não a eficácia, apesar de a parte do rito não estar completamente morta: os tratados que punem o uso de armas bacteriológicas, químicas ou atômicas são esquecidos no dia em que a guerra é declarada. E, no entanto, era exatamente assim que Montezuma entendia as coisas.

Até agora, descrevi o comportamento simbólico dos índios de modo sistemático e sintético; agora, para encerrar este capítulo, gostaria de seguir um relato único, que ainda não explorei, o da conquista de Michoacán (região situada a oeste da Cidade do México), para ilustrar a discussão de conjunto e também para impedir que a "teoria" encubra o relato. Esta relação teria sido feita por um tarasco nobre, para o padre franciscano Martín de Jesus de la Coruña, que a incluiu em sua *Relación de Michoacán*, redigida por volta de 1540.

O relato começa por presságios. "Essa gente conta que durante os quatro anos que precederam a chegada dos espanhóis a estas terras, seus templos queimavam de alto a baixo, fecharam-nos, e os templos queimaram de novo e as paredes de pedra desmoronaram (porque os templos eram feitos de pedra). Não sabiam qual a causa desses acontecimentos mas consideraram-nos como presságios. Ao que parece, viram dois grandes cometas no céu" (III, 19).

"Um sacerdote contou que, antes de os espanhóis chegarem, tinha sonhado que pessoas viriam, trazendo estranhos animais, que se revelaram ser os cavalos, que ele não conhecia. (...) O sacerdote mencionou também que os sacerdotes da mãe de Cueravaperi, que estavam num lugarejo chamado Cinapecuaro, vieram ver o pai do Cazonci defunto [ou seja, o penúltimo rei] e contaram o sonho ou revelação seguinte, e que profetiza a destruição da morada de seus deuses, um evento que efetivamente ocorreu em Ucareo. (...) Não haverá mais templo, nem lares, nenhuma fumaça se erguerá, tudo virará um deserto, pois homens novos chegam à terra" (*ibid.*).

"As pessoas das Terras Quentes dizem que um pescador pescava em seu barco quando um peixe enorme engoliu a isca, mas o pescador não conseguiu arrancá-lo para fora da água. Um jacaré surgiu não se sabe de onde naquele rio, pegou o pescador dentro do barco, engoliu-o e levou-o à sua bela casa. Ao chegarem, inclinou-se diante dele; o jacaré então lhe disse: 'Verás que sou um deus; vai à cidade de Michoacán e diz ao rei, que está acima de todos e cujo nome é Zuangua, que o sinal foi dado, que agora há homens novos, e que todos os que nasceram em todas as partes desta terra morrerão. Diz isso ao rei'" (*ibid.*).

"Dizem que houve presságios: que todas as cerejeiras, inclusive as menores, produziam abundantemente, que os magueys pequenos tinham brotos novos, e que as menininhas engravidavam enquanto ainda eram crianças" (III, 21).

O acontecimento novo deve ser projetado no passado, sob a forma de presságio, para ser integrado no relato do encontro, pois é o passado que domina o presente: "Como podemos contradizer o que foi determinado?" (III, 19). Se o evento não tivesse sido previsto, sua existência simplesmente não poderia ser admitida. "Nunca ouvimos nossos antepassados falarem da chegada de outra gente. (...) Nos tempos passados não havia nenhuma lembrança disso, e os antigos não disseram que essa gente viria; é por isso que devemos deixar-nos guiar pelos presságios" (III, 21). Assim fala o Cazonci, rei dos tarascos, dando mais importância aos relatos antigos do que às novas percepções e encontrando uma solução de compromisso na fabricação de presságios.

E contudo as informações diretas, de primeira mão, não faltam. Montezuma envia ao Cazonci de Michoacán dez mensageiros, para pedir ajuda. Estes fazem um relatório preciso: "O Mestre de México, Montezuma, nos envia, a nós e a alguns outros nobres, com a ordem de contar a nosso irmão, o Cazonci, tudo o que diz respeito à gente estranha que chegou e nos pegou de surpresa. Nós os enfrentamos no campo de batalha e matamos aproximadamente duzentos dos que vinham montados em cervos e duzentos dos que andavam a pé. Os cervos são protegidos por cotas e carregam algo que ressoa como as nuvens, que produz um ruído de trovão e que mata todos os que encontra em seu caminho, até o último. Romperam completamente nossa formação e mataram muitos dos nossos. A gente de Tlaxcala os acompanha, pois voltou-se contra nós" (III, 20). O Cazonci, desconfiado, decide verificar essas informações. Apreende alguns otomis e os interroga; eles confirmam o relato precedente. Isto não o satisfaz; envia seus próprios delegados à Cidade do México, sitiada; eles voltam, repetindo as primeiras informações e precisando as propostas militares dos astecas, que previram em detalhe a possível intervenção militar dos tarascos.

O velho Cazonci morre nesse momento; é substituído por seu filho mais velho. Os astecas (Cuauhtemoc mais do que Montezuma) se impacientam, e enviam uma nova delegação para reiterar suas propostas. A reação do novo Cazonci é reveladora: sem pôr em dúvida a veracidade ou a utilidade do que afirmam os mensageiros, decide sacrificá-los. "Que sigam meu pai até o inferno e lhe apresentem lá sua petição. Digam a eles que se preparem, pois esse é o costume. – Os mexicanos foram informados dessa decisão, e responderam que, já que o Mestre assim ordenara, devia ser feito, e pediram que fosse feito rapidamente, acrescentando que não iriam a lugar nenhum; que tinham vindo à morte de livre e espontânea vontade. Os mexicanos foram rapidamente preparados, da maneira habitual, após receberem a ordem de levar a mensagem ao Cazonci morto, e foram sacrificados no templo de Curicaveri e de Xaratanga" (III, 22).

A única ação positiva dos tarascos consistirá em executar os portadores da informação: o Cazonci não dá nenhum prosseguimento ativo ao pedido dos mexicanos. Para começar, não gosta deles, são inimigos tradicionais e, no fundo, não fica muito descontente com as desventuras que recaem sobre eles. "Que interesse teria eu em enviar gente à Cidade do México, se entramos em guerra todas as vezes que nos aproximamos dos mexicanos e há entre nós um velho rancor?" (III, 20). "De que nos serviria ir à Cidade do México? Todos nós morreríamos, e não sabemos o que poderão dizer de nós depois. Talvez nos vendam àquela gente e provoquem nossa morte. Deixemos que os mexicanos façam eles mesmos as suas conquistas, ou que venham juntar-se a nós com seus capitães. Deixemos que os estrangeiros matem os mexicanos..." (III, 22).

A outra razão da recusa de opor-se aos espanhóis é o fato de serem considerados deuses. "De onde podem vir, a não ser do céu?" (III, 21). "Por que os estrangeiros viriam sem razão? Foram enviados por um deus, por isso vieram!" (III, 22). "O Cazonci disse que eram deuses vindos do céu e deu a cada espanhol um escudo redondo de ouro e cobertas" (III, 23). Para explicar um fato surpreendente, recorre-se à hipótese divina: o sobrenatural é filho do determinismo; e esta crença paralisa qualquer tentativa de resistência: "Achando que eles eram deuses, os chefes disseram às mulheres que não os contrariassem, pois os deuses levavam o que lhes pertencia" (III, 26).

A primeira reação é, pois, a recusa à intervenção no plano humano, e o investimento da esfera divina: "Esperemos para ver. Que venham e que tentem pegar-nos. Tentemos fazer todo o possível para resistir um pouco mais para podermos encontrar madeira para os templos" (III, 21: trata-se de fogueiras rituais). No mesmo espírito, quando a vinda dos espanhóis parece inevitável, o Cazonci reúne seus parentes e servidores para que todos se afoguem coletivamente nas águas do lago.

Acaba desistindo disso; mas suas tentativas posteriores de reagir ainda estarão situadas no plano da comunicação que lhe é familiar: com o mundo, e não com os homens. Nem ele nem os que o cercam conseguem enxergar a falsidade dos conquistadores. Talvez o destino que os espanhóis nos reservam não seja assim tão ruim, pensa um dos chefes dos tarascos: "Vi os nobres mexicanos que vêm com eles; se fossem escravos, por que usariam colares de turquesa em torno do pescoço, ricas capas de penas verdes, como fazem?" (III, 25). O comportamento dos espanhóis continua incompreensível para eles: "Para que eles querem todo esse ouro? Esses deuses devem comê-lo, é a única razão possível para pedirem tanto" (III, 26; parece que

Cortez tinha dado a seguinte explicação: os espanhóis precisam do ouro porque usam-no para curar uma doença... Coisa difícil de aceitar para os índios que tendem a assimilar o ouro aos excrementos). O dinheiro, enquanto equivalente universal, não existe entre os tarascos; toda a estrutura do poder espanhol só lhes pode escapar à compreensão. A produção simbólica não é mais feliz do que a interpretação. Os primeiros espanhóis trazem para o Cazonci, só Deus sabe por quê, dez porcos e um cão; ele aceita e agradece, mas na realidade os teme: "Achou que eram presságios e mandou matar os porcos e o cão, e assim, foram levados e jogados num terreno baldio" (III, 23). Mais grave, o Cazonci reage do mesmo modo quando lhe trazem armas espanholas: "Todas as vezes que os tarascos se apoderavam de armas de fogo tomadas dos espanhóis, as armas eram oferecidas aos deuses nos templos" (III, 22). Compreende-se por que os espanhóis nem mesmo se dão ao trabalho de fazer guerra: preferem, ao chegar, convocar os dirigentes locais e dar vários tiros de canhão para o ar: os índios caem de pavor; o uso simbólico das armas revela-se suficientemente eficaz.

A vitória dos espanhóis na conquista de Michoacán é rápida e completa: não há batalhas nem vítimas do lado dos conquistadores. Os chefes espanhóis – Cristoval de Olid, o próprio Cortez, e Niño de Guzmán – prometem, ameaçam e extorquem todo o ouro que encontram. O Cazonci dá, esperando sempre que seja a última vez. Para ficarem mais à vontade, os espanhóis o prendem; quando não são satisfeitos, não hesitam em submeter o Cazonci e seus parentes à tortura: são pendurados; os pés são queimados com óleo fervente; os órgãos sexuais torturados com uma vareta. Quando Niño de Guzmán acha que o Cazonci já não pode ser de nenhuma utilidade, "condena-o" a uma tripla morte: inicialmente "foi atado a uma esteira presa ao rabo de um cavalo, montado por um espanhol" (III, 29). Depois de ser assim arrastado por todas as ruas da cidade, será garroteado até o estrangulamento. Finalmente, o corpo será jogado numa fogueira e queimado; suas cinzas serão espalhadas no rio.

Os espanhóis ganham a guerra. São, incontestavelmente, superiores aos índios na comunicação inter-humana. Mas a vitória é problemática, pois não há apenas uma forma de comunicação, apenas uma dimensão da atividade simbólica. Toda ação tem algo de rito e algo de improvisação, toda comunicação é, necessariamente, paradigma e sintagma, código e contexto; o homem tem tanta necessidade de se comunicar com o mundo quanto com os homens. O encontro de Montezuma com Cortez, dos índios com os espanhóis, é, antes de mais nada, um encontro humano; e não há razão para surpresa se os especialistas da comunicação humana levam a melhor. Mas essa vitória, de que somos todos originários, europeus e americanos, dá ao mesmo tempo um grande golpe em nossa capacidade de nos sentirmos em harmonia com o mundo, de pertencer a uma ordem preestabelecida; tem por efeito recalcar profundamente a comunicação do homem com o mundo, produzir a ilusão de que toda comunicação é comunicação inter-humana; o silêncio dos deuses pesa no campo dos europeus tanto quanto no dos índios. Ganhando de um lado, o europeu perdia de outro; impondo-se em toda a Terra pelo que era sua superioridade, arrasava em si mesmo a capacidade de integração no mundo. Durante os séculos seguintes, sonhará com o bom selvagem; mas o selvagem já estava morto, ou assimilado, e o sonho estava condenado à esterilidade. A vitória já trazia em si o germe de sua derrota; mas Cortez não podia saber disso.

CORTEZ E OS SIGNOS

Não se deve imaginar que a comunicação, entre os espanhóis, seja exatamente oposta à que praticam os índios. Os povos não são noções abstratas – apresentam entre si semelhanças e diferenças. Já vimos que, no plano tipológico, Colombo situava-se, freqüentemente, do mesmo lado que os astecas. Acontece mais ou menos o mesmo com as primeiras expedições dirigidas ao México, as de Hernandez de Córdoba e de Juan de Grijalva. Pode-se descrever o comportamento desses espanhóis dizendo que se dedicam a coletar a maior quantidade de ouro no menor espaço de tempo, e não procuram saber nada sobre os índios. Eis o que conta Juan Díaz, cronista da segunda dessas expedições: "Havia à margem uma multidão de índios que traziam dois estandartes, que levantavam e baixavam, para indicar que fôssemos ter com eles: o comandante não quis." "Uma das embarcações perguntou-nos o que queríamos; o intérprete respondeu que procurávamos ouro." "Nosso comandante disse a eles que só queríamos ouro." Quando surgem ocasiões, os espanhóis as evitam. "Falou também de outras províncias, e disse ao comandante que queria vir conosco, mas o comandante não consentiu, o que nos deixou descontentes."

Vimos também que os primeiros intérpretes são índios; ora, estes não têm a inteira confiança dos espanhóis, que muitas vezes se perguntam se o intérprete realmente transmite o que lhe é dito. "Achamos que o intérprete nos enganava, pois era natural daquela ilha e daquela mesma aldeia." De "Melchior", primeiro tradutor de Cortez, Gomara diz: "Era todavia um homem rude, pois era pescador, e parecia não saber falar, nem responder" (11). O nome da província de Yucatán, símbolo, para nós, do exotismo indígena e de autenticidade distante, é na realidade o símbolo dos malentendidos que reinam então: aos gritos dos primeiros espanhóis que desembarcam na península, os maias respondem: *Ma c'ubah than*, não compreendemos suas palavras. Os espanhóis, fiéis à tradição de Colombo, entendem "Yucatán", e decidem que é o nome da província. Nesses primeiros contatos, os espanhóis não se preocupam nem um pouco com a impressão que seu comportamento possa deixar nos que se encontram diante deles: se são ameaçados, fogem sem hesitar, mostrando assim que são vulneráveis.

O contraste é sensível a partir do momento em que Cortez entra em cena: não seria ele um conquistador de exceção, e não um conquistador típico? Não: a prova é que seu exemplo logo será seguido, e amplamente, embora ele nunca seja igualado. Era necessário um homem extremamente bem dotado para cristalizar, num único tipo de comportamento, elementos até então díspares; uma vez dado o exemplo, impõe-se com uma rapidez impressionante. A diferença entre Cortez e os que o precederam talvez esteja no fato de ter sido ele o primeiro a possuir uma consciência política, e até mesmo histórica, de seus atos. Na véspera de sua partida de Cuba, provavelmente em nada se distinguia dos outros conquistadores ávidos de riquezas. No entanto, tudo muda assim que começa a expedição, e já se pode observar o espírito de adaptação que Cortez transforma em princípio de sua própria conduta: em Cozumel, alguém lhe sugere que envie alguns homens armados para procurar ouro no interior. "Cortez respondeu rindo que não tinha vindo por coisas tão insignificantes, mas para servir a Deus e ao rei" (Bernal Díaz, 30). Assim que fica sabendo da existência do reino de Montezuma, decide não apenas extorquir riquezas, como também subjugar o reino. Esta estratégia muitas vezes contraria os soldados da tropa de Cortez, que contam com lucros imediatos e palpáveis; mas ele continua intratável; assim, devemos a ele a invenção, por um lado, de uma tática de guerra de conquista e, por outro, a de uma política de colonização em tempos de paz.

O que Cortez quer, inicialmente, não é tomar, mas compreender; são os signos que interessam a ele em primeiro lugar, não os referentes. Sua expedição começa com uma busca de informação e não de ouro. A primeira ação importante que executa – a significação deste gesto é incalculável – é procurar um intérprete. Ouve falar de índios que empregam palavras espanholas; deduz que talvez haja espanhóis entre eles, náufragos de expedições anteriores; informa-se, e suas suposições são confirmadas. Ordena então a dois de seus barcos que esperem oito dias, depois de enviar uma mensagem a esses intérpretes potenciais. Depois de muitas peripécias, um deles, Jerónimo de Aguilar, se une à tropa de Cortez, que quase não reconhece nele um espanhol. "Tomavam-no por um índio, porque, além de ser naturalmente moreno, tinha os cabelos cortados curtos como os índios escravos. Tinha um remo sobre os ombros, uma velha sandália nos pés e outra presa à cintura, uma capa ruim muito usada e uma tanga ainda pior para cobrir sua nudez" (Bernal Díaz, 29). Esse Aguilar, transformado em intérprete oficial de Cortez, lhe prestará serviços inestimáveis.

Mas Aguilar só fala a língua dos maias, que não é a dos astecas. A segunda personagem essencial dessa conquista de informação é uma mulher, que os índios chamam de Malintzin, e os espanhóis de doña Marina, e não se sabe qual dos dois nomes é uma deformação do outro; a forma que o nome assume mais freqüentemente é "la Malinche". Ela é dada de presente aos espanhóis, durante um dos primeiros encontros. Sua língua materna é o nahuatl, a língua dos astecas; mas foi vendida como escrava aos maias, e também domina a língua deles. Há, pois, no início, uma cadeia bastante longa: Cortez fala a Aguilar, que traduz o que ele diz para a Malinche, que por sua vez se dirige ao interlocutor asteca. Seus dons para as línguas são evidentes, e em pouco tempo ela aprende o espanhol, o que aumenta sua utilidade. Pode-se supor que ela guardasse rancor em relação a seu povo de origem, ou em relação a uns de seus representantes; o fato é que escolhe decididamente o campo dos conquistadores. Com efeito, não se contenta em traduzir; é evidente que também adota os valores dos espanhóis, e contribui como pode para a realização dos seus objetivos. Por um lado, efetua uma espécie de conversão cultural, interpretando para Cortez não somente as palavras, mas também os comportamentos; por outro lado, sabe tomar a iniciativa quando necessário, e dizer a Montezuma as palavras apropriadas (especialmente no momento de sua prisão), sem que Cortez as tenha pronunciado anteriormente.

Todos concordam em reconhecer a importância do papel da Malinche. É considerada por Cortez como uma aliada indispensável, e isto é evidenciado pelo lugar que concede à intimidade física entre eles. Apesar de tê-la "oferecido" a um de seus tenentes logo depois de tê-la "recebido" e de casá-la com outro conquistador, logo após a rendição da Cidade do México, a Malinche será sua amante durante a fase decisiva, desde a partida em direção à Cidade do México até a queda da capital asteca. Sem epilogar acerca do modo como os homens decidem o destino das mulheres, pode-se deduzir que esta relação tem uma explicação estratégica e militar, mais do que sentimental: graças a ela, a Malinche pode assumir seu papel essencial. Mesmo depois da queda da Cidade do México, ela continua a ser tão apreciada quanto antes, "porque Cortez, sem ela, não podia entender os índios" (Bernal Díaz, 180). Estes últimos vêem nela muito mais do que uma intérprete; todos os relatos fazem-lhe freqüentes referências e ela está presente em todas as imagens. A que ilustra, no *Codex Florentino*, o primeiro encontro entre Cortez e Montezuma é bem característica neste sentido: os dois chefes militares ocupam as bordas da figura, dominada pela figura central da Malinche (cf. fig. 5 e capa). Bernal Díaz, por sua vez, conta: "Doña Marina tinha muita personalidade e autoridade absoluta sobre os índios em toda a Nova Espanha" (37). Também

Fig. 5 – La Malinche entre Cortez e os índios

é revelador o apelido que os astecas dão a Cortez: chamam-no... Malinche (pelo menos uma vez, não é a mulher que adota o nome do homem).

Os mexicanos pós-independência geralmente desprezaram e acusaram a Malinche, que se tornou a encarnação da traição dos valores autóctones, da submissão servil à cultura e ao poder europeus. É verdade que a conquista do México teria sido impossível sem ela (ou outra pessoa que desempenhasse o mesmo papel), e que ela é, portanto, responsável pelo que aconteceu. Quanto a mim, vejo-a sob outra luz: ela é, para começar, o primeiro exemplo, e por isso mesmo o símbolo, da mestiçagem das culturas; anuncia assim o Estado mexicano moderno e, mais ainda, o estado atual de todos nós, que, apesar de nem sempre sermos bilíngües, somos inevitavelmente bi ou triculturais. A Malinche glorifica a mistura em detrimento da pureza (asteca ou espanhola) e o papel de intermediário. Ela não se submete simplesmente ao outro (caso muito mais comum, infelizmente: pensemos em todas as jovens índias, "presenteadas" ou não que caem nas mãos dos espanhóis), adota a ideologia do outro e a utiliza para compreender melhor sua própria cultura, o que é comprovado pela eficácia de seu comportamento (embora "compreender" sirva, neste caso, para "destruir").

Mais tarde, vários espanhóis aprendem o nahuatl, e Cortez sempre se beneficia disso. Por exemplo, dá a Montezuma um pajem, que fala a sua língua; a informação passa então a circular nos dois sentidos, porém, de imediato, isso tem um interesse bastante desigual. "Logo depois, Montezuma pediu a Cortez um pajem espanhol que estava a seu serviço e que já sabia falar a língua asteca. Chamava-se Orteguilla. Foi certamente proveitoso para Montezuma, assim como para nós, pois, por intermédio do pajem, Montezuma perguntava e aprendia várias coisas acerca de nossa Castela; quanto a nós, sabíamos o que diziam seus capitães" (Bernal Díaz, 95).

Garantindo assim a compreensão da língua, Cortez não deixa escapar nenhuma oportunidade de reunir novas informações. "Após termos feito nossa refeição, Cortez perguntou-lhes através de nossos intérpretes coisas relacionadas a seu senhor, Montezuma" (Bernal Díaz, 61). "Cortez reuniu alguns caciques e lhes perguntou detalhes minuciosos sobre a Cidade do México" (*ibid.*, 78). Suas perguntas estão diretamente relacionadas ao encaminhamento da guerra. Após uma primeira confrontação, interroga imediatamente os chefes dos vencidos. "Por que razão, sendo tantos, fugiam de tão poucos?" (Gomara, 22). Uma vez obtidas as informações, sempre recompensa generosamente seus portadores. Está sempre disposto a ouvir conselhos, embora nem sempre os siga – já que as informações têm de ser interpretadas.

É graças a esse sistema de informação, perfeitamente funcional, que Cortez consegue perceber rapidamente, e em detalhes, a existência de divergências internas entre os índios – fato que, como vimos, tem papel decisivo para a vitória final. Desde o início da expedição, está atento a qualquer informação desse gênero. E as divergências são realmente muitas; Bernal Díaz diz: "Guerreavam incessantemente, província contra província, aldeia contra aldeia" (208) e Motolinia também lembra: "Quando os espanhóis vieram, todos os senhores e todas as províncias opunham-se fortemente umas às outras e guerreavam continuamente umas contra as outras" (III, 1). Chegando a Tlaxcala, Cortez é particularmente sensível a esse fato: "Vendo as discórdias e a animosidade de uns e de outros, fiquei muito satisfeito, pois me pareceu que isso contribuiria muito para o que me propunha a fazer e que eu poderia encontrar um meio de subjugá-los mais rapidamente. Pois, como diz o ditado, 'dividir para reinar' etc., e lembrei-me da palavra evangélica, que diz que todo reino dividido será destruído" (3): é curioso que Cortez leia esse princípio dos césares no Livro dos cristãos! Os índios chegariam a solicitar a intervenção de Cortez em seus próprios conflitos; como escreve Pierre Martyr: "Esperavam que, defendidos por tais heróis, teriam, contra seus vizinhos, auxílio e proteção, pois eles também são corroídos por essa doença que nunca desapareceu e é, de certo modo, inata na humanidade: eles têm, como os outros homens, a fúria da dominação" (IV, 7). Mais uma vez, é a conquista eficaz da comunicação que conduz à queda final do império asteca: enquanto Cuauhtemoc ostenta imprudentemente as insígnias reais no barco que deveria permitir sua fuga, os oficiais de Cortez recolhem, rapidamente, todas as informações que poderiam estar relacionadas a ele e levar à sua captura. "Sandoval logo recebeu a notícia de que Cuauhtemoc estava fugindo com sua corte. Imediatamente, deu ordem aos bergantins de cessar a destruição das casas e começar a perseguir as canoas" (Bernal Díaz, 156). "García de Olguín, comandante de um dos bergantins, quando soube, através de um mexicano que tinha capturado, que a canoa que seguia tinha a bordo o rei, saiu no seu encalço com tal determinação que finalmente a alcançou" (Ixtlilxochitl, XIII, 173). A conquista da informação leva à conquista do reino.

Há um episódio significativo durante a progressão de Cortez em direção à Cidade do México. Ele acabava de deixar Cholula e, para chegar à capital asteca, devia atravessar uma cadeia de montanhas. Os emissários de Montezuma indicam-lhe uma passagem; Cortez os segue a contragosto, temendo que seja uma armadilha. Nesse momento em que, supõe-se, deveria dedicar toda a sua atenção ao problema da proteção, avista os cumes dos vulcões vizinhos, que estão em atividade. Sua sede de saber faz com que ele esqueça suas preocupações imediatas.

"A oito léguas da cidade de Cholula, encontram-se duas cadeias de montanhas muito elevadas e maravilhosas, pois têm no topo tanta neve, no fim do mês de agosto, que não se pode ver mais nada. E de uma delas, que é a mais alta, sai várias vezes durante o dia e a noite uma massa de fumaça, grande como um casarão, que sobe do cimo da montanha até as nuvens, reta como uma flecha; de modo que, ao que parece, os ventos violentíssimos que sempre sopram naquelas alturas não conseguem desviá-la. Como sempre desejei fazer para Vossa Alteza o relato mais detalhado possível acerca de todas as coisas deste país, quis conhecer o segredo desta, que me pareceu deveras maravilhosa, e enviei dez de meus companheiros, como convinha a uma empresa dessa natureza e, com eles, alguns nativos do país que lhes serviam de guias, e ordenei a eles que se esforçassem para atingir o topo daquela montanha e conhecer o segredo daquela fumaça, de onde e como saía" (Cortez, 2).

Os exploradores não chegam ao topo e contentam-se em trazer alguns pedaços de gelo. Mas, na volta, avistam uma outra rota possível em direção à Cidade do México, que parece oferecer menos perigo; será por ela que Cortez seguirá e, de fato, não terá nenhuma surpresa. Mesmo nos momentos mais difíceis, os que exigem dele a maior atenção, a paixão de Cortez por "conhecer o segredo" não diminui. E, simbolicamente, sua curiosidade é recompensada.

Pode ser instrutivo comparar esta ascensão do vulcão a uma outra, realizada pelos índios maias, e contada nos *Anais dos Cakchiquel*. Também ocorre durante uma expedição militar. Chegam diante do vulcão: "o fogo que saía do interior da montanha era realmente aterrador". Os guerreiros querem descer para trazer o fogo; mas ninguém tem coragem para isso. Voltam-se então para seu chefe, Gagavitz (cujo nome significa: vulcão), e dizem a ele: "Ó tu, nosso irmão, chegaste e és nossa esperança. Quem nos trará o fogo, quem permitirá que tentemos assim nossa sorte, ó, meu irmão?" Gagavitz decide fazê-lo, na companhia de um outro guerreiro intrépido; desce no vulcão e sai dele trazendo o fogo. Os guerreiros exclamam: "É realmente assombroso, seu poder mágico, sua grandeza e sua majestade; ele destruiu o fogo e o capturou." Gagavitz responde: "O espírito da montanha tornou-se meu escravo e meu prisioneiro, ó, meus irmãos! Ao conquistarmos o espírito da montanha libertamos a pedra do fogo, a pedra denominada Zacchog [sílex]" (I).

Em ambos os casos há curiosidade e coragem. Mas a percepção do fato é diferente. Para Cortez, trata-se de um fenômeno natural singular, de uma maravilha da natureza; sua curiosidade é intransitiva; a conseqüência prática (a descoberta do melhor caminho) é evidentemente casual. Para Gagavitz, é preciso medir-se com um fenômeno mágico, combater o espírito da montanha; a conseqüência prática é a domesticação do fogo. Em outras palavras, este relato, que talvez tenha um fundamento histórico, transforma-se num mito da origem do fogo: as pedras, cuja fricção provoca as faíscas, teriam sido trazidas por Gagavitz do vulcão em erupção. Cortez permanece no plano puramente humano; a história de Gagavitz aciona imediatamente um conjunto de correspondências naturais e sobrenaturais.

A comunicação, entre os astecas, é, antes de mais nada, uma comunicação com o mundo, e as representações religiosas têm um papel essencial. A religião não está, evidentemente, ausente no lado espanhol, e era inclusive decisiva para Colombo. Mas duas diferenças essenciais chamam imediatamente a atenção. A primeira está ligada à especificidade da religião cristã em relação às religiões pagãs da América: o que importa aqui é o fato de ela ser, fundamentalmente, universalista e igualitária. "Deus" não é um nome próprio, é um nome comum: essa palavra pode ser traduzida em qualquer língua, pois não designa *um* deus, como Huitzilopochtli e Tezcatlipoca que, no entanto, já são abstrações, mas *o* deus. Essa religião pretende ser universal e, em função disso, é intolerante. Montezuma demonstra algo que pode parecer uma fatal abertura de espírito, durante os conflitos religiosos (na realidade, não é bem isso): quando Cortez ataca seus templos, ele procura encontrar soluções de compromisso: "Então Montezuma sugeriu que colocássemos nossas imagens de um lado e que deixássemos seus deuses do outro; mas o Marquês [Cortez] recusou" (Andrés de Tapia); mesmo depois da conquista, os índios continuarão querendo integrar o Deus cristão em seu panteão, como uma divindade entre outras.

Isto não significa que não há absolutamente nenhuma idéia monoteísta na cultura asteca. Suas inumeráveis divindades são apenas os diversos nomes de deus, o invisível e inatingível. E, se deus tem tantos nomes e tantas imagens, é porque cada uma de suas manifestações e de suas relações com o mundo natural é personificada, cada uma de suas diversas funções é atribuída a uma personagem diferente. O deus da religião asteca é simultaneamente uno e múltiplo. O que faz com que a religiosidade asteca se dê bem com a adição de novas divindades; sabe-se que, no tempo de Montezuma, justamente, foi construído um templo destinado a receber todos os deuses "outros": "Pareceu ao rei Montezuma que faltava um templo dedicado à glória de todos os ídolos adorados neste país. Movido pelo zelo religioso, ordenou a construção de um (...). Chama-se *Coateocalli*, o que quer dizer 'Templo dos deuses diversos', devido à diversidade de deuses que havia entre os vários povos e as várias províncias" (Durán, III, 58). O projeto será executado, e esse templo espantoso funcionará durante os anos que precedem a conquista. Não é assim para os cristãos, e a recusa de Cortez decorre do próprio espírito da religião cristã: o Deus cristão não é uma encarnação que poderia juntar-se às outras, é *um* de modo exclusivo e intolerante, e não deixa nenhum espaço para outros deuses; como diz Durán, "nossa fé católica é una e nela se funda uma única Igreja, que tem por objeto um só Deus verdadeiro, e não admite a seu lado nenhuma adoração, ou fé, em outros deuses" (I, "Introdução"). Este fato contribui bastante para a vitória dos espanhóis: a intransigência sempre venceu a tolerância.

O igualitarismo do cristianismo é solidário com seu universalismo: já que Deus convém a todos, todos convêm a Deus; quanto a isso, não há diferenças entre os povos nem entre os indivíduos. São Paulo disse: "Onde não há grego nem judeu, circuncisão nem incircuncisão, bárbaro, cita, servo ou homem livre, mas Cristo é tudo em todos" (*Co* 3, 11), e: "Nisto não há judeu nem grego, não há servo nem homem livre, não há macho nem fêmea, porque todos vós sois um em Cristo Jesus" (*Ge* 3, 28). Esses textos indicam claramente o sentido que deve ser dado ao igualitarismo dos primeiros cristãos: o cristianismo não luta contra as desigualdades (o senhor continuará sendo senhor, e o escravo, escravo, como se esta diferenciação fosse tão natural quanto a que existe entre homem e mulher); mas declara-as não pertinentes, diante da unidade de todos no Cristo. Reencontraremos estes problemas nos debates morais que virão após a conquista.

A segunda diferença decorre das formas que tomou o sentimento religioso entre os espanhóis dessa época (talvez seja mais uma conseqüência da doutrina cristã, e podemos nos perguntar em que medida uma religião igualitarista não leva, por sua recusa das hierarquias, a sair da própria religião): o Deus dos espanhóis é um ajudante e não um Senhor, um ser mais usado do que usufruído (para falar como os teólogos). Teoricamente, e como queria Colombo (e até Cortez, e este é um de seus traços de mentalidade mais "arcaicos"), o objetivo da conquista é expandir a religião cristã; na prática, o discurso religioso é um dos meios que garantem o sucesso da conquista: fim e meios trocaram de lugar.

Os espanhóis só ouvem os conselhos divinos quando estes coincidem com as sugestões de seus informantes ou com seus próprios interesses, como comprovam os relatos de vários cronistas. "Reconhecemos também outros sinais seguros que nos fizeram compreender que Deus queria, no interesse da religião, que colonizássemos este país", já dizia Juan Díaz, que acompanhava a expedição de Grijalva; e Bernal Díaz: "Concordamos pois em seguir a opinião da gente de Cempoala; pois o bom Deus dispunha para nós de tudo" (61). No episódio da ascensão do vulcão, acima narrado, Cortez também atribuía a Deus a descoberta do melhor caminho. "Como Deus sempre pareceu tomar em mãos os interesses de Vossa Majestade, desde a mais tenra infância, e como eu e meus companheiros estamos a serviço de Vossa Alteza, quis mostrar-nos outra rota, um tanto difícil, mas menos perigosa do que a que queriam que seguíssemos" (2). Lançam-se à batalha gritando "Santiago", não tanto na esperança de uma intervenção do santo tutelar, mas para darem coragem a si mesmos e amedrontarem os adversários. O capelão da tropa de Cortez não deixa nada a desejar como chefe militar: "Nossas tropas chegaram a um alto grau de excitação devido à influência dos encorajamentos de frei Bartolomé de Olmedo, que os exortava a agüentar firme na intenção de servir a Deus e de difundir a santa fé, prometendo-lhes o auxílio de seu santo ministério e gritando-lhes que vencessem ou morressem em combate" (Bernal Díaz, 164). No próprio estandarte de Cortez esta relação é explicitamente afirmada: "A bandeira erguida por Cortez era de cores branca e azul, com uma cruz no centro e, ao redor, uma inscrição latina que, traduzida, dizia: 'Amigos, sigamos a cruz, e com fé neste símbolo devemos conquistar'" (Gomara, 23).

Conta-se um episódio significativo, ocorrido durante a campanha contra os Tlaxcaltecas: para surpreender o inimigo, Cortez faz uma incursão noturna com seus cavaleiros. Um cavalo tropeça; Cortez manda-o de volta ao acampamento. Outro faz o mesmo pouco depois. "Alguns lhe disseram: 'Senhor, isto parece ser um mau presságio para nós, retrocedamos.' Mas ele respondeu: 'Para mim, é bom presságio. Em frente"' (Francisco de Aguilar; ver também Andrés de Tapia). Para os astecas, a chegada dos espanhóis era nada mais nada menos do que a realização de uma série de maus presságios (o que diminuiu sua combatividade), ao passo que, em circunstâncias comparáveis, Cortez (à diferença de alguns de seus companheiros) recusa-se a ver uma intervenção divina – ou então, se ela existe, só pode favorecê-lo, apesar de os sinais parecerem dizer o contrário! É impressionante ver que, durante sua fase descendente, e particularmente no decorrer da expedição de Honduras, Cortez começa a acreditar em presságios; e o sucesso o abandona.

Este papel subordinado e, finalmente, limitado do intercâmbio com Deus cede lugar a uma comunicação humana em que o *outro* será claramente reconhecido (ainda que não seja estimado). O encontro com os índios não cria essa possibilidade de reconhecimento, apenas a revela; ela existe por razões próprias da história da Europa. Para descrever os índios, os conquistadores procuram comparações que encontram imediatamente, em seu próprio passado pagão (greco-romano), ou em *outros* mais próximos geograficamente, e já familiares, como os muçulmanos. Os espanhóis chamam de "mesquitas" todos os primeiros templos que descobrem; e a primeira cidade avistada durante a expedição de Hernandez de Córdoba será denominada, diz Bernal Díaz, "o grande Cairo". Tentando precisar suas impressões dos mexicanos, Francisco de Aguilar relembra imediatamente: "Criança e adolescente, comecei a ler várias histórias e relatos sobre os persas, gregos e romanos. Conhecia também pela leitura os atos praticados nas Índias Portuguesas." Podemos nos perguntar em que medida toda a maleabilidade de espírito necessária para levar a cabo a conquista, e que é demonstrada pelos europeus de então, não se deve a essa situação singular, que faz deles herdeiros de *duas* culturas: a cultura greco-romana de um lado, a cultura judaico-cristã de outro (mas isto, na verdade, já estava preparado havia muito tempo, visto que a assimilação já estava sendo feita entre a tradição judaica e a tradição cristã, o Antigo Testamento sendo absorvido no Novo). Ainda teremos a oportunidade de observar os conflitos entre esses dois elementos da cultura renascentista; conscientemente ou não, seu representante é obrigado a fazer toda uma série de ajustes, de traduções e de compromissos às vezes bastante difíceis, que lhe permitem cultivar o espírito de adaptação e de improvisação, destinado a desempenhar um papel tão importante no decorrer da conquista.

A civilização européia de então não é egocêntrica, mas "alocêntrica": há muito tempo, seu local sagrado por excelência, seu centro simbólico, Jerusalém, não somente é exterior ao território europeu como também dominado por uma civilização rival (a muçulmana). No Renascimento, acrescenta-se a essa descentralização espacial uma outra, temporal: a era ideal não é nem o presente nem o futuro, mas o passado, e um passado que nem mesmo é cristão: o dos gregos e romanos. O centro está fora, o que abre para o outro a possibilidade de um dia tornar-se central.

Uma das coisas que mais impressionam os conquistadores, quando entram na Cidade do México, é o que se poderia chamar de zoológico de Montezuma. As populações dominadas ofereciam, aos astecas, a título de tributo, espécimes de vegetais e animais, e eles tinham determinado locais onde essas coleções de plantas, pássaros, serpentes e animais selvagens podiam ser admiradas. As coleções não se justificam unicamente, ao que parece, pelas referências religiosas (tal animal podendo corresponder a tal divindade); eram admiradas também pela raridade e variedade das espécies, ou pela beleza dos espécimes. Isto faz pensar, mais uma vez, no comportamento de Colombo, naturalista amador, que queria amostras de tudo o que encontrava.

Essa instituição, que os espanhóis, por sua vez, admiram (os zoológicos não existem na Europa), pode ser ao mesmo tempo relacionada a e contrastada com uma outra, mais ou menos sua contemporânea: são os primeiros museus. Os homens sempre colecionaram curiosidades, naturais ou culturais; mas é somente no século XV que os papas começarão a acumular e a exibir vestígios antigos, na qualidade de restos de uma outra cultura; também é a época das primeiras obras sobre "vida e costumes" das populações distantes. Algo desse espírito penetrou o próprio Cortez, pois, se num primeiro momento sua única preocupação é derrubar os ídolos e destruir os templos, pouco após a conquista vemo-lo preocupado em preservá-los como testemunhos da cultura asteca. Uma testemunha da acusação no processo que lhe é movido alguns anos mais tarde afirma: "Mostrou-se bastante contrariado, pois queria que aqueles templos dos ídolos ficassem como monumentos" (*Sumario*, I, p. 232).

O que mais se parecia com um museu, entre os astecas, era o Coateocalli, ou templo dos deuses diversos. Entretanto, notamos imediatamente a diferença: os ídolos, trazidos a esse templo dos quatro cantos do país, não suscitam nem uma atitude estética de admiração e muito menos uma consciência relativista das diferenças entre os povos. Uma vez na Cidade do México, essas divindades tornam-se mexicanas, e seu uso continua a ser puramente religioso, semelhante ao dos deuses mexicanos, embora tivessem uma origem diferente. Nem o zoológico nem esse templo demonstram um reconhecimento das diferenças culturais como faz o museu nascente na Europa.

A presença de um lugar reservado para outros no universo mental dos espanhóis é simbolizada pelo desejo, constantemente afirmado, de comunicar, que contrasta profundamente com as reticências de Montezuma. A primeira mensagem de Cortez é: "Já que tínhamos atravessado tantos mares e tínhamos vindo de países tão distantes somente para vê-lo e falar com ele pessoalmente, nosso Senhor e grande Rei não aprovaria nossa conduta se retornássemos assim" (Bernal Díaz, 39). "O capitão disse-lhes, por meio dos intérpretes que tínhamos, e fez com que compreendessem que não partiria em hipótese alguma daquele país sem antes conhecer seu segredo, a fim de poder escrever para Vossas Majestades um relato verídico a respeito disso" (Cortez, 1). Os soberanos estrangeiros, assim como os vulcões, despertam irresistivelmente a curiosidade de Cortez, que age como se seu único objetivo fosse redigir um relato.

Pode-se dizer que o próprio fato de assumirem o papel ativo no processo de integração garante aos espanhóis uma superioridade incontestável. São os únicos que *agem* nessa situação; os astecas procuram apenas manter o *status quo*, apenas *reagem*. O fato de terem sido os espanhóis os que atravessaram o oceano para encontrar os índios, e não o inverso, já anuncia o resultado do encontro; os astecas não se expandem mais além na América do Sul ou na América do Norte. É impressionante ver que, na América Central, são precisamente os astecas que não querem comunicar-se nem mudar nada em seu modo de vida (as duas coisas freqüentemente se confundem), o que vai par a par com a valorização do passado e das tradições, ao passo que as populações dominadas ou dependentes participam muito mais ativamente da interação, e levam vantagem no conflito: os tlaxcaltecas, aliados dos espanhóis, serão em muitos aspectos os verdadeiros senhores do país no século que se segue à conquista.

Voltemo-nos agora para o lado da *produção* dos discursos e dos símbolos. Cortez tem, inicialmente, uma preocupação constante com a interpretação que os outros – os índios – farão de seus gestos. Punirá severamente os saqueadores em seu próprio exército porque estes ao mesmo tempo *tomam* o que não deve ser tomado e *dão* uma impressão desfavorável de si mesmos. "Vendo o porto deserto e tendo sabido como Alvarado tinha estado na vila vizinha pegando as galinhas, os ornamentos e outros objetos de pouco valor pertencentes aos ídolos e o ouro metade cobre, mostrou-se muito irritado e repreendeu Pedro de Alvarado severamente por isso, dizendo-lhe que não era tomando assim os bens dos nativos que se faria a paz nos países conquistados. (...) Fez com que devolvessem o ouro, os ornamentos e tudo o mais. Quanto às galinhas, tinham sido comidas; mas ordenou que em troca lhes dessem miçangas e guizos, e a cada um uma camisa de Castela" (Bernal Díaz, 25). E mais tarde: "Um soldado de nome Mora, natural de Ciudad Rodrigo, roubou duas galinhas numa casa de índios daquela aldeia. Cortez, percebendo isso, sentiu tanta cólera pela conduta que aquele soldado tinha ousado manter à sua vista, em país aliado, que ali mesmo fez com que passassem uma corda em volta do pescoço dele" (Bernal Díaz, 51). A razão desses gestos é precisamente o desejo que Cortez tem de controlar a informação recebida pelos índios: "Para evitar a aparência de cobiça neles, e para acabar com a idéia de que o único motivo de sua vinda era a procura do ouro, todos deviam fazer como se não soubessem o que era" (Gomara, 25); e, nas aldeias: "Cortez anunciou pelo arauto que, sob pena de morte, ninguém devia tocar outra coisa senão a comida – isto para aumentar sua reputação de benevolência junto aos indígenas" (Gomara, 29). Percebe-se o papel que começa a ter o vocabulário do faz-de-conta: "aparência", "reputação".

Quanto às mensagens que lhes envia, também obedecem a uma estratégia perfeitamente coerente. Para começar, Cortez quer que a informação recebida pelos índios seja exatamente aquela que ele envia; com muita prudência, destilará a verdade em suas próprias palavras, e será particularmente impiedoso em relação aos espiões: os que agarra terão as mãos cortadas. No início, os índios não estão bem certos de que os cavalos dos espanhóis são seres mortais; para mantê-los nessa incerteza, Cortez fará com que sejam cuidadosamente enterrados os cadáveres dos animais mortos, na noite que se segue à batalha. Recorrerá a muitos outros estratagemas para dissimular suas verdadeiras fontes de informação, para fazer crer que suas informações não provêm do intercâmbio com os homens, e sim do intercâmbio com o sobrenatural. A propósito de uma delação, ele conta: "Como ignoravam quem tinha me revelado aquilo e como achavam que sabia por uma espécie de mágica, pensam que nada me pode escapar. Várias vezes tinham visto que, para ter certeza do caminho, sacava um mapa e uma bússola, particularmente quando encontrei o caminho de Cagoatezpan, e tinham dito a vários espanhóis que assim eu conseguira sabê-lo. Alguns deles, desejando assegurar-me de sua boa vontade, até vieram a mim e pediram-me que olhasse no vidro e no mapa para verificar suas boas intenções, já que era assim que eu sabia de todas as outras coisas; deixei que acreditassem que aquilo era verdade e que a bússola e o mapa tudo me revelavam" (5).

O comportamento de Montezuma era contraditório (acolher ou não acolher os espanhóis?), e revelava o estado de indecisão em que se encontrava o imperador asteca, o que seria explorado por seus adversários. O comportamento de Cortez é freqüentemente tão contraditório quanto o de Montezuma, na aparência; mas essa contradição é calculada, e tem por objetivo (e por efeito) confundir sua mensagem, deixar seus interlocutores perplexos. Um momento de sua marcha para a Cidade do México é exemplar nesse sentido. Cortez está em Cempoala, recebido pelo "grande cacique", que espera que o chefe espanhol o ajude a rechaçar o jugo asteca. Chegam nesse momento cinco enviados de Montezuma, encarregados de coletar o imposto; ficam particularmente irados com a boa acolhida aos espanhóis. O grande cacique vem até Cortez para pedir conselho; este lhe diz que prenda os coletores, o que é feito; mas, quando os cempoaleses se propõem a sacrificar os prisioneiros, Cortez se opõe e junta seus próprios soldados à guarda da prisão. Quando cai a noite, pede a seus soldados que lhe tragam, às escondidas, dois dos cinco prisioneiros, os mais inteligentes se possível; tendo-os diante de si, simula a inocência, espanta-se ao vê-los prisioneiros e se propõe a libertá-los; para assegurar a fuga deles, chega a conduzi-los em um de seus barcos para fora do território cempoalês. Livres, vão até Montezuma, e contam-lhe o que devem a Cortez. Na manhã seguinte, os cempoaleses descobrem a fuga e querem sacrificar pelo menos os três prisioneiros restantes; mas Cortez se opõe; fica indignado com a negligência dos guardas cempoaleses e propõe guardar os outros três em seus próprios barcos. O grande cacique e seus colegas aceitam; mas sabem que Montezuma será avisado da rebelião deles; juram então fidelidade a Cortez e se comprometem a ajudá-lo em sua luta contra o imperador asteca. "Foi então que juraram obediência à Sua Majestade, diante do escrivão Diego Godoy; e informaram esses acontecimentos às outras aldeias daquela província. Como não pagavam mais tributos e não viam os coletores, não podiam conter a alegria, pensando na tirania de que estavam livres" (Bernal Díaz, 47).

As manobras de Cortez têm dois destinatários: os cempoaleses e Montezuma. Com os primeiros, as coisas são relativamente simples: Cortez leva-os a uma aliança irreversível com os espanhóis. Como os coletores astecas estão bem próximos, e os tributos são bem pesados, ao passo que o Rei de Espanha é uma pura abstração e não pede, por enquanto, nenhum imposto, os cempoaleses encontram razões suficientes para passar para o outro lado. As coisas são mais complexas no que se refere a Montezuma. Ele saberá, por um lado, que seus enviados foram maltratados graças à presença dos espanhóis; mas, por outro, que a vida deles foi salva graças aos mesmos espanhóis. Cortez se apresenta, simultaneamente, como inimigo e como aliado, tornando impossível, ou, em todo caso, injustificável, qualquer ação de Montezuma contra ele; através desse ato impõe seu poder, ao lado do de Montezuma, pois este não pode puni-lo. Enquanto sabia apenas a primeira parte da história, Montezuma "já tinha mandado um de seus grandes exércitos para combater as aldeias rebeldes"; tendo ouvido a segunda, "sua cólera cedeu e ele concordou em enviar alguém para informar-se acerca de nossas intenções" (Bernal Díaz, 48). O resultado da mensagem múltipla de Cortez é que Montezuma já não sabe o que deve pensar, e é obrigado a voltar à busca de informação.

A primeira preocupação de Cortez quando está fraco é fazer com que os outros pensem que é forte, não permitir que descubram a verdade; esta preocupação é constante. "Como tínhamos anunciado que aquele seria nosso caminho, achei melhor perseverar e não recuar, para que não pensassem que me faltava coragem" (2). "Por mim, achei que demonstrar tão pouca coragem diante dos naturais, sobretudo diante dos que eram nossos amigos, seria suficiente para afastá-los de nós; e lembrei-me de que a sorte sempre favorece os audaciosos" (2). "Pareceu-me que, embora não fosse nosso caminho, seria pusilânime passar sem lhes dar uma boa lição, e para que nossos amigos não pensassem que o medo nos impedia de fazê-lo" etc. (3).

De modo geral, Cortez é um homem sensível às aparências. Quando é nomeado para liderar a expedição, seus primeiros gastos serão dedicados à compra de uma roupa imponente. "Começou a cuidar-se e enfeitar-se muito mais do que de hábito. Pôs um penacho e um medalhão e uma corrente de ouro" (Bernal Diaz, 20); mas pode-se pensar que, ao contrário dos chefes astecas, ele não usava todas as suas insígnias durante as batalhas. Seus encontros com os mensageiros de Montezuma também são cercados de todo um cerimonial, que devia ser bastante cômico na floresta tropical, mas nem por isso deixava de surtir efeito.

Cortez tem a reputação de bem-falante; sabe-se que chega a escrever poesias, e os relatórios que envia a Carlos V evidenciam um notável domínio da língua. Os cronistas mostram-no freqüentemente em atividade, tanto junto a seus soldados como quando se dirige aos caciques, por intermédio de intérpretes. "Às vezes o capitão nos dirigia belíssimos discursos, que nos convenciam de que seríamos todos condes ou duques, e nos tornaríamos nobres; transformava-nos assim de cordeiros em leões, e nós caminhávamos ao encontro de exércitos poderosos sem medo ou hesitação" (Francisco de Aguilar; voltaremos à comparação com os leões e os cordeiros). "De natureza afável, era procurado e agradava por sua conversa" (Bernal Díaz, 20). "Cortez sabia conquistar a atenção dos caciques com boas palavras" (*ibid.*, 36). "Cortez consolou-os com palavras amistosas que ele e doña Marina sabiam muito bem empregar" (*ibid.*, 86). Até mesmo seu inimigo jurado, Las Casas, enfatiza seu completo desembaraço na comunicação com os homens: descreve-o como um homem que "sabia falar a todos" e tinha "vivacidade astuciosa e ciência mundana" (*Historia*, III, 114 e 115).

Preocupa-se igualmente com a reputação de seu exército, e contribui conscientemente para sua elaboração. Ao subir com Montezuma até o topo de um dos templos da Cidade do México, com uma altura de cento e catorze degraus, o imperador asteca convida-o a descansar. "Cortez respondeu-lhe, por meio de nossos intérpretes, que nem ele nem nenhum de seus homens jamais se cansava, qualquer que fosse a razão" (Bernal Díaz, 92). Gomara faz com que ele revele o segredo desse comportamento num discurso, que Cortez teria feito a seus soldados: "O desfecho da guerra depende muito de nossa reputação" (114). Quando entra pela primeira vez na Cidade do México, dispensa a companhia de um exército de índios aliados, pois isso poderia ser interpretado como um sinal de hostilidade; em compensação, quando recebe, após a queda da Cidade do México, os mensageiros de um chefe distante, exibe ostensivamente todo o seu poder: "Para que vejam nosso modo de agir e contem isso ao seu senhor, fiz com que todos os cavalos fossem levados a uma praça e corressem e lutassem diante deles; a infantaria se colocou em formação de batalha, com os arcabuzeiros, que descarregaram suas armas, enquanto eu ordenava que atirassem granadas sobre uma das torres" (3). E sua tática militar preferida será – já que ele dá a impressão de estar forte quando está fraco – simular sua fraqueza justamente quando está forte, para atrair os astecas a armadilhas mortais.

Em todo o decorrer da campanha, Cortez demonstra seu gosto por ações espetaculares, bem consciente do valor simbólico delas. É, por exemplo, essencial ganhar a primeira batalha contra os índios; destruir os ídolos ao primeiro desafio dos sacerdotes, para mostrar sua invulnerabilidade; sair vitorioso do primeiro combate entre bergantins e canoas indígenas; queimar um determinado palácio no interior da cidade para mostrar a amplitude de sua penetração; subir até o topo de um templo para que todos possam vê-lo ali. Pune rara, mas exemplarmente, de modo que todos aprendem; temos um exemplo disso na violência com que reprime a região de Panuco, após uma sublevação que ele aniquilou; nota-se a atenção que dá à difusão da informação: "Cortez ordena que cada um dos [sessenta] caciques faça vir seu herdeiro. A ordem é cumprida. Todos os caciques são então queimados numa imensa fogueira, e seus herdeiros assistem à execução. Cortez chama-os em seguida e lhes pergunta se sabem como foi dada a sentença contra seus pais assassinos; depois, tomando um ar severo, acrescenta que espera que o exemplo baste e que eles não sejam mais suspeitos de desobediência" (Pierre Martyr, VIII, 2).

O uso que Cortez faz de suas armas tem uma eficácia mais simbólica do que prática. Ordena a construção de uma catapulta que não funcionará, mas não faz mal: "Mesmo se ela não tivesse tido outro efeito senão amedrontá-los, o que aconteceu, esse medo era tão grande que pensávamos que os inimigos se renderiam, e isso nos bastava" (Cortez, 3). Logo no início da expedição, organiza verdadeiros espetáculos de "som e luz" com seus cavalos e seus canhões (que então não têm nenhuma outra utilidade); sua preocupação com a encenação é realmente notável. Esconde num determinado local uma égua, e coloca em frente dela seus anfitriões índios e um garanhão; as manifestações barulhentas deste último apavoram essas pessoas que nunca tinham visto um cavalo. Escolhendo um momento de calmaria, Cortez manda disparar os canhões que também estão bem perto. Ele não inventou esse tipo de estratagema, mas é certamente o primeiro a agir assim de modo sistemático. Em outra ocasião, leva seus convidados a um local onde o solo é duro, para que os cavalos possam galopar velozmente, e manda disparar novamente o grande canhão, descarregado. Sabemos, pelos relatos astecas, que essas encenações atingiam seus objetivos: "Nesse instante os emissários perderam a cabeça, e desmaiaram. Despencaram, afundaram cada um de um lado: já não eram senhores de si mesmos" (*CF*, XII, 5). Esses passes de mágica são tão eficientes, que um padre pôde escrever tranqüilamente, alguns anos mais tarde: "Essa gente tem tanta confiança em nós que já não são necessários milagres" (Francesco de Bologna).

Esse comportamento de Cortez faz pensar, irresistivelmente, no ensinamento quase contemporâneo de Maquiavel. Não se trata, evidentemente, de uma influência direta, mas do espírito de uma época, que se manifesta nos escritos de um e nos atos do outro; de resto, o rei "católico" Fernando, cujo exemplo Cortez não podia ignorar, é citado por Maquiavel como modelo do "novo príncipe". Como deixar de fazer a aproximação entre os estratagemas de Cortez e os preceitos de Maquiavel, que erige a reputação e o faz-de-conta ao topo dos novos valores: "Não é preciso que um príncipe tenha todas as qualidades supracitadas, mas é preciso que pareça tê-las. Ousaria até dizer que, se ele as tiver e as usar sempre, elas o prejudicarão; mas, fingindo tê-las, elas serão proveitosas" (*O príncipe*, 18). De modo geral, no mundo de Maquiavel e de Cortez, o discurso não é determinado pelo objeto que descreve, nem pela conformidade a uma tradição, mas é construído unicamente em função do objetivo que se procura atingir.

A melhor prova de que podemos dispor quanto à capacidade de Cortez em compreender e falar a linguagem do outro é sua participação na elaboração do mito da volta de Quetzalcoatl. Não será essa a primeira vez em que os conquistadores espanhóis exploram os mitos indígenas em seu próprio benefício. Pierre Martyr consignou a comovente história da deportação dos lucayos, habitantes das atuais Ilhas Bahamas, que acreditam que, após a morte, seus espíritos partem para uma terra prometida, para um paraíso, onde podem gozar todos os prazeres. Os espanhóis, que precisam de mão-de-obra e não conseguem encontrar voluntários, assimilam rapidamente o mito e completam-no em seu próprio benefício. "Assim que os espanhóis souberam das crenças ingênuas dos insulares em relação a suas almas que, após a expiação das faltas, devem passar das montanhas geladas do norte para as regiões meridionais, tudo fizeram para persuadi-los a abandonar por iniciativa própria o solo natal e se deixar levar às ilhas meridionais de Cuba e Hispaniola. Conseguiram convencê-los de que eles mesmos estavam chegando ao país onde encontrariam seus pais e filhos mortos, todos os parentes e amigos, e desfrutariam de todas as delícias nos braços daqueles que tinham amado. Como os sacerdotes já tinham incutido neles essas falsas crenças, e os espanhóis confirmavam-nas, deixaram a pátria nessa vã esperança. Assim que compreenderam que tinham abusado deles, já que não encontravam nem os parentes nem pessoa alguma que desejavam e eram, ao contrário, forçados a suportar fadigas e a executar trabalhos duros aos quais não estavam habituados, ficaram desesperados. Ou se suicidavam, ou então resolviam morrer de fome e faleciam de cansaço, recusando qualquer argumento, e até mesmo a violência, para se alimentarem. (...) Assim pereceram os desafortunados lucayos" (VII, 4).

A história do retorno de Quetzalcoatl, no México, é mais complexa, e suas conseqüências, bem mais importantes. Eis os fatos, em poucas palavras. Segundo os relatos indígenas anteriores à conquista, Quetzalcoatl é uma personagem simultaneamente histórica (um chefe de Estado) e legendária (uma divindade). Em um dado momento, é obrigado a deixar seu reino e partir para o leste (o Atlântico); desaparece, mas segundo algumas versões do mito promete (ou ameaça) voltar um dia para recuperar o que é seu. Cabe lembrar aqui que a idéia do retorno de um messias não desempenha um papel essencial na mitologia asteca; que Quetzalcoatl é apenas uma divindade entre outras e não ocupa um lugar de destaque (particularmente na Cidade do México, cujos habitantes consideram-no deus dos cholultecas); e que apenas alguns relatos prometem sua volta, enquanto outros simplesmente descrevem seu desaparecimento.

Ora, os relatos indígenas da conquista, particularmente os recolhidos por Sahagún e Durán, dizem que Montezuma tomou Cortez por Quetzalcoatl, que voltava para recuperar seu reino; essa identificação seria um dos motivos principais de sua passividade diante do avanço dos espanhóis. Pode-se duvidar da autenticidade dos relatos, que dizem o que achavam os informantes dos padres. A idéia de uma identidade entre Quetzalcoatl e Cortez realmente existiu nos anos imediatamente subseqüentes à conquista comprovada também pela repentina recrudescência na produção de objetos de culto ligados a Quetzalcoatl. Ora, há um hiato evidente entre esses dois estados do mito: o antigo, em que o papel de Quetzalcoatl é secundário, e sua volta incerta; e o novo, em que aquele é predominante e esta absolutamente certa. Uma força deve ter intervindo para acelerar essa transformação do mito.

Essa força tem um nome: Cortez. Ele sintetizou vários dados. A diferença radical entre espanhóis e índios, e a relativa ignorância de outras civilizações por parte dos astecas levavam, como vimos, à idéia de que os espanhóis eram deuses. Mas quais deuses? É aí que Cortez deve ter fornecido o elo que faltava, estabelecendo a relação com o mito, um tanto marginal, mas totalmente pertencente à "linguagem do outro", da volta de Quetzalcoatl. Os relatos que se encontram em Sahagún e Durán apresentam a identificação Cortez-Quetzalcoatl como tendo sido produzida no espírito do próprio Montezuma. Mas essa afirmação prova somente que, para os índios da pós-conquista, isso era verossímil; ora, é certamente nisso que se baseia o raciocínio de Cortez, que procurava produzir um mito bem índio. Em relação a isso, dispomos de provas mais diretas.

A primeira fonte importante que estabelece a existência desse mito são as cartas-relatórios do próprio Cortez. Esses relatórios, endereçados ao imperador Carlos V, não têm um mero valor documentário: para Cortez, como vimos, a palavra é um meio de manipular as pessoas, antes de ser reflexo fiel do mundo, e, em suas relações com o imperador, tem tantos objetivos a atingir que a objetividade não é sua preocupação principal. Não obstante, a evocação desse mito, tal como se encontra em seu relato do primeiro encontro com Montezuma, é altamente reveladora. Montezuma teria declarado, dirigindo-se a seu hóspede espanhol e a seus próprios nobres: "Devido ao lugar de onde dizeis vir, a saber o levante, e às coisas que dizeis do grande senhor ou rei que vos envia aqui, cremos e estamos certos de que é esse o nosso senhor natural, particularmente porque dizeis que ele nos conhece há muito tempo." Ao que Cortez responde: "O que achei conveniente, tratando especialmente de convencê-lo de que Vossa Majestade era aquele que esperavam" (Cortez, 2).

Para caracterizar seu próprio discurso, Cortez encontra, significativamente, a noção retórica fundamental do "conveniente": o discurso é regido por seu objetivo, não por seu objeto. Mas Cortez não tem nenhum interesse em convencer Carlos V de que este último é, sem saber, um Quetzalcoatl; em relação a isso, seu relatório deve dizer a verdade. Ora, nos fatos relatados, vemos sua intervenção duas vezes: a convicção (ou suspeita) inicial de Montezuma já é efeito das palavras de Cortez ("devido às coisas que dizeis"), e particularmente do argumento engenhoso segundo o qual Carlos V já os conhece há muito tempo (não devia ser difícil para Cortez produzir provas disso). E, em resposta, Cortez afirma explicitamente a identidade das duas personagens, tranqüilizando Montezuma, enquanto se mantém vago e dá a impressão de estar apenas confirmando uma convicção que o outro teria adquirido por suas próprias vias.

Sem que nos seja possível, pois, ter certeza de que Cortez é o único responsável pela identificação entre

Quetzalcoatl e os espanhóis, constatamos que faz tudo para alimentá-la. Seus esforços serão coroados de sucesso, embora a lenda deva ainda passar por algumas transformações (deixando de lado Carlos V e identificando diretamente Cortez a Quetzalcoatl). E essas transformações são rentáveis em todos os níveis: Cortez pode assim gabar-se de uma legitimidade junto aos índios; além disso, fornece-lhes um meio de racionalizar sua própria história: senão, sua vinda teria sido absurda e pode-se supor que a resistência teria sido muito mais implacável. Mesmo que Montezuma não tome Cortez por Quetzalcoatl (aliás, ele não teme Quetzalcoatl a esse ponto), os índios que comporão os relatos, isto é, os autores da representação coletiva, acreditam nisso; o que tem conseqüências incomensuráveis. É definitivamente graças ao domínio dos signos dos homens que Cortez garante seu controle sobre o antigo império asteca.

Ainda que os cronistas, espanhóis ou índios, se equivoquem, ou mintam, suas obras continuam eloqüentes para nós; o gesto que cada uma delas constitui revela a ideologia do autor, inclusive quando a narração dos acontecimentos é falsa. Vimos o quanto o comportamento semiótico dos índios acompanhava o domínio, entre eles, do princípio hierárquico sobre o princípio democrático, e a preeminência do social sobre o individual. Se compararmos os relatos da conquista, indígenas e espanhóis, descobriremos ainda a oposição entre dois tipos de ideologia bem distintos. Tomemos dois exemplos dos mais ricos: a crônica de Bernal Díaz de um lado; a do *Codex Florentino*, recolhida por Sahagún, do outro. Elas não diferem pelo valor documental: ambas mesclam verdades e erros. Nem pela qualidade estética: ambas são comoventes e até mesmo perturbadoras. Mas não são construídas do mesmo modo. O relato do *Codex Florentino* é a história de um povo contada por esse mesmo povo. A crônica de Bernal Díaz é a história de alguns homens contada por um homem.

Não que inexistam identificações individuais no *Codex Florentino*. Vários guerreiros valentes são mencionados, assim como parentes do soberano, sem falar no próprio; evocam-se batalhas específicas, e o local onde ocorrem é precisamente indicado. No entanto, esses indivíduos nunca se tornam "personagens": não possuem uma psicologia individual que seria responsável por seus atos e que os diferenciaria uns dos outros. A fatalidade reina sobre o desenrolar dos acontecimentos, e em momento algum temos o sentimento de que as coisas poderiam ter ocorrido de outro modo. Não são esses indivíduos que, por adição ou fusão, formam a sociedade asteca; é ela, ao contrário, que é o dado inicial, o herói da história; os indivíduos são apenas suas instâncias.

Bernal Díaz conta efetivamente a história de alguns homens. Não somente Cortez, mas todos os mencionados são providos de traços individuais, físicos e morais; cada um deles é uma mistura complexa de qualidades e defeitos cujos atos são imprevisíveis: do mundo do necessário, passamos para o do arbitrário, já que cada indivíduo pode ser a fonte de uma ação que leis gerais não poderiam prever. Nesse sentido, sua crônica se opõe não somente aos relatos indígenas (que ele ignorava), como também à de Gomara, sem a qual – no desejo de contradizê-la – Bernal Díaz talvez não tivesse escrito, e tivesse apenas contado sua história oralmente, como deve ter feito várias vezes. Gomara submete tudo à imagem de Cortez, que deixa então de ser um indivíduo, para tornar-se uma personagem ideal. Bernal Díaz, ao contrário, reivindica a pluralidade e a diversidade dos protagonistas: se eu fosse um artista, diz ele, "poderia até desenhar o aspecto de cada um marchando para o combate" (206).

E vimos o quanto seu relato abunda em detalhes "inúteis" (ou melhor, desnecessários, que não são impostos pela fatalidade do destino): por que dizer que Aguilar carregava a sandália à cintura? Porque, a seu ver, é essa singularidade do acontecimento que constitui sua identidade. Na verdade, encontram-se no *Codex Florentino* alguns detalhes do mesmo tipo: as belas índias que cobrem o rosto de lama para escapar dos olhares lascivos dos espanhóis; estes se vêem obrigados a segurar um lenço sob o nariz para evitar o odor dos cadáveres; as roupas empoeiradas de Cuauhtemoc quando se apresenta diante de Cortez. Mas todos eles aparecem nos últimos capítulos, após a queda da Cidade do México, como se o desmoronamento do império fosse acompanhado pela vitória do modo narrativo europeu sobre o estilo indígena: o mundo da pós-conquista é mestiço, nos fatos como nas maneiras de os narrar.

No *Codex Florentino*, não sabemos em momento algum quem fala; ou melhor, sabemos que não se trata do relato de um indivíduo, mas daquilo que a coletividade pensa. Não é por acaso que ignoramos os nomes dos autores desses relatos; isto não se deve à negligência de Sahagún, mas à não-pertinência da informação. O relato pode contar vários acontecimentos que ocorreram simultaneamente, ou em locais bem afastados uns dos outros; nunca se preocupa em apresentar as fontes dessas informações, ou explicar como se soube de tudo isso. As informações não têm fonte, pois pertencem a todos, e é justamente isso que as torna probantes; se tivessem uma origem individual seriam, ao contrário, suspeitas.

Inversamente, Bernal Díaz autentifica suas informações, personalizando suas fontes. À diferença de Gomara, mais uma vez, se quer escrever, não é porque se considera um bom historiador, capaz de exprimir melhor uma verdade comum a todos; seu percurso singular, excepcional, qualifica-o enquanto cronista: é porque ele, pessoalmente, estava lá, porque assistiu aos acontecimentos, que deve agora contá-los. Em um de seus raros enlevos líricos, exclama: "Se não estivesse presente em nossas batalhas, se não as tivesse visto, nem compreendido, como alguém poderia contá-las? Quem, então, virá dizê-las? Seriam os pássaros que voavam nos ares enquanto estávamos ocupados no combate? Ou então as nuvens que planavam sobre nossas cabeças? Este cuidado não deverá, em vez disso, ser deixado a nós, capitães e soldados, que estávamos comprometidos na ação?" (212). E, cada vez que conta peripécias que não presenciou, indica de quem e como soube da história – pois ele não é o único na época, entre os conquistadores, a desempenhar o papel de testemunha: "Estávamos", escreve, "em contínua comunicação uns com os outros" (206).

Poderíamos prosseguir nessa comparação das modalidades de representação no plano da imagem. As personagens apresentadas nos desenhos indígenas não são personalizadas interiormente; quando se alude a uma pessoa específica, um pictograma que a identifica

Fig. 6 – O massacre perpetrado por Alvarado no templo da Cidade do México

aparece ao lado da imagem. Qualquer idéia de perspectiva linear e, portanto, de um ponto de vista individual, está ausente; os objetos são representados em si mesmos, sem interação possível entre eles, e não como se alguém os visse; o plano e o corte são livremente justapostos: uma imagem (cf. fig. 6) figurando o templo da Cidade do México representa todas as paredes vistas de frente, e tudo subordinado ao plano do solo e, ainda, personagens maiores do que as paredes. As esculturas astecas são trabalhadas de todos os lados, inclusive na base, ainda que pesem várias toneladas; é que o espectador do objeto é tão pouco individual quanto seu executor; a representação nos dá essências, não se importa com as impressões de um homem. A perspectiva linear européia não nasceu da preocupação de valorizar um ponto de vista único e individual, mas torna-se o seu símbolo, juntando-se à individualidade dos objetos representados. Pode parecer temerário ligar a introdução da perspectiva à descoberta da América; e contudo a relação existe, não porque Toscanelli, inspirador de Colombo, fosse amigo de Brunelleschi e Alberti, pioneiros da perspectiva (ou porque Piero della Francesca, outro fundador da perspectiva, tenha morrido a 12 de outubro de 1492), mas em razão das transformações que os dois fatos revelam e produzem, simultaneamente, nas consciências.

O comportamento semiótico de Cortez pertence a seu tempo e a seu lugar. Em si, a linguagem não é um instrumento unívoco: serve igualmente à integração no seio da comunidade e à manipulação de outrem. Mas Montezuma privilegia a primeira função; Cortez, a segunda. Um último exemplo dessa diferença encontra-se no papel atribuído aqui e lá à língua nacional. Os astecas e os maias, embora, como vimos, venerassem o domínio do simbólico, não parecem ter compreendido a importância política da língua comum, e a diversidade lingüística torna difícil a comunicação com os estrangeiros. "Falam-se duas ou três línguas diferentes em várias cidades, e quase não há contato ou familiaridade entre os grupos que falam essas línguas diferentes", escreve Zorita (9). Lá onde a língua é, antes de mais nada, um meio de designar, e de expressar a coerência própria do grupo que a fala, não é necessário impô-la ao outro. A língua fica situada no espaço delimitado pelo intercâmbio dos homens com os deuses e o mundo, em vez de ser concebida como instrumento concreto de ação sobre outrem.

Serão portanto os espanhóis que instaurarão o natural como língua indígena nacional no México, antes de realizar a hispanização; serão os frades franciscanos e dominicanos que se lançarão ao estudo das línguas indígenas, assim como ao ensino do espanhol. Este comportamento já estava preparado havia muito tempo; e o ano de 1492, que já havia visto a notável coincidência da vitória sobre os árabes, do exílio imposto aos judeus e da descoberta da América, é também o ano da publicação da primeira gramática de uma língua européia moderna, e é a gramática do espanhol, por Antonio de Nebrija. O conhecimento da língua, nesse caso teórico, demonstra uma atitude nova, não de veneração mas de análise, e de tomada de consciência de sua utilidade prática; e Nebrija escreveu em sua introdução estas palavras decisivas: "A língua sempre foi a companheira do império."

III
AMAR

COMPREENDER, TOMAR E DESTRUIR

Cortez compreende relativamente bem o mundo asteca que se descobre diante de seus olhos, certamente melhor do que Montezuma compreende as realidades espanholas. E, contudo, essa compreensão superior não impede os conquistadores de destruir a civilização e a sociedade mexicanas; muito pelo contrário, tem-se a impressão de que é justamente graças a ela que a destruição se torna possível. Existe aí um encadeamento terrível, em que compreender leva a tomar, e tomar a destruir, encadeamento cujo caráter inelutável gostaríamos de colocar em questão. A compreensão não deveria vir junto com a simpatia? E ainda, o desejo de tomar, de enriquecer à custa do outro, não deveria predispor à conservação desse outro, fonte potencial de riqueza?

O paradoxo da compreensão que mata desapareceria facilmente se fosse possível observar ao mesmo tempo, naqueles que compreendem, um julgamento de valor inteiramente negativo sobre o outro; se o êxito no conhecimento viesse acompanhado de uma recusa axiológica. Poderíamos imaginar que, tendo aprendido a conhecer os astecas, os espanhóis os tenham considerado tão desprezíveis que os tenham declarado, eles e sua cultura, indignos de viver. Ora, lendo os escritos dos conquistadores, vemos que não é nada disso, e que, em alguns aspectos pelo menos, os astecas provocam a admiração dos espanhóis. Quando Cortez deve emitir um julgamento sobre os índios do México, será sempre para aproximá-los dos espanhóis; há nisso mais do que um procedimento estilístico ou narrativo. "Numa de minhas cartas informava Vossa Majestade de que os naturais deste país são muito mais inteligentes do que os das ilhas; que seu entendimento e sua razão deles nos pareceram suficientes para que eles possam se comportar como cidadãos ordinários" (3). "Nos comportamentos e relacionamentos, essa gente tem quase os mesmos modos de viver que na Espanha, e há tanta ordem e harmonia quanto lá; e, considerando que são bárbaros e tão afastados do conhecimento de Deus e da comunicação com outras nações racionais, é uma coisa admirável ver a que ponto chegaram em todas as coisas" (2); note-se que, para Cortez, as relações com uma *outra* civilização podem explicar um alto nível de cultura.

As cidades dos mexicanos, pensa Cortez, são tão civilizadas quanto as dos espanhóis, e ele dá uma prova curiosa disso: "Há muita gente pobre que, nas ruas, nas casas e nos mercados implora aos ricos, como fazem os pobres na Espanha e em outros países onde há gente racional" (2). Na verdade, as comparações sempre favorecem o México, e é impossível não ficar impressionado com sua precisão, mesmo que se leve em conta o empenho de Cortez em louvar os méritos do país que oferece a seu imperador. "Os espanhóis (...) falaram especialmente de um acampamento entrincheirado com fortaleza, que era maior, mais resistente e mais bem construído que o castelo de Burgos" (2). "Isto lembra o mercado de sedas de Granada, com a diferença de que tudo aqui é em maior quantidade" (2). "A torre principal é mais alta do que a torre da catedral de Sevilha" (2). "O mercado de Tenoxtitlán é uma grande praça toda cercada de pórticos e maior que a de Salamanca" (3). Um outro cronista diz: "Ainda que os espanhóis o tivessem feito, não teria sido executado melhor" (Diego Godoy). Para resumir: "Só posso dizer que na Espanha não há nada de comparável" (Cortez, 2). Essas comparações demonstram, é claro, o desejo de apreender o desconhecido com o auxílio do conhecido, mas também contêm uma distribuição dos valores sistemática e reveladora.

Os modos dos astecas, ou pelo menos os de seus dirigentes, são mais refinados que os dos espanhóis. Cortez descreve com espanto os pratos aquecidos no palácio de Montezuma: "Como fazia frio, traziam cada prato e cada taça sobre um pequeno *brasero* cheio de brasas, para que nada esfriasse" (2), e a reação de Bernal Díaz aos sanitários é a mesma: "Para manter intacta essa ordem, era costume fazer, ao longo dos caminhos, abrigos de caniço, palha ou folhas, onde, sem ser visto pelos passantes, se entrava se surgisse a vontade de esvaziar o ventre" (92).

Mas por que limitar-se à Espanha? Cortez está convencido de que as maravilhas que vê são as maiores do mundo. "Não há nenhum príncipe conhecido no mundo que possua coisas de tal qualidade" (2). "No mundo todo, não se poderia tecer vestimentas como essas, nem feitas com cores naturais tão numerosas e tão variadas, nem tão bem trabalhadas" (2). "Os templos são tão bem construídos, em madeira e em alvenaria, que não se poderia fazer melhor em parte alguma" (2). "Tão finamente executados em ouro e em prata que não há joalheiro no mundo capaz de fazer melhor" (2). "Essa cidade [do México] era a coisa mais bela do mundo" (3). E as únicas comparações que Bernal Díaz encontra são tiradas dos romances de cavalaria (aliás, leitura preferida dos conquistadores): "Dizíamos uns aos outros que era comparável às casas encantadas em *Amadis*, devido às altas torres, aos templos e a todos os tipos de edifícios, construídos com cal e areia, na própria água da lagoa. Alguns dos nossos se perguntavam se tudo o que víamos ali não era um sonho" (87).

Tanto encanto, seguido todavia de uma destruição tão completa! Bernal Díaz escreve melancolicamente, evocando sua primeira visão da Cidade do México: "Digo ainda que ao ver aquele espetáculo não pude crer que no mundo tivesse sido descoberto outro país comparável àquele onde estávamos (...) Atualmente, a cidade toda está destruída e nada nela restou em pé" (87). Longe de esclarecer-se, portanto, o mistério só aumenta: não somente os espanhóis compreendiam bastante bem os astecas como também sentiam admiração por eles; e, no entanto, os aniquilaram; por quê?

Vamos reler as frases admirativas de Cortez. Uma coisa nelas chama a atenção: excetuando-se umas poucas, todas referem-se a *objetos*: a arquitetura das casas, as mercadorias, os tecidos, as jóias. Comparável ao turista atual, que admira a qualidade do artesanato quando viaja para a África ou a Ásia, sem que por isso lhe ocorra a idéia de conviver com os artesãos que produzem esses objetos. Cortez fica em êxtase diante das produções astecas, mas não reconhece seus autores como individualidades humanas equiparáveis a ele. Um episódio posterior à conquista ilustra bem essa atitude: quando Cortez volta à Espanha, alguns anos após a conquista, reúne uma amostra bastante significativa de tudo o que, segundo ele, há de interessante no país conquistado. "Ele tinha juntado um grande número de pássaros diferentes dos de Castela – muito dignos de serem vistos –, dois tigres, vários barris de liqüidâmbar, bálsamo endurecido, e um outro bálsamo, líquido como o óleo, quatro índios, profundos conhecedores da arte de fazer girar varetas com os pés, jogo notável para Castela ou qualquer outro país; outros índios mais, grandes dançarinos, que dão a impressão de voarem pelos ares dançando; ele trazia três índios corcundas e anões, cujo corpo era monstruosamente retorcido" (Bernal Díaz, 194, cf. fig. 7). Sabe-se que esses malabaristas e monstros causam admiração na corte espanhola e diante do papa Clemente VII, para onde se dirigem em seguida.

As coisas mudaram um pouco depois de Colombo, que, como sabemos, agarrava os índios para completar uma espécie de coleção naturalista, em que eles eram colocados ao lado das plantas e animais; e onde só importava o número: seis cabeças de mulheres, seis de homens. Nesse caso, o outro era reduzido, pode-se dizer, ao estatuto de objeto. Cortez já não tem o mesmo ponto de vista, mas nem por isso os índios tornam-se sujeitos no sentido pleno, isto é, sujeitos comparáveis ao *eu* que os concebe. É antes um estado intermediário que devem ocupar em seu espírito: são sujeitos

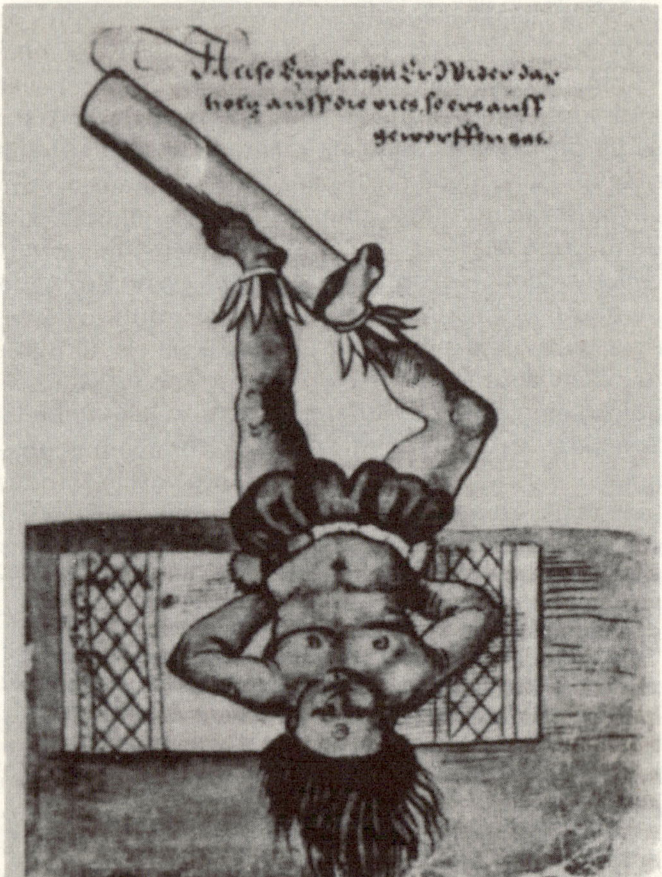

Fig. 7 – Um dos acrobatas astecas levados
por Cortez à corte de Carlos V

sim, mas sujeitos reduzidos ao papel de produtores de objetos, de artesãos ou de malabaristas, cujo desempenho é admirado, mas com uma admiração que, em vez de apagá-la, marca a distância que os separa dele; e sua pertinência à série "curiosidades naturais" não é totalmente esquecida. Quando Cortez compara o desempenho deles ao dos espanhóis, mesmo que seja para atribuir-lhes, generosamente, o primeiro lugar, não abandona seu ponto de vista egocêntrico, e não procura fazê-lo: não é verdade que o imperador dos espanhóis é o maior, que o Deus dos cristãos é o mais forte? Não é de estranhar que Cortez, que assim pensa, seja espanhol e cristão. Nesse plano, o do sujeito em relação àquilo que o constitui como tal, e não com os objetos que produz, de maneira alguma se atribuirá uma superioridade aos índios. Quando Cortez deve dar sua opinião acerca da escravidão dos índios (ele o faz num relatório endereçado a Carlos V), encara o problema de um único ponto de vista: o da rentabilidade do negócio; nunca se leva em conta o que os índios poderiam querer (não sendo sujeitos, não têm querer). "Não há dúvida de que os indígenas devem obedecer às ordens reais de Vossa Majestade, qualquer que seja sua natureza": este é o ponto de partida de seu raciocínio, que em seguida dedica-se à procura das formas de submissão que seriam mais proveitosas para o rei. É bastante impressionante ver como, em seu testemunho, Cortez pensa em todos os que devem receber seu dinheiro: sua família, seus valetes, os conventos e os colégios; os índios nunca são mencionados, apesar de terem sido a única fonte de todas as suas riquezas.

Cortez interessa-se pela civilização asteca e, ao mesmo tempo, mantém-se completamente estrangeiro a ela. Não é o único: esse é o comportamento de muita gente esclarecida de seu tempo. Albert Dürer admira, desde 1520, as obras dos artesãos indígenas, enviadas por Cortez à corte real; mas não lhe ocorre tentar fazer o mesmo; inclusive as imagens dos índios, desenhadas por Dürer, continuam inteiramente fiéis ao espírito europeu. Os objetos exóticos serão rapidamente trancafiados em coleções, e cobertos de poeira; a "arte índia" não exerce nenhuma influência sobre a arte européia do século XVI (contrariamente ao que acontecerá com a "arte negra" no século XX). Formulando as coisas de outro modo: na melhor das hipóteses, os autores espanhóis falam bem *dos* índios; mas, salvo exceção, nunca falam *aos* índios. Ora, é falando ao outro (não dando-lhe ordens, mas dialogando com ele), e somente então, que reconheço nele uma qualidade de *sujeito*, comparável ao que eu mesmo sou. Agora, portanto, é possível precisar as palavras que formam meu título: se a compreensão não for acompanhada de um reconhecimento pleno do outro como sujeito, então essa compreensão corre o risco de ser utilizada com vistas à exploração, ao "tomar"; o saber será subordinado ao poder. Resta a esclarecer a segunda relação: por que tomar leva a destruir? Já que há, de fato, uma destruição, será preciso, na tentativa de responder a essa pergunta, lembrar seus elementos principais.

Devemos examinar a destruição dos índios no século XVI em dois planos, quantitativo e qualitativo. Na ausência de estatísticas contemporâneas, a questão do número de índios mortos poderia ser objeto de uma simples especulação, admitindo as respostas mais contraditórias. Os autores antigos propõem números, é verdade, mas, de modo geral, quando um Bernal Díaz ou um Las Casas dizem "cem mil" ou "um milhão", pode-se duvidar de que eles jamais tenham tido a possibilidade de contar, e se esses números, no final das contas, querem dizer alguma coisa, ela é bastante imprecisa: "muitos". Além disso, não foram levados a sério os "milhões" de Las Casas em sua *Brevísima relación de la destrucción de las Indias*, quando tenta dar um número aproximado de índios desaparecidos. Contudo, as coisas mudaram completamente desde que historiadores atuais, através de métodos engenhosos, conseguiram estimar com bastante verossimilhança a população do continente americano às vésperas da conquista, para compará-la à que se encontra cinqüenta ou cem anos mais tarde, a partir dos recenseamentos espanhóis. Nenhum argumento sério pode ser levantado contra esses números, e aqueles que, até hoje, continuam a negá-los, fazem-no simplesmente porque, se é verdade, é profundamente chocante. Efetivamente, esses números dão razão a Las Casas: não que suas estimativas sejam confiáveis, mas seus números são da mesma ordem de grandeza que os fixados atualmente.

Sem entrar em detalhes, e para dar somente uma idéia global (apesar de não nos sentirmos totalmente no direito de arredondar os números em se tratando de vidas humanas), lembraremos que em 1500 a população do globo deve ser da ordem de 400 milhões, dos quais 80 habitam as Américas. Em meados do século XVI, desses 80 milhões, restam 10. Ou, se nos restringirmos ao México: às vésperas da conquista, sua população é de aproximadamente 25 milhões; em 1600, é de 1 milhão.

Se a palavra genocídio foi alguma vez aplicada com precisão a um caso, então é esse. É um recorde, parece-me, não somente em termos relativos (uma destruição da ordem de 90% e mais), mas também absolutos, já que estamos falando de uma diminuição da população estimada em 70 milhões de seres humanos. Nenhum dos grandes massacres do século XX pode comparar-se a esta hecatombe. Compreende-se o quanto são vãos os esforços feitos por alguns autores para dissipar o que é chamado de "lenda negra", estabelecendo a responsabilidade da Espanha nesse genocídio e manchando assim sua reputação. O negrume existia, mesmo que não haja nenhuma lenda. Não que os espanhóis fossem piores do que os outros colonizadores: simplesmente, acontece que foram eles que ocuparam então a América e nenhum outro colonizador teve a oportunidade, antes ou depois, de causar a morte de tanta gente ao mesmo tempo. Os ingleses e os franceses, na mesma época, comportam-se do mesmo modo; mas sua expansão não tem, de modo algum, a mesma escala, logo, os estragos que podem causar também não.

Mas poderiam dizer que não faz sentido procurar responsabilidades e nem mesmo falar em genocídio, em vez de catástrofe natural. Os espanhóis não empreenderam um extermínio direto desses milhões de índios, e não podiam tê-lo feito. Se nos voltarmos para as formas que tomou a diminuição da população, perceberemos que são três, e que a responsabilidade dos espanhóis é inversamente proporcional ao número de vítimas causadas por cada uma delas:

1. Por assassinato direto, durante as guerras ou fora delas: número elevado, mas relativamente pequeno; responsabilidade direta.

2. Devido a maus-tratos: número mais elevado; responsabilidade (ligeiramente) menos direta.
3. Por doenças pelo "choque microbiano": a maior parte da população; responsabilidade difusa e indireta.

Voltarei ao primeiro ponto, examinando a destruição dos índios no plano qualitativo; devemos considerar aqui em que e como a responsabilidade dos espanhóis está envolvida na segunda e terceira formas de morte.

Por "maus-tratos", entendo basicamente as condições de trabalho impostas pelos espanhóis, particularmente nas minas, mas não só nelas. Os conquistadores-colonizadores não têm tempo a perder, devem enriquecer imediatamente; conseqüentemente, impõem um ritmo de trabalho insuportável, sem nenhuma preocupação com a preservação da saúde e, portanto, da vida, de seus operários; a expectativa de vida média de um mineiro da época é de vinte e cinco anos. Fora das minas, os impostos são tão despropositados que levam ao mesmo resultado. Os primeiros colonizadores não dão atenção a isso, pois as conquistas se seguem então com tal rapidez que a morte de uma população inteira não os deixa muito inquietos: é sempre possível trazer uma outra, das terras recentemente conquistadas. Motolinia constata: "Os impostos exigidos dos índios eram tão elevados que várias cidades, impossibilitadas de pagar, vendiam aos usuários que lá havia as terras e os filhos dos pobres, mas como os impostos eram muito freqüentes, e eles não conseguiam pagá-los nem que vendessem tudo o que tinham, algumas vilas ficaram totalmente despovoadas e outras perderam a população" (III, 4). A redução à escravidão também provoca, direta e indiretamente, diminuições maciças da população. O bispo da Cidade do México, Juan de Zumarraga, assim descreve as atividades de Niño de Guzmán, conquistador e tirano: "Quando ele começou a governar esta província, ela continha 25 000 índios submissos e pacíficos. Vendeu 10 000 deles como escravos, e os outros, temendo a mesma sorte, abandonaram suas aldeias."

Paralelamente ao aumento da mortalidade, as novas condições de vida também provocam uma diminuição da natalidade: "Eles não mais se aproximam das esposas, para não engendrar escravos", escreve o mesmo Zumarraga ao rei; e Las Casas explica: "Assim, marido e mulher não ficavam juntos e nem se viam durante oito ou dez meses, ou um ano; e quando, ao cabo desse tempo, se encontravam, estavam tão cansados e abatidos pela fome, tão prostrados e enfraquecidos, tanto uns quanto as outras, que pouco se preocupavam em manter comunicações maritais. Deste modo, pararam de procriar. Os recém-nascidos morriam cedo, pois suas mães, cansadas e famintas, não tinham leite para nutri-los. Por isso, enquanto eu estava em Cuba, 7 000 crianças morreram em três meses. Algumas mães chegavam a afogar os filhos por desespero, enquanto outras, vendo-se grávidas, provocavam abortos com certas ervas, que produzem crianças natimortas" (*Historia*, II, 13). Las Casas também conta, na *Historia de las Indias* (III, 79), que sua conversão à causa dos índios foi desencadeada pela leitura destas palavras n'*O eclesiasta* (cap. 34): "O pão dos pobres é a sua vida: quem privá-los dele é um assassino." E, de fato, trata-se de um assassinato econômico, em todos esses casos, e de inteira responsabilidade dos colonizadores.

As coisas são menos claras no que concerne às doenças. As epidemias dizimavam as cidades européias da época, do mesmo modo que, embora em outra escala, na América: não somente os espanhóis inocularam conscientemente este ou aquele micróbio nos índios, mas, ainda que tivessem desejado combater as epidemias (como era o caso de certos religiosos), não poderiam tê-lo feito de modo eficaz. Não obstante, é sabido atualmente que a população mexicana declinava também na ausência de grandes epidemias, devido à subnutrição, outras doenças comuns ou à destruição da teia social tradicional. Por outro lado, essas epidemias mortíferas não podem ser consideradas como um fato puramente natural. O mestiço Juan Bautista Pomar, em sua *Relación de Texcoco*, terminada por volta de 1582, medita acerca das causas da depopulação, que estima, aliás corretamente, ser uma redução da ordem de 10 para 1; são as doenças, claro, mas os índios estavam particularmente vulneráveis a elas, por estarem exauridos pelo trabalho e não gostarem mais da vida; a culpa é da "angústia e fadiga de seus espíritos, pois tinham perdido a liberdade que Deus lhes tinha dado, pois os espanhóis tratavam-nos pior do que escravos".

Que essa explicação seja ou não aceitável no plano médico, outra coisa é certa, e é mais importante para a análise das representações ideológicas que tento desenvolver aqui. Os conquistadores consideram as epidemias como uma de suas armas; não conhecem os segredos da guerra bacteriológica, mas, se soubessem, não deixariam de utilizar conscientemente as doenças; pode-se também imaginar que, na maior parte das vezes, eles nada fizeram para impedir a propagação das epidemias. O fato de os índios morrerem às pencas é uma prova de que Deus está do lado dos conquistadores. Os espanhóis talvez presumissem um pouco a boa vontade divina para com eles, mas o fato era, para eles, incontestável.

Motolinia, membro do primeiro grupo de franciscanos que desembarca no México, em 1523, começa sua *Historia* por uma enumeração das dez pragas enviadas por Deus para punir aquela terra; sua descrição ocupa o primeiro capítulo do primeiro livro da obra. A referência é clara: como o Egito bíblico, o México tornou-se culpado diante do verdadeiro Deus, e é devidamente punido. Vemos então se sucederem, nessa lista, uma série de eventos cuja integração numa única sucessão é interessante.

"A primeira foi a praga da varíola", trazida por um soldado de Narvaez. "Como os índios não conhecem o remédio para essa doença, e têm o hábito de tomar muitos banhos, estejam sãos ou doentes, e continuaram a fazê-lo, mesmo atingidos pela varíola, morriam em massa, às pencas. Muitos outros morreram de fome porque, como ficaram todos doentes ao mesmo tempo, não podiam cuidar uns dos outros, e não havia ninguém para lhes dar pão ou qualquer outra coisa." Para Motolinia também, portanto, a doença não é o único responsável; são responsáveis, na mesma medida, a ignorância, a falta de cuidados, a falta de alimentos. Os espanhóis podiam, materialmente, suprimir essas outras causas de mortalidade, mas nada era mais alheio a suas intenções: por que combater uma doença, se ela foi enviada por Deus para punir os descrentes? Onze anos depois, continua Motolinia, começou uma nova epidemia, de rubéola; mas foram proibidos os banhos e os doentes foram tratados; houve mortos, mas muito menos do que da primeira vez.

"A segunda grande praga foi o número dos que morreram quando da conquista da Nova Espanha, particularmente nos arredores da Cidade do México." Assim, os que foram mortos pelas armas juntam-se às vítimas da varíola.

"A terceira praga foi uma grande fome que se abateu imediatamente após a tomada da Cidade do México." Durante a guerra, não era possível semear; e, se conseguissem fazê-lo, os espanhóis destruíam a colheita. Até os espanhóis, acrescenta Motolinia, tinham dificuldade em encontrar milho: isso dispensa comentários.

"A quarta praga foi a dos *calpixques*, ou fiscais, e dos negros." Ambos serviam de intermediários entre os colonizadores e o grosso da população; eram camponeses espanhóis ou antigos escravos africanos. "Como não gostaria de revelar-lhes os defeitos, calarei o que sinto, e direi somente que se fazem servir e temer como se fossem senhores absolutos e naturais. Não fazem nada além de pedir, e, por mais que se lhes dê, nunca estão satisfeitos, pois, onde quer que estejam, infectam e corrompem tudo, tão fétidos quanto a carne putrefeita (...) Ao longo dos primeiros anos, esses fiscais maltratavam os índios de modo tão absoluto, sobrecarregando-os, mandando-os para longe de suas terras, impondo-lhes muitos outros serviços, que muitos índios morreram por causa deles, e em suas mãos."

"A quinta praga foram os impostos elevados e os serviços devidos pelos índios." Quando os índios já não tinham mais ouro, vendiam os filhos; quando já não tinham mais filhos, só podiam oferecer suas vidas: "Quando eram incapazes de fazê-lo, muitos morreram por causa disso, alguns sob tortura e outros em prisões cruéis, pois os espanhóis tratavam-nos brutalmente e estimavam-nos menos que seus animais." Será que os espanhóis ganham alguma coisa com isso?

"A sexta praga foram as minas de ouro." "Seria impossível contar o número de escravos índios que, até agora, morreram nessas minas."

"A sétima praga foi a construção da grande Cidade do México." "Quando da construção, alguns eram esmagados por vigas, outros caíam do alto, outros ainda eram enterrados sob os edifícios que eram demolidos num local para serem reconstruídos em outro; isso aconteceu principalmente quando derrubaram os principais templos do diabo. Muitos índios ali morreram." Como deixar de ver uma intervenção divina na morte causada pelas pedras do Grande Templo? Motolinia acrescenta que, para esse trabalho, não somente os índios não eram recompensados, como também pagavam o material de seus bolsos, ou deviam trazêlo e, além disso, não eram alimentados; e, como não podiam destruir os templos e trabalhar no campo ao mesmo tempo, iam para o trabalho com fome; o que talvez explique um certo aumento dos "acidentes de trabalho".

"A oitava praga foram os escravos que eram jogados nas minas." No início, empregavam aqueles que já eram escravos entre os astecas; em seguida, os que tinham dado mostras de insubordinação; finalmente, todos os que pudessem agarrar. Durante os primeiros anos após a conquista, o comércio dos escravos é florescente, e os escravos mudam freqüentemente de senhor, "tantas marcas eram colocadas sobre seus rostos, que se juntavam aos estigmas reais, que todo o seu rosto ficava inscrito, pois traziam as marcas de todos os que os tinham vendido e comprado". Vasco de Quiroga, em carta ao Conselho das Índias, também deixou uma descrição desses rostos transformados em livros ilegíveis, como os corpos dos supliciados da *Colônia penitenciária* de Kafka: "São marcados a ferro no rosto e imprimem-se em sua carne as iniciais dos nomes daqueles que são sucessivamente seus proprietários; passam de mão em mão, e alguns têm três ou quatro nomes, de modo que os rostos desses homens, que foram criados à imagem de Deus, foram, por nossos pecados, transformados em papel."

"A nona praga foi o serviço das minas, para o qual os índios, carregando muito peso, andavam sessenta léguas ou mais para trazer provisões. A comida que traziam para si às vezes acabava quando chegavam às minas e, outras vezes, no caminho de volta, antes de chegarem a casa. Às vezes eram retidos pelos mineiros durante alguns dias, para que ajudassem a extrair o minério, ou construíssem suas casas, ou servissem-nos, e, quando não tinham mais comida, morriam, nas minas ou no caminho, pois não tinham dinheiro para comprá-la e ninguém lhes dava. Alguns chegavam a casa num tal estado que morriam pouco depois. Os corpos desses índios e dos escravos que morriam nas minas produziam um tal fedor que provocou a pestilência, particularmente nas minas de Guaxaca. Num raio de meia légua e ao longo de grande parte da estrada, era impossível evitar andar sobre os cadáveres ou sobre os ossos, e as revoadas de pássaros e corvos que vinham comer os cadáveres eram tão numerosas que escureciam o sol, de modo que várias aldeias foram despovoadas, tanto ao longo das estradas quanto nas redondezas."

"A décima praga foram as divisões e facções que existiam entre os espanhóis no México." Em que isso prejudica os índios?, podemos nos perguntar; é simples: como os espanhóis não se entendem, os índios imaginam que podem se aproveitar disso para livrar-se deles; seja verdade ou não, os espanhóis encontram aí um bom pretexto para executar muitos deles, como Cuauhtemoc, então prisioneiro.

Motolinia partiu da imagem bíblica das dez pragas, eventos sobrenaturais enviados por Deus para punir o Egito. Mas seu relato vai se transformando pouco a pouco numa descrição realista e acusativa da vida no México nos primeiros anos após a conquista; fica claro que são os homens os responsáveis por essas "pragas", e na verdade Motolinia não os aprova. Ou melhor: embora condene a exploração, a crueldade e os maus-tratos, considera a própria existência dessas "pragas" como uma expressão da vontade divina, e uma punição dos infiéis (sem que isso implique que ele aprova os espanhóis, causa imediata dos infortúnios). Os responsáveis diretos por cada um desses desastres (antes que se tornem "pragas", de algum modo) são conhecidos por todos: são os espanhóis.

Passemos agora ao aspecto qualitativo da destruição dos índios (embora o termo "qualitativo" pareça um tanto deslocado aqui). Quero dizer o caráter particularmente impressionante, e talvez moderno, que toma essa destruição.

Las Casas tinha consagrado sua *Brevísima relación* à evocação sistemática de todos os horrores causados pelos espanhóis (cf. figs. 8 e 9). Mas a *Relación* generaliza, sem citar os nomes próprios, ou as circunstâncias individuais; por isso foi possível dizer que era um

Figs. 8 e 9 – As crueldades dos espanhóis

grande exagero, senão pura invenção, nascida do espírito talvez doentio, ou até perverso, do dominicano; é evidente que Las Casas não assistiu a tudo o que conta. Decidi, portanto, citar apenas relatos de testemunhas oculares; podem provocar uma impressão de monotonia, mas assim era, provavelmente, a realidade que evocam.

O mais antigo deles é o relatório de um grupo de dominicanos, endereçado a M. de Chièvres, ministro de Carlos I (futuro Carlos V), de 1516; concerne eventos que ocorreram nas ilhas do Caribe.

Sobre o modo como as crianças eram tratadas: "Alguns cristãos encontraram uma índia, que trazia nos braços uma criança que estava amamentando; e, como o cão que os acompanhava tinha fome, arrancaram a criança dos braços da mãe e, viva, jogaram-na ao cão, que se pôs a despedaçá-la diante da mãe. (...) Quando havia entre os prisioneiros mulheres recém-paridas, por pouco que os recém-nascidos chorassem pegavam-nos pelas pernas e matavam-nos contra as rochas ou jogavam-nos no mato para que acabassem de morrer."

Sobre as relações com os trabalhadores das minas: "Todos [os contramestres das minas] estavam acostumados a dormir com as índias que dependiam deles, se lhes agradassem, fossem casadas ou solteiras. Enquanto o contramestre ficava na cabana ou choça com a índia, mandava o marido extrair ouro nas minas; e à noite, quando o infeliz voltava, não somente cobria-o de golpes ou chicoteava-o por não ter trazido quantidade suficiente de ouro, como também, muito freqüentemente, amarrava seus pés e mãos e jogava-o para baixo da cama como um cão, antes de deitar-se, bem acima, com sua mulher."

Sobre a maneira como a mão-de-obra era tratada: "Cada vez que os índios eram transferidos, eram tantos os que morriam de fome no caminho que deixavam um rastro que bastaria, pode-se supor, para guiar até o porto outra embarcação (...) Mais de 800 índios tendo sido trazidos a um porto dessa ilha, de nome Puerto de Plata, dois dias se passaram antes que os fizessem descer da caravela. Morreram seiscentos deles, que foram lançados ao mar: flutuavam sobre as ondas como tábuas."

Eis agora um relato de Las Casas, que não figura na *Relación*, mas em sua *Historia de las Indias*, e que narra um acontecimento do qual foi mais do que testemunha: foi participante; é o massacre de Caonao, em Cuba, perpetrado pela tropa de Narvaez, de que era capelão (III, 29). O episódio começa por uma circunstância fortuita: "É preciso saber que os espanhóis, no dia em que ali chegaram, pararam de manhã, para o desjejum, no leito seco de um riacho que, entretanto, ainda conservava algumas pocinhas d'água, e que estava repleto de pedras de amolar: o que lhes deu a idéia de afiar as espadas."

Chegando à aldeia, após esse convescote, os espanhóis têm outra idéia: verificar se as espadas estão tão cortantes quanto parecem. "Um espanhol, subitamente, desembainha a espada (que parecia ter sido tomada pelo diabo), e imediatamente os outros cem fazem o mesmo, e começam a estripar, rasgar e massacrar aquelas ovelhas e aqueles cordeiros, homens e mulheres, crianças e velhos, que estavam sentados, tranqüilamente, olhando espantados para os cavalos e para os espanhóis. Num segundo, não restam sobreviventes de todos os que ali se encontravam. Entrando então na casa grande, que ficava ao lado, pois isso acontecia diante da porta, os espanhóis começaram do mesmo jeito a matar a torto e a direito todos os que ali se encontravam, tanto que o sangue corria de toda parte, como se tivessem matado um rebanho de vacas."

Las Casas não encontra nenhuma explicação para esses fatos, a não ser o desejo de verificar se as espadas estavam bem afiadas. "Ver os ferimentos que cobriam os corpos dos mortos e agonizantes foi um espetáculo horroroso e apavorante: de fato, como o diabo, que movia os espanhóis, lhes fornecera as pedras de amolar com que afiaram as espadas, na manhã do mesmo dia, no leito do riacho onde comeram, onde quer que golpeassem aqueles corpos totalmente nus e carnes delicadas, cortavam um homem inteiro ao meio de um só golpe."

Eis agora um relato que concerne a expedição de Vasco Nuñez de Balboa, transcrito por alguém que ouviu vários conquistadores contarem pessoalmente suas aventuras: "Assim como os açougueiros cortam em pedaços a carne dos bois e carneiros para colocá-la à venda no açougue, os espanhóis cortavam de um só golpe o traseiro de um, a coxa de outro, o ombro de um terceiro. Tratavam-nos como animais desprovidos de razão. (...) Vasco fez com que os cães despedaçassem uns quarenta deles" (Pierre Martyr, III, 1).

O tempo passa mas os modos ficam: é o que se deduz da carta que o monge Gerónimo de San Miguel envia ao rei a 20 de agosto de 1550: "Queimaram vivos certos índios, outros tiveram as mãos cortadas, ou o nariz, a língua, e outros membros; outros foram entregues aos cães; cortaram os seios das mulheres..."

Eis agora o relato do bispo de Yucatán, Diego de Landa, que não é especialmente favorável aos índios:

"E este Diego de Landa diz ter visto uma grande árvore próxima desse local, em cujos ramos o capitão enforcou um grande número de índias e, em seus pés, enforcou também as criancinhas. (...) Os espanhóis cometeram crueldades inauditas, cortando as mãos, os braços, as pernas, cortando os seios das mulheres, jogando-as em lagos profundos, e golpeando com estoque as crianças, porque não eram tão rápidas quanto as mães. E, se os que traziam coleira em torno do pescoço ficassem doentes ou não caminhassem tão rapidamente quanto seus companheiros, cortavam-lhes a cabeça, para não terem de parar e soltá-los" (15).

E, para terminar esta enumeração macabra, um detalhe contado por Alonso de Zorita, lá por 1570: "Conhecia um *oidor* [juiz], que dizia em público, de seu estrado e em voz alta, que, se faltasse água para irrigar as fazendas dos espanhóis, isso seria feito com o sangue dos índios" (10).

Quais são os motivos imediatos que levam os espanhóis a essa atitude? Um é, incontestavelmente, o desejo de enriquecer, rapidamente e muito, o que implica tratar com negligência o bem-estar e até a vida dos outros: torturam para arrancar o segredo sobre os esconderijos dos tesouros; exploram para obter benefícios. Os autores da época já propunham essa razão como principal explicação do ocorrido, como Motolinia: "Se alguém me perguntasse qual foi a causa de tantos males, responderia: a cobiça, o desejo de trancar no baú alguns lingotes de ouro, para o bem de não sei quem" (I, 3); e Las Casas: "Não digo que eles [os espanhóis] querem matar diretamente os índios, devido ao ódio que têm deles. Matam-nos porque querem ser ricos e ter muito ouro, é este seu único objetivo, graças ao trabalho e ao suor dos atormentados e dos infelizes" (*Entre los remedios*, 7).

E por que esse desejo de enriquecer? Porque o dinheiro, como todos sabem, traz tudo: "Com o dinheiro os homens adquirem todas as coisas temporais de que precisam e que desejam, como honra, nobreza, bens, família, luxo, roupas finas, comidas delicadas, o prazer dos vícios, a vingança sobre os inimigos, a grande estima por sua pessoa" (*ibid.*).

O desejo de enriquecer não é, evidentemente, novo; a paixão pelo ouro nada tem de especificamente moderno. O que é um tanto moderno é a subordinação de todos os outros valores a esse. O conquistador ainda aspira aos valores aristocráticos, títulos de nobreza, honra e estima; mas, para ele, tornou-se perfeitamente claro que tudo pode ser obtido através do dinheiro, que este não somente é o equivalente universal de todos os valores materiais, como também a possibilidade de adquirir todos os valores espirituais. É sem dúvida vantajoso, tanto no México de Montezuma quanto na Espanha de antes da conquista, ser rico; mas não se pode comprar *status*, ou, em todo caso, não diretamente. Essa homogeneização dos valores pelo dinheiro é um fato novo, e anuncia a mentalidade moderna, igualitarista e economicista.

De qualquer modo, o desejo de enriquecer não explica tudo, longe disso; e, se é eterno, as formas que toma a destruição dos índios, assim como suas proporções, são inéditas, e às vezes excepcionais; a explicação aqui é insuficiente. Não se pode justificar o massacre de Caonao por uma cobiça qualquer, nem o enforcamento das mães nas árvores, e das crianças nos pés das mães; nem as torturas nas quais a carne das vítimas é arrancada com tenazes, pedaço por pedaço; os escravos não trabalham mais se o senhor dormir com suas mulheres por sobre suas cabeças. É tudo como se os espanhóis encontrassem um prazer intrínseco na crueldade, no fato de exercer poder sobre os outros, na demonstração de sua capacidade de dar a morte.

Aqui é possível, mais uma vez, evocar certos traços imutáveis da "natureza humana", para os quais o vocabulário psicanalítico reserva termos tais como "agressividade", "pulsão de morte", ou até "pulsão de domínio" (*Bemächtigungstrieb, instinct for mastery*); ou, em relação à crueldade, lembrar diversas características de outras culturas, e, inclusive, particularmente da sociedade asteca, que tem a reputação de ser "cruel", e de fazer pouco caso do número de vítimas (ou então de fazer muito, para vangloriar-se disso!): segundo Durán, 80 400 pessoas foram sacrificadas na Cidade do México pelo rei Ahuitzotl, quando da inauguração do novo templo. É possível também afirmar que cada povo, desde as suas origens até os tempos atuais, possui suas vítimas e conhece a loucura assassina, e indagar se esta não é uma característica das sociedades com predomínio masculino (já que são as únicas conhecidas).

Mas seria um erro apagar assim todas as diferenças e limitar-se a termos mais afetivos do que descritivos, como "crueldade". Os assassinatos têm algo em comum com as ascensões dos vulcões: a cada vez, sobe-se ao topo e volta-se; contudo, não se traz a mesma coisa. Assim como foi necessário opor a sociedade que valoriza o ritual à que favorece a improvisação ou o código e o contexto, caberia aqui falar em sociedades de sacrifício e sociedades de massacre, de que os astecas e os espanhóis do século XVI seriam, respectivamente, os representantes.

O sacrifício é, nessa ótica, um assassinato religioso: faz-se em nome da ideologia oficial, e será perpetrado em praça pública, à vista e conhecimento de todos. A identidade do sacrificado é determinada por regras estritas. Não deve ser estrangeiro demais, afastado demais: vimos que os astecas achavam que a carne das tribos distantes não era comestível para seus deuses, mas tampouco pode pertencer à mesma sociedade: não se sacrifica um concidadão. Os sacrificados provêm de países limítrofes, que falam a mesma língua mas têm um governo autônomo; além disso, uma vez capturados, são mantidos na prisão durante algum tempo, e, assim, parcialmente assimilados – mas nunca completamente. Nem semelhante nem totalmente diferente, o sacrificado também é avaliado segundo suas qualidades pessoais: o sacrifício de guerreiros valorosos é mais apreciado do que o do joão-ninguém; inválidos de qualquer tipo são declarados impróprios para o sacrifício, por princípio. O sacrifício é executado em praça pública, e evidencia a força dos laços sociais e seu predomínio sobre o ser individual.

O massacre, ao contrário, revela a fragilidade desses laços sociais, o desuso dos princípios morais que asseguravam a coesão do grupo; então, é executado de preferência longe, onde a lei dificilmente se faz respeitar: para os espanhóis, na América, ou, a rigor, na Itália. O massacre está, pois, intimamente ligado às guerras coloniais, feitas longe da metrópole. Quanto mais longínquos e estrangeiros forem massacrados, melhor: são exterminados sem remorsos, mais ou menos assimilados aos animais. A identidade individual do massacrado é, por definição, não pertinente (se não, seria um assassinato): não há nem tempo nem curiosidade de saber quem se está matando nesse momento. Ao contrário dos sacrifícios, os massacres nunca são reivindicados, e sua própria existência é geralmente mantida em segredo e negada. Isso porque sua função social não é reconhecida, e tem-se a impressão de que o ato encontra em si mesmo sua justificação: os sabres são manejados pelo prazer de manejar os sabres; corta-se o nariz, a língua e o sexo do índio sem que o mínimo rito se manifeste no espírito do cortador de narizes.

Se o assassinato religioso é um sacrifício, o massacre é um assassinato ateu, e os espanhóis parecem ter inventado (ou redescoberto, mas não emprestado de seu passado imediato: pois as fogueiras da Inquisição estão mais próximas do sacrifício) precisamente esse tipo de violência que, em compensação, é abundante em nosso passado mais recente, quer seja no plano da violência individual ou estatal. É como se os conquistadores obedecessem à regra (se é que podemos chamá-la assim) de Ivan Karamazov, "tudo é permitido". Longe do poder central, longe da lei real, todos os interditos caem; o liame social, já folgado, arrebenta, para revelar, não uma natureza primitiva, o animal adormecido em cada um de nós, mas um ser moderno, aliás cheio de futuro, que não conserva moral alguma e mata porque e quando isso lhe dá prazer. A "barbárie" dos espanhóis nada tem de atávico, ou de animal; é bem humana e anuncia a chegada dos tempos modernos. Na Idade Média, acontecia de mulheres terem os seios cortados e homens, o braço, por punição ou por vingança; mas se faz isso em seu próprio país, ou tanto dentro quanto fora dele. O que os espanhóis descobrem é o contraste entre metrópole e colônia, leis morais radicalmente diferentes regulamentam o comportamento aqui e lá: o massacre precisa de um cenário apropriado.

Mas o que fazer se não quisermos ter de escolher entre a civilização do sacrifício e a civilização do massacre?

IGUALDADE OU DESIGUALDADE

O desejo de enriquecer e a pulsão de domínio, essas duas formas de aspiração ao poder, sem dúvida nenhuma motivam o comportamento dos espanhóis; mas este também é condicionado pela idéia que fazem dos índios, segundo a qual estes lhes são inferiores, em outras palavras, estão a meio caminho entre os homens e os animais. Sem esta premissa essencial, a destruição não poderia ter ocorrido.

Desde a sua primeira formulação, essa doutrina da desigualdade será combatida por uma outra, que, ao contrário, afirma a igualdade de todos os homens; assistimos, pois, a um debate, e será necessário prestar atenção às duas vozes presentes. Ora, esse debate não põe em jogo somente a oposição igualdade-desigualdade, mas também aquela entre identidade e diferença; e esta nova oposição, cujos termos não são mais neutros no plano ético do que os da precedente, torna mais difícil julgar as duas posições. Já vimos em Colombo: a diferença se degrada em desigualdade; a igualdade em identidade; são essas as duas grandes figuras da relação com o outro, que delimitam seu espaço inevitável.

Las Casas e outros defensores da igualdade acusaram tão freqüentemente seus adversários de terem tomado os índios por animais, que se pode suspeitar de que houve exagero. É, pois, necessário voltar a atenção para os defensores da desigualdade, para ver como é. O primeiro documento interessante a esse respeito é o célebre *Requerimiento,* ou injunção dirigida aos índios. É obra do jurista real Palacios Rubios, e data de 1514; é um texto que surge da necessidade de regulamentar as conquistas, até então um pouco caóticas. A partir de então, antes de conquistar uma região, é preciso dirigir-se a seus habitantes, fazendo-lhes a leitura desse texto. Quiseram ver aí o desejo da coroa de impedir as guerras injustificadas, de dar certos direitos aos índios; mas essa interpretação é generosa demais. No contexto de nosso debate, o *Requerimiento* está claramente do lado da desigualdade, nele mais implicada do que afirmada.

Esse texto, exemplo curioso de uma tentativa de fudamentar legalmente a realização dos desejos, começa com uma breve história da humanidade, cujo ponto culminante é o aparecimento de Jesus Cristo, declarado "chefe da linhagem humana", espécie de soberano supremo, que tem o universo inteiro sob sua jurisdição. Estabelecido esse ponto de partida, as coisas se encadeiam naturalmente: Jesus transmitiu seu poder a São Pedro, e este aos papas que o sucederam; um dos últimos papas doou o continente americano aos espanhóis (e parte aos portugueses). Colocadas as razões jurídicas da dominação espanhola, é necessário certificar-se de uma única coisa: que os índios serão informados da situação, pois é possível que ignorem esses presentes sucessivos trocados por papas e imperadores. A leitura do *Requerimiento*, feita na presença de um oficial do rei (mas nenhum intérprete é mencionado), vem sanar este problema. Se os índios ficarem convencidos após essa leitura, não se tem o direito de fazê-los escravos (é aí que o texto "protege" os índios, concedendo-lhes um *status*). Se, contudo, não aceitarem essa interpretação de sua própria história, serão severamente punidos. "Se não o fizerdes, ou se demorardes maliciosamente para tomar uma decisão, vos garanto que, com a ajuda de Deus, invadir-vos-ei poderosamente e far-vos-ei a guerra de todos os lados e de todos os modos que puder, e sujeitar-vos-ei ao jugo e à obediência da Igreja e de Suas Altezas. Capturarei a vós, vossas mulheres e filhos, e reduzir-vos-ei à escravidão. Escravos, vender-vos-ei e disporei de vós segundo as ordens de Suas Altezas. Tomarei vossos bens e far-vos-ei todo o mal, todo o dano que puder, como convém a vassalos que não obedecem a seu senhor, não querem recebê-lo, resistem a ele e o contradizem."

Há uma contradição evidente, que os adversários do *Requerimiento* não deixarão de sublinhar, entre a essência da religião que supostamente fundamenta todos os direitos dos espanhóis e as conseqüências dessa leitura pública: o cristianismo é uma religião igualitária; ora, em seu nome, os homens são escravizados. Não somente poder espiritual e poder temporal se encontram confundidos, o que é a tendência de toda e qualquer ideologia de Estado – quer decorra ou não do Evangelho – como, além do mais, os índios só podem escolher entre suas posições de inferioridade: ou se submetem de livre e espontânea vontade, ou serão submetidos à força, e escravizados. Falar em legalismo, nessas condições, é derrisório. Os índios são automaticamente colocados como inferiores, pois são os espanhóis que decidem as regras do jogo. A superioridade dos que enunciam o *Requerimiento*, pode-se dizer, já está contida no fato de serem eles os que falam, enquanto os índios escutam.

Sabe-se que os conquistadores não tinham nenhum escrúpulo em aplicar como lhes convinha as instruções reais, e punir os índios em caso de insubordinação. Ainda em 1550, Pedro de Valdivia conta ao rei que os aruaques, habitantes do Chile, não quiseram submeter-se; conseqüentemente, declarou-lhes guerra e, ganhando, não deixou de puni-los: "Mandei cortar as mãos e os narizes de duzentos deles para puni-los por insubordinação, já que várias vezes tinha enviado a eles mensagens e lhes tinha transmitido as ordens de Vossa Majestade."

Não se sabe exatamente em que língua se exprimiam os mensageiros de Valdivia, e como faziam para tornar inteligível para os índios o conteúdo do *Requerimiento*. Mas, em compensação, sabe-se que, em outros casos, os espanhóis dispensavam conscientemente os intérpretes, já que isso simplificava, em suma, seu trabalho: já não se colocava a questão da reação dos índios. O historiador Oviedo, um dos campeões da tese da desigualdade e conquistador ele mesmo, deixou vários escritos a esse respeito. Começa-se por agarrar os índios. "Uma vez acorrentados, alguém leu para eles o *Requerimiento*, sem conhecer sua língua e sem intérpretes; nem o leitor nem os índios se entendiam. Mesmo depois de alguém que compreendia sua língua lhes ter explicado, os índios não tiveram nenhuma chance de responder, pois foram imediatamente levados prisioneiros, os espanhóis utilizando o bastão sobre os que não andavam suficientemente depressa" (I, 29, 7).

Quando de uma outra campanha, Pedrarias Davila pede a Oviedo que leia o famoso texto. Este responde a seu capitão: "Senhor, parece-me que os índios não querem entender a teologia deste *Requerimiento*, e que não dispondes de ninguém capaz de explicá-lo a eles. Guardai pois convosco o *Requerimiento*, até encarcerarmos alguns desses índios. Lá, poderão calmamente apreendê-lo, e Monsenhor o Bispo lhes explicará" (*ibid.*).

Como diz Las Casas ao analisar esse documento, não sabemos "se devemos rir ou chorar diante do absurdo" do *Requerimiento* (*Historia*, III, 58).

O texto de Palacios Rubios não será mantido como base jurídica da conquista. Porém, marcas mais ou menos atenuadas de seu espírito encontram-se até mesmo nos adversários dos conquistadores. O exemplo mais interessante talvez seja o de Francisco de Vitoria, teólogo, jurista e professor da Universidade de Salamanca, uma das sumidades do humanismo espanhol do século XVI. Vitoria destrói as justificativas comumente apresentadas para as guerras feitas na América, mas concebe, todavia, a possibilidade de "guerras justas". Entre as razões que podem levar a elas, dois tipos são particularmente interessantes para nós. Há, por um lado, as que se baseiam na reciprocidade: aplicamse indiferentemente a índios e a espanhóis. É o caso da violação daquilo que Vitoria chama de "o direito natural de sociedade e de comunicação" (*Dos índios*, 3, 1, 230). Esse direito à comunicação pode ser entendido em vários níveis. Inicialmente, é natural que as pessoas possam circular livremente fora de seu país de origem, deve ser "permitido a todos ir e viajar a todos os países que quiserem" (3, 2, 232). Pode-se igualmente exigir a liberdade de comércio, e Vitoria relembra aqui o princípio da reciprocidade: "Os príncipes indígenas não podem impedir seus vassalos de comerciarem com os espanhóis e, inversamente, os príncipes espanhóis não podem proibir o comércio com os índios" (3, 3, 245). No que se refere à circulação das idéias, Vitoria só pensa, evidentemente, na liberdade, para os espanhóis, de pregar o Evangelho para os índios, nunca na liberdade dos índios para divulgar o *Popol Vuh* na Espanha, pois a "salvação" cristã é, para ele, um valor absoluto. Não obstante, esse caso pode ser assimilado aos dois precedentes.

Em compensação, o mesmo não acontece com um outro grupo de razões que Vitoria avança para justificar as guerras. Considera uma intervenção lícita se for feita em nome da proteção dos inocentes contra a tirania dos chefes ou das leis indígenas, que consiste, "por exemplo, em sacrificar homens inocentes ou até mesmo executar homens não culpados para comê-los" (3, 15, 290). Tal justificação da guerra é muito menos evidente do que gostaria Vitoria, e, em todo caso, não diz respeito à reciprocidade: mesmo que essa regra se aplicasse indiferentemente a índios e a espanhóis, são estes últimos que decidem o sentido da palavra "tirania", e é isso o essencial. Os espanhóis, à diferença dos índios, não são unicamente parte mas também juiz, já que são eles que escolhem os critérios segundo os quais o julgamento será pronunciado; decidem, por exemplo, que o sacrifício humano diz respeito à tirania, mas o massacre não.

Tal distribuição dos papéis implica que não há verdadeira igualdade entre espanhóis e índios. Na verdade, Vitoria não dissimula; sua última justificativa da guerra contra os índios é perfeitamente clara a esse respeito (apesar de ser apresentada de modo dubitativo). "Embora esses bárbaros não sejam completamente loucos, escreve, não estão longe disso. (...) Não são ou já não são mais capazes de se auto-governarem do que loucos ou até animais selvagens e bichos, haja vista que sua alimentação não é mais agradável e só ligeiramente melhor do que a dos animais selvagens." "Sua estupidez", acrescenta, "é muito maior do que a das crianças e dos loucos dos outros países" (3, 18, 299-302). É portanto lícito intervir em seu país para exercer um direito de tutela. Mas, admitindo que se deve impor o bem aos outros, quem, mais uma vez, decide o que é barbárie ou selvageria e o que é civilização? Somente uma das partes presentes, entre as quais não há mais nenhuma igualdade ou reciprocidade. Tornou-se um hábito ver em Vitoria um defensor dos índios; mas, se interrogarmos o impacto de seu discurso, em vez das intenções do sujeito, fica claro que seu papel é outro: com o pretexto de um direito internacional fundado na reciprocidade, fornece, na verdade, uma base legal para as guerras de colonização, que até então não tinham nenhuma (em todo caso, nenhuma que resistisse a um exame um pouco mais sério).

Ao lado dessas expressões jurídicas da doutrina da desigualdade, encontram-se outras, em grande quantidade, em cartas, relatórios ou crônicas da época; todas tendem a apresentar os índios como imperfeitamente humanos. Escolho dois testemunhos entre mil, simplesmente porque seus autores são um religioso e um homem de letras e ciências, o que quer dizer que representam os grupos sociais que são, geralmente, os que demonstram maior boa vontade em relação aos índios. O dominicano Tomas Ortiz escreve ao Conselho das Índias:

"Comem carne humana na terra firme. São sodomitas mais do que qualquer outra nação. Não há justiça entre eles. Andam completamente nus. Não respeitam nem o amor nem a virgindade. São estúpidos e tontos. Só respeitam a verdade quando lhes é favorável; são inconstantes. Não fazem idéia do que seja a previdência. São muito ingratos e amantes das novidades. (...) São brutais. Gostam de exagerar seus defeitos. Não há entre eles nenhuma obediência, nenhuma complacência dos jovens para com os velhos, dos filhos para com os pais. São incapazes de receber lições. Os castigos de nada adiantam. (...) Comem piolhos, aranhas e vermes, sem cozê-los, e onde quer que os encontrem. Não praticam nenhuma das artes, nenhuma das indústrias humanas. Quando se lhes ensinam os mistérios da religião, dizem que essas coisas convêm aos castelhanos, mas não valem nada para eles e que não querem mudar seus costumes. Não têm barba e, se por ventura ela cresce, arrancam-na e depilam-na. (...) Quanto mais envelhecem, piores ficam. Lá pelos dez ou doze anos, pensamos que terão alguma civilidade, alguma virtude, porém, mais tarde transformam-se em verdadeiras bestas brutas. Assim posso afirmar que Deus nunca criou raça mais cheia de vícios e de bestialidade, sem mistura alguma de bondade e de cultura. (...) Os índios são mais idiotas do que os asnos, e não querem fazer esforço no que quer que seja" (Pierre Martyr, VII, 4).

Esse texto, parece-me, dispensa comentários.

O segundo autor é, mais uma vez, Oviedo, fonte rica de julgamentos xenófobos e racistas: nele os índios não são reduzidos ao nível do cavalo ou do asno (ou mesmo logo abaixo), mas colocados nalguma parte junto aos materiais de construção, madeira, pedra ou ferro, de qualquer modo, com os objetos inanimados. Ele tem um modo tão extraordinário de formular as coisas, que dificilmente se acreditaria não ser irônico; mas não, não é: "Quando se guerreia contra eles e se combate face a face, é preciso ser muito prudente para não atingi-los na cabeça com a espada, pois vi muitas espadas serem quebradas desse modo. Seus crânios são espessos e também muito fortes" (V, "Prefácio", cf. VI, 9). Não surpreenderá o fato de Oviedo ser, na verdade, partidário da "solução final" do problema indígena, solução cuja responsabilidade ele gostaria que o Deus dos cristãos assumisse. "Deus destruí-los-á em breve" proclama com segurança, e também "Satã agora foi expulso dessa ilha [Hispaniola]; toda a sua influência desapareceu agora que a maioria dos índios está morta. (...) Quem pode negar que usar pólvora contra os pagãos é oferecer incenso a Nosso Senhor?"

O debate entre partidários da igualdade e da desigualdade dos índios e dos espanhóis atingirá seu apogeu, e encontrará ao mesmo tempo uma encarnação concreta, na célebre controvérsia de Valladolid que, em 1550, opõe o erudito e filósofo Gines de Sepúlveda ao padre dominicano e bispo de Chiapas, Bartolomé de Las Casas. A própria existência desse confronto tem algo de extraordinário. Geralmente, esse tipo de diálogo se estabelece entre livros, e os protagonistas não ficam um diante do outro. Porém, justamente, foi recusado a Sepúlveda o direito de imprimir seu tratado consagrado às justas causas das guerras contra os índios; buscando uma espécie de julgamento de recurso,

Sepúlveda provoca um encontro diante de um grupo de doutos, juristas e teólogos; Las Casas se propõe a defender o ponto de vista oposto nessa justa oratória. É difícil imaginar o espírito que permite que os conflitos ideológicos sejam solucionados por diálogos assim. Aliás, o conflito não será realmente solucionado: depois de ouvir longos discursos (especialmente o de Las Casas, que dura cinco *dias*), os juízes, exaustos, se separam, e no fim não tomam nenhuma decisão; a balança pende, no entanto, para o lado de Las Casas, pois Sepúlveda não obtém autorização para publicar seu livro.

Sepúlveda se baseia, em sua argumentação, numa tradição ideológica, na qual os outros defensores da tese da desigualdade também vão buscar seus argumentos. Destaquemos entre esses autores aquele que essa tese reivindica – com razão – como patrono: Aristóteles. Sepúlveda traduziu a *Política* para o latim, e é um dos maiores especialistas de seu tempo no pensamento aristotélico; ora, não é Aristóteles, justamente na *Política*, que estabelece a célebre distinção entre os que nasceram senhores e os que nasceram escravos? "Quando os homens diferem entre si tanto quanto a alma difere do corpo e um homem de um bruto (...), estes são por natureza escravos (...). É efetivamente escravo por natureza aquele (...) que recebe da razão um quinhão somente na medida em que está implicada na sensação, mas sem possuí-la plenamente" (1254 b). Um outro texto mencionado freqüentemente é um tratado, *De regimine*, atribuído na época a São Tomás de Aquino, mas que na verdade é de autoria de Ptolomeu de Lucas, que acrescenta à afirmação da desigualdade uma explicação já antiga, que, no entanto, tem muito futuro: deve-se procurar a razão da desigualdade na influência do clima (e na dos astros).

Sepúlveda acha que a hierarquia, e não a igualdade, é o estado natural da sociedade humana. Mas a única relação hierárquica que conhece é a da simples superioridade-inferioridade; não há, pois, diferenças de natureza, mas apenas graus diversos numa única escala de valores, ainda que a relação possa repetir-se *ad infinitum*. Seu diálogo *Democrates alter*, aquele para o qual não conseguem obter o *imprimatur*, expõe claramente suas opiniões a esse respeito. Inspirado nos princípios e afirmações particulares que encontra na *Política* de Aristóteles, declara que todas as hierarquias, apesar das diferenças de forma, baseiam-se num único princípio: "o domínio da perfeição sobre a imperfeição, da força sobre a fraqueza, da eminente virtude sobre o vício" (p. 20). Parece óbvio, como se se tratasse de uma "proposição analítica"; no momento seguinte, Sepúlveda, mantendo o espírito aristotélico, dá exemplos dessa superioridade natural: o corpo deve subordinar-se à alma, a matéria à forma, os filhos aos pais, a mulher ao homem e os escravos (definidos tautologicamente como seres inferiores) aos senhores. Mais um passo e justifica-se a guerra de conquista contra os índios: "Em prudência como em habilidade, e em virtude como em humanidade, esses bárbaros são tão inferiores aos espanhóis quanto as crianças aos adultos e as mulheres aos homens; entre eles e os espanhóis, há tanta diferença quanto entre gente feroz e gente de uma extrema clemência, entre gente prodigiosamente intemperante e seres temperantes e comedidos, e, ousaria dizer, tanta diferença quanto entre os macacos e os homens" (*ibid.*, p. 33; a última parte da frase está ausente em certos manuscritos).

Todas as oposições que constituem o universo mental de Sepúlveda têm, finalmente, o mesmo conteúdo; e as afirmações acima poderiam ser reescritas como uma cadeia interminável de proporções:

$$\frac{\text{ÍNDIOS}}{\text{ESPANHÓIS}} =$$

$$\frac{\text{CRIANÇAS (FILHO)}}{\text{ADULTOS (PAI)}} =$$

$$\frac{\text{MULHER (ESPOSA)}}{\text{HOMEM (ESPOSO)}} =$$

$$\frac{\text{ANIMAIS (MACACOS)}}{\text{HUMANOS}} =$$

$$\frac{\text{FEROCIDADE}}{\text{CLEMÊNCIA}} =$$

$$\frac{\text{INTEMPERANÇA}}{\text{TEMPERANÇA}} =$$

$$\frac{\text{MATÉRIA}}{\text{FORMA}} =$$

$$\frac{\text{CORPO}}{\text{ALMA}} =$$

$$\frac{\text{APETITE}}{\text{RAZÃO}} =$$

$$\frac{\text{MAL}}{\text{BEM}} =$$

Nem todos os partidários da desigualdade têm um pensamento assim tão esquemático; vê-se que Sepúlveda junta todas as hierarquias e todas as diferenças na simples oposição do bom e do mau, o que quer dizer que, no final, arranja-se bem com o princípio da identidade (em vez do da diferença). Mas a leitura dessas oposições em cadeia também é instrutiva. Inicialmente, coloquemos de lado a oposição em que afirmar a superioridade do segundo termo sobre o primeiro é tautologia: mal/bem; as que valorizam um determinado comportamento (clemência, temperança); e, finalmente, as que se baseiam numa diferença biológica clara: animais/homens ou crianças/adultos. Restam duas séries de oposições: as que giram em torno do par corpo/alma e as que opõem partes da população do globo cuja diferença é evidente, mas de superioridade ou inferioridade problemática: índios/espanhóis, mulheres/homens. É sem dúvida revelador encontrar os índios assimilados às mulheres, o que prova a passagem fácil do *outro* interior ao *outro* exterior (já que é sempre um homem espanhol que fala); lembremonos, aliás, de que os índios faziam uma distribuição simétrica e inversa: os espanhóis eram assimilados às mulheres, pelo viés da palavra, na fala dos guerreiros astecas. É inútil especular para saber se foi projetada no estrangeiro a imagem da mulher ou, antes, na mulher os traços do estrangeiro: os dois sempre estiveram presentes, e o que importa é sua solidariedade, e não a anterioridade de um ou de outro. Colocar em equivalência essas duas oposições e o grupo relativo ao corpo e à alma é igualmente revelador: antes de mais nada, o *outro* é nosso próprio corpo; daí também a assimilação dos índios e mulheres aos animais, àqueles que, apesar de animados, não têm alma.

Todas as diferenças se reduzem, para Sepúlveda, a algo que não é uma diferença, a superioridade/inferioridade, o bem e o mal. Vejamos agora em que consistem seus argumentos em favor da justa guerra feita pelos espanhóis. Quatro razões tornam uma guerra legítima (parafraseio seu discurso de Valladolid, mas os mesmos argumentos encontram-se em *Democrates alter*):

1. É legítimo sujeitar pela força das armas homens cuja condição natural é tal que deveriam obedecer aos outros, se recusarem essa obediência e não restar nenhum outro recurso.
2. É legítimo banir o crime abominável que consiste em comer carne humana, que é uma ofensa particular à natureza, e pôr fim ao culto dos demônios, que provoca mais que nada a cólera de Deus, com o rito monstruoso do sacrifício humano.
3. É legítimo salvar de graves perigos os inumeráveis mortais inocentes que esses bárbaros imolavam todos os anos, apaziguando seus deuses com corações humanos.
4. A guerra contra os infiéis é justificada, pois abre caminho para a difusão da religião cristã e facilita o trabalho dos missionários.

Pode-se dizer que essa argumentação reúne quatro proposições descritivas acerca da natureza dos índios a um postulado que é também um imperativo moral. As proposições são: os índios são por natureza submissos; praticam o canibalismo; sacrificam seres humanos; ignoram a religião cristã. Quanto ao postulado-prescrição, é: temos o direito, se não o dever, de impor o bem aos outros. Talvez seja necessário precisar desde já que nós mesmos decidimos o que é o bem e o mal; temos o direito de impor aos outros o que nós consideramos como um bem, sem nos preocuparmos em saber se é também um bem do ponto de vista deles. Esse postulado implica, portanto, uma projeção do sujeito enunciante sobre o universo, uma identificação entre *meus* valores e *os* valores.

Não se pode julgar do mesmo modo as proposições descritivas e o postulado prescritivo. As proposições, que estão ligadas à realidade empírica, podem ser contestadas ou completadas; na realidade não estão, nesse caso específico, muito afastadas da verdade. É incontestável que os astecas não são cristãos, que praticam o canibalismo e o sacrifício humano. Até mesmo a proposição sobre a tendência natural à obediência não é completamente desprovida de veracidade, embora sua formulação seja evidentemente tendenciosa: certamente os índios não têm a mesma relação com o poder que os espanhóis; que, justamente, o mero par superioridade/inferioridade tem, para eles, menos importância do que a integração na hierarquia global da sociedade.

Não acontece o mesmo com o postulado, que não diz respeito à verificação e ao mais-ou-menos, e sim à fé, ao tudo-ou-nada; é um princípio, que constitui a base da ideologia que opera em Sepúlveda, e por isso não pode ser discutido (mas somente recusado ou aceito). Ele tem em mente esse postulado quando avança o seguinte argumento: "Como diz Santo Agostinho (epístola 75), a perda de uma só alma morta sem o batismo ultrapassa em gravidade a morte de inumeráveis vítimas, ainda que fossem inocentes" (*Democrates*, p. 79). Esta é a concepção "clássica": há um valor absoluto, que neste caso é o batismo, o fazer parte da religião cristã; a aquisição desse valor tem precedência sobre aquilo que o indivíduo considera como seu bem supremo, a saber, a vida. Isso porque a vida e a morte do indivíduo são, justamente, bens pessoais, ao passo que o ideal religioso é um absoluto, ou melhor, um bem social. A diferença entre o valor comum, transindividual, e o valor pessoal é tão grande, que permite uma variação quantitativa inversa nos termos aos quais esses valores estão ligados: a salvação de um justifica a morte de milhares.

Antecipando a continuação, podemos lembrar aqui que Las Casas, enquanto adversário coerente e sistemático de Sepúlveda, recusaria precisamente esse princípio, no que talvez não traia o cristianismo em particular, mas a essência da religião em geral, já que ela consiste na afirmação de valores transindividuais, e assim abandona a posição "clássica" para anunciar a dos "modernos". Escreve (*Entre los remedios*, 20): "Seria uma grande desordem e um pecado mortal jogar uma criança no poço para batizá-la e salvar sua alma se assim ela morresse." Não somente a morte de milhares de pessoas não se justifica pela salvação de uma pessoa; a morte de um só passa a pesar mais do que sua salvação. O valor pessoal – a vida, a morte – passa a ter precedência sobre o valor comum.

Em que medida o quadro ideológico de Sepúlveda permite que ele perceba os traços específicos da sociedade indígena? Num texto posterior à controvérsia de Valladolid (mas semelhante a ela no espírito), "Do reino e dos deveres do rei", escreve: "Os maiores filósofos declaram que tais guerras podem ser travadas por uma nação muito civilizada contra gente não-civilizada, que são mais bárbaros do que se possa pensar, pois falta-lhes absolutamente qualquer conhecimento das letras, ignoram o uso do dinheiro, geralmente andam nus, inclusive as mulheres, e carregam fardos sobre os ombros e as costas, como animais, por longos percursos. E eis as provas de sua vida selvagem, semelhante à dos animais: suas imolações execráveis e prodigiosas de vítimas humanas para os demônios; o fato de se alimentarem de carne humana; de enterrarem vivas as mulheres dos chefes com os maridos mortos, e outros crimes semelhantes" (I, 4-5).

O retrato que Sepúlveda esboça é do maior interesse, tanto por cada um dos traços que o compõem quanto por sua combinação. Sepúlveda é sensível às diferenças, chega a procurá-las; por isso reúne algumas das características mais marcantes das sociedades indígenas; é curioso constar que, ao fazê-lo, Sepúlveda recupera algumas descrições idealizadas dos índios (a ausência de escrita, de dinheiro, de roupas), e ao mesmo tempo inverte-lhes o sinal. O que faz com que precisamente esses traços sejam reunidos? Sepúlveda não diz, mas pode-se pensar que tal reunião não se deve ao acaso. A presença de tradição oral em vez de escrita indica o papel diferente que é destinado em cada caso à presença e à ausência em geral: a escrita, por oposição à palavra, permite a ausência dos locutores;

por oposição à imagem, a do objeto designado, até e inclusive em sua forma; a memorização necessária das leis e transições, imposta pela ausência de escrita, determina, como vimos, a predominância do ritual sobre a improvisação. É semelhante o caso da ausência de dinheiro, esse equivalente universal que dispensa a necessidade de justapor os bens que são trocados. A ausência de roupas, se fosse verificada, por um lado, que o corpo está sempre presente, não sendo ocultado dos olhares; por outro lado, que não há diferença entre situação privada e pública, íntima e social, isto é, o não-reconhecimento do estatuto singular do terceiro. Finalmente, a falta de animais de carga deve ser posta no mesmo plano que a ausência de ferramentas: é sobre o corpo humano que recai o cumprimento de determinadas tarefas, em vez de essa função ser atribuída a um auxiliar, animado ou não; a pessoa física em vez do intermediário.

Pode-se, pois, procurar o traço subjacente da sociedade descrita que é responsável por essas diferenças, e voltar assim à reflexão esboçada acerca do comportamento simbólico: tínhamos constatado que os discursos dependiam, de certo modo, "demais" de seu referente (a famosa incapacidade de mentir, ou de dissimular) e que havia uma certa insuficiência na concepção que os astecas tinham do outro. As "provas" recolhidas por Sepúlveda apontam para a mesma insuficiência: o canibalismo, o sacrifício humano, o enterro da esposa, todos implicam que não se reconhece plenamente ao outro o estatuto de humano, simultaneamente semelhante e diferente. Ora, a pedra de toque da alteridade não é o *tu* presente e próximo, mas o *ele* ausente ou afastado. Nos traços destacados por Sepúlveda encontramos também uma diferença no lugar ocupado pela ausência (se é que ela pode ocupar lugar): o intercâmbio oral, a falta de dinheiro e de roupas, assim como de animais de carga, implicam uma predominância da presença sobre a ausência, do imediato sobre o mediato. É exatamente nesse ponto que se pode ver como se cruzam o tema da percepção do outro e do comportamento simbólico (ou semiótico), que me preocupam simultaneamente ao longo de toda esta pesquisa: num certo grau de abstração os dois se confundem. A linguagem só existe pelo outro, não somente porque sempre se fala a alguém, mas também na medida em que permite evocar o terceiro, ausente; à diferença dos animais, os homens conhecem a citação. Mas a própria existência desse outro pode ser medida pelo lugar que lhe reserva o sistema simbólico: não é o mesmo, para evocar apenas um exemplo sólido, e agora familiar, antes e depois do advento da escrita (no sentido estrito). De modo que qualquer pesquisa sobre a alteridade é necessariamente semiótica; e reciprocamente: a semiótica não pode ser pensada fora da relação com o outro.

Seria interessante fazer uma aproximação entre os traços da mentalidade asteca destacados e o que uma forma de sacrifício, evocada por Durán, ensina acerca do funcionamento do simbólico: "Quarenta dias antes da festa, um índio era vestido como o ídolo, com os mesmos adereços, de modo que aquele escravo índio vivo representasse o ídolo. Após ter sido purificado, era honrado e celebrado durante quarenta dias, como se fosse o próprio ídolo. (...) Depois de os deuses serem sacrificados, eram todos esfolados rapidamente (...). O coração era arrancado e oferecido a leste, e depois os esfoladores, cuja função era essa, traziam o corpo morto novamente para baixo e fendiam-no da nuca até os calcanhares, esfolando-o como um cordeiro. A pele saía inteira. (...) Os outros índios vestiam imediatamente as peles e em seguida adotavam o nome dos deuses representados. Por sobre as peles traziam os adereços e as insígnias das mesmas divindades, cada homem recebia o nome do deus que representava e se considerava divino" (I, 9; cf. fig. 10).

Num primeiro momento, portanto, o prisioneiro literalmente torna-se o deus: recebe seu nome, aparência, insígnias e tratamento; pois, para absorver o deus, será preciso sacrificar e consumir seu representante. Contudo, são os homens que decidiram essa identificação, e não esquecem isso, já que recomeçam todos os anos. E agem como se confundissem o representante com aquilo que ele representa: o que começa como uma representação acaba em participação e identificação; parece faltar a distância necessária para o funcionamento simbólico. De resto, para se identificar a um ser ou a uma de suas propriedades (mulheres são freqüentemente esfoladas em ritos ligados à fertilidade), veste-se, literalmente, sua pele. Isso faz pensar na prática das máscaras, que podem ser feitas à semelhança de um indivíduo. Porém a máscara, justamente, se parece com – mas não faz parte de – aquele que representa. Neste caso, o próprio objeto da representação permanece, pelo menos na aparência (a pele); o simbolizante não está realmente separado de seu simbolizado. Tem-se a impressão de que uma expressão figurada foi tomada ao pé da letra, que se encontra a presença onde era esperada a ausência; curiosamente, temos a fórmula "se pôr na pele de alguém", o que não implica que sua origem seja um rito de esfolamento humano.

Fig. 10 – O uso das peles esfoladas

Fazendo este levantamento das características do comportamento simbólico dos astecas sou levado a constatar não somente a diferença entre duas formas de simbolização, como também a superioridade de uma em relação à outra; ou melhor, e para ser mais preciso, sou levado a deixar a descrição tipológica, para me referir a um esquema evolutivo. Será que isso significaria adotar, pura e simplesmente, a posição dos desigualitaristas? Penso que não. Há um campo no qual a evolução e o progresso não podem ser postos em dúvida: é, *grosso modo*, o da técnica. É incontestável que um machado de bronze ou de ferro corta melhor do que um machado de madeira ou de pedra; que o uso da roda reduz o esforço físico necessário. Ora, essas invenções técnicas não surgem do nada: são condicionadas (sem serem diretamente determinadas) pela evolução do aparelho simbólico próprio do homem, evolução que podemos igualmente observar em determinados comportamentos sociais. Existe uma "tecnologia" do simbolismo, que é tão suscetível de evolução quanto a tecnologia dos utensílios, e nessa perspectiva os espanhóis são mais "avançados" do que os astecas (ou, generalizando: as sociedades com escrita mais do que as sociedades sem escrita), ainda que se trate unicamente de uma diferença de grau.

Mas voltemos a Sepúlveda. Seria tentador ver nele os germes de uma descrição etnológica dos índios, facilitada pela atenção que dá às diferenças. Porém, é necessário acrescentar em seguida que, já que as diferenças sempre se reduzem, para ele, a uma inferioridade, sua descrição perde muito do seu interesse. Não somente porque a curiosidade de Sepúlveda em relação aos índios é fraca demais para que, uma vez demonstrada a "inferioridade", ele possa indagar acerca das razões das diferenças; nem simplesmente porque seu vocabulário é carregado de julgamentos de valor ("não-civilizados", "bárbaros", "animais"), em vez de visar à descrição; mas também porque seu preconceito contra os índios vicia as informações nas quais a demonstração se baseia. Sepúlveda contenta-se em buscar suas informações em Oviedo, que já é violentamente antiíndio, e nunca leva em conta as nuanças e as circunstâncias. Por que culpar os índios pela ausência de animais de carga (em vez de constatá-lo simplesmente), já que o cavalo e o burro, a vaca e o camelo são desconhecidos no continente americano: que animais os índios podiam utilizar? Os próprios espanhóis não conseguem resolver o problema rapidamente, e vimos que o número de vítimas entre os carregadores só aumentou depois da conquista. A ausência de roupas, observada por Colombo no Caribe, não caracterizava, evidentemente, os habitantes do México, que, ao contrário, possuíam, como vimos, modos refinados, admirados por Cortez e seus camaradas. A questão do dinheiro, assim como a da escrita, também é mais complexa. As informações de Sepúlveda são, portanto, falseadas por seus julgamentos de valor, pela assimilação da diferença à inferioridade; contudo, o retrato que fornece dos índios continua a ter interesse.

Se a concepção hierárquica de Sepúlveda podia ser colocada sob o patronato de Aristóteles, a concepção igualitarista de Las Casas merece ser apresentada, o que aliás foi feito na época, como proveniente dos ensinamentos do Cristo. O próprio Las Casas diz, em seu discurso de Valladolid: "Adeus, Aristóteles! O Cristo, que é a verdade eterna, deixou-nos este mandamento: 'Amarás ao próximo como a ti mesmo.' (...) Apesar de ter sido um filósofo profundo, Aristóteles não era digno de ser salvo e de chegar a Deus pelo conhecimento da verdadeira fé" (*Apologia*, 3).

Não que o cristianismo ignore as oposições, ou as desigualdades; mas aqui a oposição fundamental é a que existe entre crente e descrente, cristão e não-cristão; ora, todos, sem exceção, *podem* tornar-se cristãos: as diferenças de fato não correspondem a diferenças de natureza. O mesmo não se dá com a oposição senhor-escravo derivada de Aristóteles: o escravo é um ser intrinsecamente inferior, pois falta-lhe, ao menos em parte, a razão, que é justamente o que define o homem, e que não pode ser adquirida, como a fé. A hierarquia é irredutível nesse segmento da tradição greco-romana, assim como a igualdade é um princípio inabalável da tradição cristã; estas duas componentes da civilização ocidental, aqui extremamente simplificadas, confrontam-se diretamente em Valladolid. Os patronos reivindicados por cada uma delas têm, evidentemente, um valor essencialmente emblemático: não esperemos que aqui se faça justiça às complexidades da doutrina cristã ou às sutilezas da filosofia de Aristóteles.

Las Casas também não é o único a defender os direitos dos índios, e a proclamar que eles não podem, em hipótese alguma, ser escravizados; na verdade, a maior parte dos documentos oficiais emitidos pela coroa fazem o mesmo. Vimos os reis negarem a Colombo o direito de vender os índios como escravos, e o célebre testamento de Isabel afirma que eles não devem ser, de maneira nenhuma, prejudicados. Uma ordem de Carlos V, datada de 1530, é particularmente explícita:

"Que ninguém ouse escravizar nenhum índio, no decorrer de uma guerra ou em tempo de paz; nem manter nenhum índio escravo sob pretexto de aquisição por guerra justa, ou de resgate, ou de compra ou de troca, ou sob qualquer título ou pretexto que seja, mesmo se se tratar de índios que os próprios nativos dessas ilhas e dessas terras continentais consideram como escravos." As *Leyes nuevas*, relativas ao governo das colônias espanholas, de 1542, serão redigidas no mesmo espírito (e provocam um verdadeiro clamor entre os colonos e conquistadores da América).

Do mesmo modo, na bula papal de 1537, Paulo III afirma: "A Verdade (...) diz, ao enviar os pregadores da fé para que cumpram este preceito: 'Vai e faz discípulos em todas as nações.' Ele diz 'todas' sem nenhuma distinção, já que todos são capazes de receber a disciplina da fé. (...) Os índios, sendo verdadeiros homens, (...) não podem de modo algum ser privados de sua liberdade ou da posse de seus bens." Esta afirmação decorre dos princípios cristãos fundamentais: Deus criou o homem à sua imagem, ofender o homem é ofender Deus.

Las Casas adota essa posição, e lhe dá uma expressão mais ampla, colocando a igualdade como fundamento de qualquer política humana: "As leis e as regras naturais e os direitos do homem são comuns a todas as nações, cristã ou gentílica, e qualquer que seja a seita, a lei, o Estado, a cor e a condição, sem nenhuma diferença." E dá ainda mais um passo, que consiste não somente em afirmar a igualdade abstrata, mas em precisar que se trata realmente de uma igualdade entre *nós* e os *outros*, espanhóis e índios; daí a freqüência, em seus escritos, de fórmulas do gênero: "Todos os índios que ali se encontram devem ser considerados livres: pois na realidade o são, pelo mesmo direito que faz com que eu mesmo seja" (*Carta ao príncipe Felipe*, 20.4.1544). Consegue tornar seu argumento particularmente concreto recorrendo facilmente à comparação que coloca os índios no lugar dos espanhóis: "Se os mouros ou turcos tivessem vindo fazer [aos índios] o mesmo *Requerimiento*, afirmando que Maomé é senhor e criador do mundo e dos homens, será que teriam de acreditar neles?" (*Historia*, III, 58).

Mas essa afirmação da igualdade dos homens se faz em nome de uma religião particular, o cristianismo, e esse particularismo não é reconhecido. Há, conseqüentemente, um perigo potencial de ver afirmar, não somente a natureza humana dos índios, mas também sua "natureza" cristã. "As leis e as regras naturais e os direitos dos homens..." dizia Las Casas; mas quem decide o que é natural em matéria de leis e direitos? Não seria justamente a religião cristã? Já que o cristianismo é universalista, implica uma indiferença essencial de todos os homens. Vemos delinear-se o perigo da assimilação neste texto de São João Crisóstomo, citado e defendido em Valladolid: "Assim como não há nenhuma diferença natural na criação dos homens, tampouco há diferença no apelo para salvar todos eles, sejam bárbaros ou sábios, pois a graça divina pode corrigir o espírito dos bárbaros de modo que tenham um entendimento razoável" (*Apologia*, 42).

A identidade biológica passa a acarretar uma espécie de identidade cultural (diante da religião): todos são chamados pelo Deus dos cristãos, e é um cristão que decide qual o sentido da palavra "salvar". Num primeiro momento, Las Casas constata que, do ponto de vista doutrinário, a religião cristã *pode* ser adotada por todos. "Nossa religião cristã convém igualmente a todas as nações do mundo, está aberta a todos do mesmo modo; e, sem tirar de nenhuma delas a liberdade ou a soberania, não põe nenhuma delas em estado servil, com o pretexto de distinguir entre homens livres e servos por natureza" (discurso proferido por volta de 1520, diante do rei; *Historia*, III, 149). Mas em seguida afirma que todas as nações *são* destinadas à religião cristã, dando o passo que separa o potencial do ato: "Nunca houve geração, ou povo, ou língua entre os homens criados (...), e menos ainda desde a Encarnação e Paixão do Redentor (...), que não pudesse ser incluída entre os predestinados, isto é, entre os membros do corpo místico de Jesus Cristo, que, como diz São Paulo, é a Igreja" (*Historia*, I, "Prólogo"). "A religião cristã, que é o caminho universal, foi dada pela misericórdia divina a todos os povos, para que abandonem os caminhos e as seitas da infidelidade" (*ibid.*, I, 1).

E é como observação empírica que aparecerá a afirmação, incansavelmente repetida, de que os índios já possuem traços cristãos e que aspiram ao reconhecimento de sua cristandade um tanto quanto "selvagem": "Jamais foi vista em outras épocas ou em outros povos tanta capacidade, tanta disposição ou facilidade para essa conversão. (...) Não há no mundo nação tão dócil nem menos refratária, nem mais apta ou mais disposta do que estas a receber o jugo do Cristo" (*Carta ao Conselho das Índias*, 20.1.1531). "Os índios são tão doces e tão decentes que, mais do que qualquer outra nação de todo o mundo, estão inclinados e prontos a abandonar a adoração dos ídolos e aceitar, província por província e povo por povo, a palavra de Deus e a pregação da verdade" (*Apologia*, 1).

O traço mais característico dos índios, segundo Las Casas, é sua semelhança com os cristãos... O que encontramos, além disso, em seu retrato? Os índios são dotados de virtudes cristãs, são obedientes e pacíficos. Eis aqui algumas formulações extraídas de várias obras, escritas em momentos diferentes de sua carreira: "Estes povos, tomados em conjunto, são, por natureza, só meiguice, humildade e pobreza, sem defesa ou armas, sem a menor malícia, tolerantes e pacientes como ninguém no mundo" (*Historia*, I, "Prólogo"). "Muito obedientes e muito virtuosos, naturalmente pacíficos" (*Relación*, "De los reinos..."). "São, em sua grande maioria, de natureza pacífica, meiga, inofensiva" (*Objeções a Sepúlveda*). "Os índios, (...) naturalmente meigos e humildes" (*Carta a Carranza*, agosto de 1555).

A percepção que Las Casas tem dos índios não é mais nuançada do que a de Colombo, no tempo em que este acreditava no "bom selvagem", e Las Casas quase admite que projeta sobre eles seu ideal: "Os lucayos (...) viviam realmente como a gente da Idade do Ouro, uma vida que poetas e historiadores tanto louvaram", escreve, ou ainda, a propósito de um índio: "Tinha a impressão de ver nele nosso pai Adão, no tempo em que vivia no estado de inocência" (*Historia*, III, 44 e 45). Essa monotonia dos adjetivos é ainda mais impressionante na medida em que lemos aí descrições que, além de terem sido escritas em momentos diferentes, descrevem populações distintas, e até distantes entre si, da Flórida ao Peru; ora, são todas, invariavelmente, "meigas e pacíficas". Ele chega a percebê-lo, às vezes, mas não se atém a isso: "Embora em algumas coisas seus ritos e costumes sejam diferentes, pelo menos nisso todos, ou quase todos, se assemelham: são simples, pacíficos, amáveis, humildes, generosos, e, de todos os descendentes de Adão, sem exceção, os mais pacientes. Também são os mais dispostos a serem trazidos ao conhecimento da fé e de seu Criador, não lhe opondo nenhum obstáculo" (*Historia*, I, 76). Uma outra descrição, no "Prefácio" da *Relación*, também é reveladora a esse respeito: "Todos esses povos universais e inumeráveis, de todos os tipos, foram criados por Deus extremamente simples, sem maldade ou duplicidade, muito obedientes e muito fiéis a seus senhores naturais e aos cristãos que servem, os mais humildes, os mais pacientes, os mais pacíficos e tranqüilos que há no mundo; sem rancor nem exagero, nem violentos nem briguentos, sem ressentimentos, sem ódio, sem desejo de vingança." É interessante ver que Las Casas é levado a descrever os índios em termos quase inteiramente negativos ou restritivos: são gente *sem* defeitos, *nem* assim *nem* assado...

Além disso, o que se afirma positivamente não é senão um estado psicológico (mais uma vez como em Colombo): bons, tranqüilos, pacientes; nunca uma configuração cultural ou social que possa ajudar a compreender as diferenças. Aliás, tampouco determinados comportamentos, à primeira vista inexplicáveis: por que os índios obedecem tão humildemente aos espanhóis, pintados como monstros cruéis? Por que são facilmente derrotados por poucos adversários? A única explicação que, finalmente ocorre a Las Casas é: porque eles se comportam como verdadeiros cristãos. Nota, por exemplo, uma certa indiferença dos índios em relação aos bens materiais, que faz com que não se apressem em trabalhar e enriquecer. Alguns espanhóis propuseram, como explicação, o fato de os índios serem naturalmente preguiçosos; Las Casas replica: "Em comparação com a preocupação fervente e infatigável que temos em acumular riquezas e bens temporais, devido à nossa ambição inata e à nossa cobiça insaciável, esta gente, concedo, poderia ser taxada de ociosa; mas não segundo a lei natural, a lei divina e a perfeição evangélica, que louvam e aprovam que nos contentemos com o estritamente necessário" (*Historia*, III, 10). Assim, a primeira impressão, correta, de Las Casas é neutralizada, porque ele está convencido da universalidade do espírito cristão: se essa gente é indiferente à riqueza, é porque tem uma moral cristã.

Sua *Apologetica historia* contém, de fato, uma massa de informações, colhidas por ele mesmo ou por outros missionários, e relativas à vida material e espiritual dos índios. Porém, como diz o próprio título da obra, a história se transforma em apologia: o essencial, para Las Casas, é que nenhum dos costumes ou práticas dos índios prova que são seres inferiores; faz uma aproximação de todos os fatos com categorias valorativas, e o resultado do confronto é decidido de antemão: se o livro de Las Casas tem, atualmente, valor de documento etnográfico, é à revelia do autor. Somos obrigados a reconhecer que o retrato dos índios que se pode extrair das obras de Las Casas é claramente mais pobre do que o deixado por Sepúlveda: na verdade, acerca dos índios não se aprende nada. Se é incontestável que o preconceito da superioridade é um obstáculo na via do conhecimento, é necessário também admitir que o preconceito da igualdade é um obstáculo ainda maior, pois consiste em identificar, pura e simplesmente, o outro a seu próprio "ideal do eu" (ou a seu eu).

Las Casas percebe todos os conflitos, e particularmente o de espanhóis e índios, em termos de uma única oposição, completamente espanhola: fiel/infiel. A originalidade de sua posição reside no fato de atribuir o pólo valorizado (fiel) ao outro, e o desvalorizado a "nós" (aos espanhóis). Mas esta distribuição invertida dos valores, prova incontestável de sua generosidade de espírito, não diminui o esquematismo da visão. Isto é particularmente perceptível nas analogias a que Las Casas recorre para descrever o confronto entre índios e espanhóis. Por exemplo, utiliza sistematicamente a comparação evangélica entre os apóstolos e os cordeiros, os infiéis e os lobos, ou os leões, etc.; os próprios conquistadores, como vimos, usavam essa comparação, mas sem lhe dar um sentido cristão. "Foi na casa desses mansos cordeiros, assim dotados, por seu criador, de tantas qualidades, que os espanhóis, desde que os conheceram, entraram como lobos, tigres, e leões muito cruéis, esfomeados há dias" (*Relación*, "Prefácio").

Do mesmo modo, assimilará os índios aos judeus, os espanhóis ao faraó; os índios aos cristãos, os espanhóis aos mouros. "O governo [das Índias] é muito mais injusto e cruel do que o reinado pelo qual o faraó do Egito oprimia os judeus" (*Relatório ao Conselho das Índias*, 1565). "As guerras foram piores do que as dos turcos e mouros contra o povo cristão" (*Discurso de Valladolid*, 12); note-se que Las Casas nunca demonstra a mínima ternura em relação aos muçulmanos, sem dúvida porque não podem ser assimilados a cristãos que não têm consciência de sê-lo; e, quando demonstra, em sua *Apologia*, que é ilegítimo tratar os índios de "bárbaros" simplesmente porque são outros, diferentes, não se esquece de condenar "os turcos e os mouros, a verdadeira escória bárbara das nações" (4).

Quanto aos espanhóis na América, são finalmente assimilados ao diabo. "Não seria conveniente chamar tais cristãos de diabos e não seria preferível confiar os índios aos diabos do inferno, em lugar de confiá-los aos cristãos das Índias?" (*Relación*, "Granada"). Lutará contra os conquistadores, diz ainda, "até que Satã seja posto para fora das Índias" (*Carta ao príncipe Felipe*, 9.11.1545). Esta frase evoca um som conhecido: é o historiador racista Oviedo, que também esperava que "Satã fosse expulso das ilhas"; só muda o Satã, neste caso índio, no outro, espanhol; mas a "conceitualização" continua a mesma. Assim, Las Casas ao mesmo tempo ignora os índios e desconhece os espanhóis. Estes não são, efetivamente, cristãos como ele (ou como seu ideal); mas não se pode captar a mudança que ocorreu na mentalidade espanhola se for apresentada simplesmente como a tomada do poder pelo diabo, isto é, conservando justamente o quadro de referências que foi colocado em questão. Os espanhóis, para quem a noção de acaso substitui a de destino, têm um novo modo de viver a religião (ou de viver sem religião); isto explica parcialmente o fato de construírem com tanta facilidade seu império transatlântico, de contribuírem para a submissão de grande parte do mundo à Europa: não é essa a fonte de sua capacidade de adaptação e de improvisação? Mas Las Casas opta por ignorar essa maneira de viver a religião, comporta-se aqui como teólogo, não como historiador.

Aliás, em matéria de história, Las Casas contenta-se igualmente em manter uma posição egocêntrica, no que concerne não mais ao espaço, mas ao tempo. Se admite haver, entre espanhóis e índios, diferenças que podem ser desfavoráveis a estes, é para reduzi-las imediatamente, por um esquema evolucionista único: eles (*lá*) são *agora* como nós (*aqui*) éramos *antigamente* (é claro que ele não inventou este esquema). Originariamente, todas as nações foram grosseiras e bárbaras (Las Casas não quer reconhecer a barbárie especificamente moderna); com o tempo atingirão a civilização (subentendido: a nossa). "Não temos razão alguma para nos espantarmos com os defeitos ou costumes não-civilizados e desregrados que podemos encontrar entre as nações indígenas, nem de desprezá-las por isso. Pois a maior parte das nações do mundo, senão todas, foram bem mais pervertidas, irracionais e depravadas, e deram mostra de muito menos prudência e sagacidade em sua maneira de se governarem e de exercer as virtudes morais. Nós mesmos fomos bem piores no tempo de nossos antepassados e em toda a extensão de nossa Espanha, tanto pela irracionalidade e a confusão dos modos quanto pelos vícios e costumes animalescos" (*Apologetica historia*, III, 263).

Há, aqui também, uma incontestável generosidade por parte de Las Casas, que se recusa a desprezar os outros simplesmente porque são diferentes. Mas vai mais além, e acrescenta: aliás, eles não são (ou: não serão) diferentes. O postulado de igualdade acarreta a afirmação de identidade, e a segunda grande figura da alteridade, ainda que incontestavelmente mais amável, leva a um conhecimento do outro ainda menor do que a primeira.

ESCRAVISMO, COLONIALISMO E COMUNICAÇÃO

Las Casas ama os índios. E é cristão. Para ele, esses dois traços são solidários: ama-os precisamente *porque* é cristão, e seu amor *ilustra* sua fé. Entretanto, essa solidariedade não é óbvia: vimos que, justamente por ser cristão, não via claramente os índios. Será que é possível amar realmente alguém ignorando sua identidade, vendo, em lugar dessa identidade, uma projeção de si mesmo ou de seu ideal? Sabemos que isto é possível, e até freqüente, nas relações interpessoais, mas como fica no encontro das culturas? Não se corre o risco de querer transformar o outro em nome de si mesmo, e, conseqüentemente, de submetê-lo? De que vale então esse amor?

O primeiro grande tratado de Las Casas consagrado à causa dos índios intitula-se: *Da única maneira de atrair todos os povos à verdadeira religião*. Este título condensa a ambivalência da posição lascasiana. Essa "única maneira" é, evidentemente, a suavidade, a persuasão pacífica; a obra de Las Casas é dirigida contra os conquistadores, que pretendem justificar suas guerras de conquista pelo objetivo almejado, que é a evangelização. Las Casas recusa essa violência; mas, ao mesmo tempo, para ele só há uma religião "verdadeira": a sua. E esta "verdade" não é somente pessoal (não é a religião que Las Casas considera verdadeira *para ele mesmo*), mas universal; é válida para todos, e por isso ele não renuncia ao projeto evangelizador. Ora, já não há violência na convicção de possuir a verdade, ao passo que esse não é o caso dos outros, e de que, ainda por cima, deve-se impô-la a esses outros?

A vida de Las Casas é rica em ações variadas em favor dos índios. Porém, excetuando-se as de seus últimos anos, às quais voltaremos no capítulo seguinte, todas são marcadas por alguma forma dessa mesma ambigüidade. Antes de sua "conversão" à causa dos índios, estava cheio de boa vontade e sentimentos humanitários em relação a eles; no entanto, os limites de sua intervenção aparecem rapidamente. Já foi mencionado o massacre de Caonao, do qual ele foi testemunha, como capelão da tropa de Narváez. Que pôde ele fazer para aliviar as dores dos índios massacrados? Eis o que ele mesmo conta: "Foi então que, tendo descido o jovem índio, um espanhol que ali se encontrava sacou um alfanje ou espada curta e lhe deu, como se quisesse divertir-se, um golpe no flanco que pôs a nu suas entranhas. O infeliz índio tomou os intestinos nas mãos e fugiu da casa correndo; encontrou o padre [Las Casas] que, reconhecendo-o, falou ali mesmo das coisas da fé [em que língua?], tanto quanto permitia a angustiante circunstância, fazendo com que ele compreendesse que, se quisesse ser batizado, iria para o céu, viver com Deus. O infeliz, chorando e gritando sua dor como se estivesse sendo consumido pelo fogo, respondeu que sim; o padre, então, batizou-o, e o índio, imediatamente, caiu morto ao solo" (*Historia*, III, 29).

Aos olhos de quem tem fé, evidentemente, faz diferença saber se uma alma vai para o paraíso (tendo sido batizada) ou para o inferno; realizando esse gesto, Las Casas está realmente sendo movido pelo amor ao próximo. Há, no entanto, algo de derrisório nesse batismo *in extremis*, e o próprio Las Casas diz isso em outras ocasiões. A preocupação com a conversão adquire aqui um aspecto absurdo, e o remédio realmente não está à altura do mal. O benefício que a cristianização traz aos índios é então bem pequeno, como ilustra também esta anedota contada por Bernal Díaz: "Jesus permitiu que o cacique se fizesse cristão: o monge batizou-o, e ele pediu e obteve de Alvarado que não seria queimado, mas enforcado" (164). Cuauhtemoc também "morreu de certo modo cristãmente": "os espanhóis enforcaram-no num cincho", mas "puseram-lhe nas mãos uma cruz" (Chimalpahin, 7, 206).

Após sua "conversão", que o faz renunciar aos índios que possui, Las Casas lança-se numa nova empresa, que é a colonização pacífica da região de Cumana, na Venezuela atual: no lugar dos soldados devem estar clérigos, dominicanos e franciscanos, e camponeses-colonos trazidos da Espanha; trata-se, sem dúvida, de colonizar, no plano espiritual e no plano material, mas deve-se fazê-lo com suavidade. A expedição é um fracasso: Las Casas se vê obrigado a fazer cada vez mais concessões aos espanhóis que o acompanham, e os índios, por sua vez, não são tão dóceis quanto ele esperava; tudo acaba em sangue. Las Casas escapa, e não desanima. Aproximadamente quinze anos mais tarde, dedica-se à pacificação de uma região particularmente tumultuada, na Guatemala, que receberá o nome de Vera Paz. Mais uma vez, os religiosos devem substituir os soldados; mais uma vez, o resultado deverá ser a mesma colonização, talvez melhor do que se fosse feita por soldados: Las Casas garante o aumento dos lucros da coroa se seus conselhos forem seguidos. "Declaramo-nos dispostos a pacificá-los e reduzi-los ao serviço do rei nosso senhor, e a convertê-los e instruí-los no conhecimento de seu criador; feito isso, faremos com que essas populações paguem tributos e prestem serviços a Sua Majestade todos os anos, segundo as possibilidades que seus recursos lhes deixam tudo para melhor proveito do rei, da Espanha e destes países" (*Carta a uma personagem da corte*, 15.10.1535). Desta vez as coisas dão mais certo do que da outra; mas, alguns anos mais tarde, sentindo-se em perigo, os próprios missionários apelam para o exército que, de qualquer modo, não está longe.

A atitude de Las Casas para com os escravos negros também poderia ser evocada neste contexto. Os adversários do dominicano, que sempre foram muitos, não deixaram de ver aí uma prova de sua parcialidade na questão dos índios e, portanto, um meio de rejeitar seu testemunho da destruição destes. Esta interpretação é injusta, mas é fato que Las Casas não teve, no início, a mesma atitude em relação aos índios e aos negros: aceita que estes, mas não aqueles, sejam escravizados. É preciso relembrar que a escravidão dos negros é então um dado, ao passo que a dos índios começa sob seus olhos. Mas, na época em que escreve a *Historia de las Indias*, afirma que não faz mais nenhuma distinção entre os dois: "Sempre considerou os negros injustamente e tiranicamente escravizados, pois as mesmas razões aplicam-se a eles e aos índios" (III, 102). No entanto, sabemos que, em 1544, ainda possuía um escravo negro (tinha renunciado a seus índios em 1514), e ainda se encontram em sua *Historia* expressões do gênero: "É uma cegueira incrível a das pessoas que vieram a estas terras e trataram seus habitantes como se fossem africanos" (II, 27). Sem ver nisso algo que possa invalidar seu testemunho sobre os índios, devemos constatar que sua atitude em relação aos negros é menos clara. Não seria porque sua generosidade baseia-se no espírito de assimilação, na afirmação de que o outro é como eu, e essa afirmação seria esquisita demais no caso dos negros?

Uma coisa é certa: Las Casas não pretende fazer parar a anexação dos índios, quer simplesmente que isso seja feito por padres em vez de soldados. É o que diz sua carta ao Conselho das Índias, de 20 de janeiro de 1531: é preciso que os conquistadores "sejam expulsos deste país e substituídos por pessoas que temem a Deus, de boa consciência e grande prudência". O sonho de Las Casas é um Estado teocrático, no qual o poder espiritual esteja acima do poder temporal (o que é um modo de voltar à Idade Média). A mudança que propõe talvez encontre sua melhor expressão numa comparação que ele encontra numa carta escrita pelo bispo Santa Maria, para o rei, a 20 de maio de 1541, e que ele cita na *Relación*: é preciso arrancar esta terra "do poder de pais desnaturados e dar-lhe um marido que a trate sensatamente e como ela merece". Las Casas, como Sepúlveda, identifica a colônia às mulheres; e a emancipação está fora de cogitação (para as mulheres ou para os índios): basta substituir o pai, que mostrou-se cruel, por um marido que, espera-se, será sensato. Ora, em matéria de emancipação feminina, a doutrina cristã estaria mais próxima de Aristóteles: a mulher é tão necessária para o homem quanto o escravo para o senhor.

A submissão e a colonização devem ser mantidas, mas feitas de outro modo; os índios não são os únicos que têm a ganhar com isso (não sendo torturados e exterminados), o rei da Espanha também. Las Casas sempre desenvolve, lado a lado, esses dois argumentos. Pode-se pensar que, ao fazê-lo, não seja sincero, que simplesmente seja obrigado a usar esse chamariz para que prestem atenção a suas palavras; mas pouco importa: não somente porque é impossível saber ao certo, mas também porque os textos de Las Casas, isto é, o que pode agir publicamente, dizem claramente que há uma vantagem material a ser tirada da colonização. Recebido pelo velho rei Fernando, em 1515, diz-lhe que suas palavras "são da mais lata importância para a consciência do rei e para suas possessões" (*Historia*, III, 84). Num relatório de 1516 afirma: "Tudo será muito proveitoso para Sua Alteza, cuja renda aumentará proporcionalmente." Em sua carta ao Conselho das Índias, de 20 de janeiro de 1531: seguir seus conselhos traria "além disso, imensos benefícios e a promessa de uma prosperidade incalculável". Numa carta, da Nicarágua, de 1535: o religioso "serviu ao rei um pouco melhor do que aqueles que fazem com que ele perca tantos reinos imensos, privam-no de tantas riquezas, e também de fabulosos tesouros".

Essas afirmações reiteradas não bastam, de resto, para afastar de Las Casas todas as suspeitas de querer rechaçar o poder imperial, e ele tem de se defender explicitamente, enumerando por sua vez as razões que o levam a crer na legitimidade desse poder; este é particularmente o caso das *Trinta proposições* (1547) e do *Tratado das provas* (1552). Lê-se neste último texto: "O pontífice romano tem, sem dúvida alguma, poder sobre os infiéis." "A Sé apostólica pode portanto escolher certos territórios desses infiéis e atribuí-los a um rei cristão." "O rei que a Sé apostólica escolheu para exercer o ministério da pregação da fé nas Índias devia necessariamente ser investido da suprema soberania e da monarquia perpétua sobre as ditas Índias e ser constituído imperador acima de muitos reis."

Não soa como uma paráfrase do *Requerimiento*, ainda que os reis locais conservem nele uma aparência de poder?

Os outros defensores dos índios adotam a mesma atitude em relação a isso: não se deve combatê-los, não se deve escravizá-los, não somente porque isso faz sofrer os índios (e a consciência do rei), mas também porque é melhor para as finanças da Espanha. "Os espanhóis não se dão conta", escreve Motolinia, "de que, não fossem os padres, eles não teriam servos, em suas casas ou em suas terras, pois todos teriam sido mortos, como se deduz da experiência em São Domingos e nas outras ilhas, onde os índios foram exterminados" (III, 1). E o bispo Ramirez de Fuenleal, numa carta a Carlos V: "É bom impedir que se escravizem índios, pois são eles que devem fazer valer o território, e, enquanto houver muitos deles, não faltará nada aos espanhóis."

Não pretendo sugerir, acumulando citações, que Las Casas ou outros defensores dos índios deviam, ou podiam, agir de outro modo. De qualquer modo, a maioria dos documentos que lemos são missivas endereçadas ao rei, e não vemos que interesse poderia haver em sugerir-lhe que renunciasse a seus reinos. Pelo contrário, pedindo uma atitude mais humana em relação aos índios, fazem a única coisa possível, e realmente útil; se alguém contribuiu para melhorar a situação dos índios, esse alguém foi Las Casas; o ódio inextinguível que sentiam por ele todos os adversários dos índios, todos os defensores da superioridade branca, comprova-o suficientemente.

Ele obteve esse resultado utilizando as armas que mais lhe convinham: escrevendo, apaixonadamente. Deixou uma imagem indelével da destruição dos índios, e todas as linhas que foram consagradas a eles desde então – inclusive esta – lhe devem algo. Ninguém soube, como ele, com tanta abnegação, dedicar uma imensa energia e meio século de sua vida a melhorar a sorte dos *outros*. Mas não diminui em nada a grandeza da personagem, muito pelo contrário, reconhecer que a ideologia assumida por Las Casas e outros defensores dos índios é uma ideologia colonialista. É justamente por ser impossível não admirar o homem que é importante julgar lucidamente sua política.

Os reis da Espanha não se enganam. Em 1573, sob Felipe II, são regidas as ordenanças definitivas no que concerne às "Índias". Encabeçando o Conselho das Índias, responsável pelo teor das ordenanças, encontra-se Juan de Ovando, que não somente conhece as doutrinas de Las Casas como traz à corte, em 1571, os textos da célebre controvérsia de Valladolid. Eis aqui alguns trechos:

"Não se deve chamar as descobertas de conquistas. Como queremos que sejam feitas pacificamente e caridosamente, não queremos que o uso da palavra 'conquista' sirva de desculpa para o emprego da força ou para os danos causados aos índios. (...) Tratar-se-á de obter informações sobre as várias nações, línguas, seitas e grupos de naturais que há na província, assim como sobre os senhores a quem essas populações obedecem. Feito isso, usando a troca e o comércio como disfarce, estabelecer-se-ão com eles relações amistosas, manifestando muito amor, lisonjeando-os e distribuindo alguns presentes e pequenos objetos que possam interessar-lhes. E, sem demonstrar cobiça, estabeleceremos laços de amizade e faremos alianças com os chefes e senhores que pareçam ser os mais aptos a facilitar a pacificação daqueles países. (...) Para que os índios possam ver a fé com mais temor e reverência, os padres devem sempre trazer o crucifixo nas mãos e devem andar vestidos pelo menos com uma alva ou uma estola; que se diga aos cristãos que escutem a pregação com muito respeito e veneração, de modo que seu exemplo induza os fiéis a aceitarem a instrução. Se parecer desejável, os padres podem chamar a atenção dos infiéis utilizando música e cantores, encorajando-os assim a se unirem a eles. (...) Os padres devem pedir-lhes os filhos sob pretexto de instruí-los, e mantê-los como reféns; devem também convencê-los a construir igrejas onde possam ensinar, para nelas estarem seguros. Por esses meios e outros semelhantes, os índios serão pacificados e doutrinados, mas não devem ser de modo algum prejudicados, pois buscamos unicamente seu bem-estar e sua conversão."

Ao ler o texto das *Ordenanças*, percebemos que, desde o *Requerimiento* de Palacios Rubios, houve não somente Las Casas como também Cortez: a antiga injunção sofreu a influência inextricável dos discursos de ambos. De Las Casas vem, evidentemente, a suavidade. A escravidão é banida, assim como a violência, exceto em caso de extrema necessidade. A "pacificação" e a gestão ulterior devem ser realizadas com moderação, e os impostos devem ser razoáveis. Também devem ser mantidos os chefes locais, contanto que aceitem servir aos interesses da coroa. A própria conversão não deve ser imposta, mas somente proposta; os índios só devem abraçar a religião cristã de livre e espontânea vontade. Mas é à influência (difusa) de Cortez que se deve a presença espantosa, e assumida, do discurso do parecer. O texto não podia ser mais explícito neste ponto: não são as conquistas que se deve extirpar, é a palavra "conquista"; a "pacificação" não passa de outra palavra para designar a mesma coisa, mas não pensem que este cuidado lingüístico é vão. Em seguida, deve-se agir usando o comércio *como disfarce, manifestando* amor, e sem *demonstrar* cobiça. Para aqueles que porventura não entendam esta linguagem, especifica-se que os presentes devem ser de pouco valor: basta que agradem aos índios (é a tradição do gorro vermelho presenteado por Colombo). A evangelização também utiliza encenações de espetáculos de "som e luz", inaugurados por Cortez: o rito deve ser cercado de toda a solenidade possível, os padres são paramentados com seus mais belos adornos, e a música também dará sua contribuição. Fato interessante, já não se pode contar automaticamente com a devoção dos espanhóis, e neste caso também será necessário regulamentar o parecer: não se lhes pede que sejam bons cristãos, mas que ajam como se o fossem.

Apesar dessas influências evidentes, a intenção do *Requerimiento* se mantém, e o objetivo global não é modificado: continua a ser a submissão daquelas terras à coroa espanhola. E tudo é calculado: as igrejas, além de belas, devem também poder servir de fortalezas. Quanto ao ensino, generosamente oferecido aos filhos dos nobres, não passa de um pretexto para apoderar-se deles e usá-los, caso seja necessário, como um meio de chantagem (vossos filhos em nossas escolas são reféns...).

Uma outra lição de Cortez é lembrada: antes de dominar, é preciso estar informado. O próprio Cortez explicitou essa regra em documentos posteriores à conquista, como neste relatório (de 1537) endereçado a Carlos V: antes de conquistar uma região é preciso, escreve, "saber se é habitada e por qual espécie de gente, e quais são sua religião ou ritos, de que vivem, e o que há nas terras". Pressente-se aqui a função do futuro etnólogo: a exploração desses países levará à sua (melhor) espoliação, e sabe-se que a Espanha colonial é o primeiro país a aplicar sistematicamente este preceito, graças às investigações instigadas pela coroa. Uma nova espécie de trindade substitui, ou melhor, coloca em segundo plano, pois é preciso estar sempre pronto para intervir, o antigo conquistador-soldado: é formada pelo douto, pelo padre e pelo comerciante. O primeiro colhe informações acerca do estado do país; o segundo possibilita sua assimilação espiritual; o terceiro garante os lucros; presta-se auxílio mútuo, e todos auxiliam a Espanha.

Las Casas e os outros defensores dos índios não são contrários à expansão espanhola; mas preferem uma de suas formas à outra. Daremos a cada uma delas um nome familiar (ainda que estes nomes não sejam totalmente corretos historicamente): têm uma ideologia *co-*

lonialista, e são contra a ideologia *escravista*. O escravismo, neste sentido da palavra, reduz o outro ao nível de objeto, o que se manifesta particularmente em todos os comportamentos em que os índios são tratados como menos do que homens: sua carne é utilizada para alimentar os índios que restam, ou até mesmo os cães; matam-nos para usar sua gordura, que, supõe-se, cura os ferimentos dos espanhóis: e assim são considerados como animais de corte: cortam-se todas as extremidades, nariz, mãos, seios, língua, sexo, transformando-os em aleijões, como se cortam árvores; propõe-se utilizar-lhes o sangue para regar o jardim, como se fosse água de rio. Las Casas conta que o preço de uma escrava aumenta se estiver grávida, exatamente como acontece com as vacas. "Aquele homem perdido gabou-se, vangloriou-se desavergonhadamente, diante de um venerável padre, de tudo fazer para engravidar muitas índias, de modo a obter melhor preço por elas, vendendo-as grávidas como escravas" (*Relación*, "Yucatán").

Mas essa forma de utilização do homem não é, evidentemente, a mais rentável. Se, em vez de considerar o outro como objeto, ele fosse considerado como um sujeito capaz de produzir objetos que se possuirá, a cadeia teria mais um elo – um sujeito intermediário – e, ao mesmo tempo, o número de objetos possuídos seria infinitamente maior. Duas preocupações suplementares decorrem desta transformação. Primeiramente, é preciso manter o sujeito "intermediário" nesse papel de sujeito-produtor-de-objetos, e impedir que venha a ser como nós: a galinha dos ovos de ouro perde todo o interesse se consumir seus próprios produtos. O exército, ou a polícia, cuidará disso. A segunda preocupação se traduz assim: quanto mais bem tratado, mais produtivo será o sujeito. Os padres, portanto, dispensarão cuidados médicos, além de instrução (Motolinia e Olarte dizem, ingenuamente, numa carta ao vice-rei Luis de Velasco, de 1554: "Esta pobre gente ainda não está suficientemente instruída para pagar de boa vontade [novos tributos]"). A saúde do corpo e a da alma serão posteriormente garantidas por especialistas leigos: o médico e o professor.

A eficácia do colonialismo é superior à do escravismo, ou pelo menos é isto que podemos constatar atualmente. Na América espanhola não faltam colonialistas de grande estatura: se um Colombo deve ser colocado do lado dos escravistas, personagens tão diferentes, e inclusive opostas na realidade, como Cortez e Las Casas, estão ligadas à ideologia colonialista (é este parentesco que as ordenanças de 1573 tornam explícito). Um afresco de Diego Rivera, no Palácio Nacional da Cidade do México, mostra a relação entre as duas personagens (cf. fig. 11): de um lado Cortez, espada numa mão e chicote na outra, espezinhando os índios; diante dele Las Casas, protetor dos índios, detém Cortez com uma cruz. É verdade que muitas coisas separam os dois homens. Las Casas ama os índios mas não os conhece; Cortez conhece-os, a seu modo, embora não sinta por eles nenhum "amor" especial; sua atitude em relação à escravidão dos índios, que pudemos observar, ilustra bem sua posição. Las Casas é contrário ao *repartimiento*, distribuição feudal dos índios entre os espanhóis, que Cortez, ao contrário, promove. Ignora-se quase completamente o que os índios da época sentem por Las Casas, o que, em si, já é significativo. Cortez, em compensação, é tão popular, que

Fig. 11 – Cortez e Las Casas

faz tremer os detentores do poder legal, representantes do imperador espanhol, que sabem que os índios se sublevariam ao primeiro sinal de Cortez; os membros da segunda Audiência explicam a situação assim: "A afeição que os índios têm pelo Marquês vem do fato de ter sido ele quem os conquistou, e, para dizer a verdade, por tê-los tratado melhor do que todos os outros." E, contudo, Las Casas e Cortez concordam num ponto essencial: a submissão da América à Espanha, a assimilação dos índios à religião cristã, a preferência pelo colonialismo em detrimento do escravismo.

Pode espantar o fato de se estigmatizar, pelo nome de "colonialismo", que atualmente é um insulto, todas as formas tomadas pela presença espanhola na América. Desde a época da conquista, os autores pertencentes ao partido pró-espanhol sempre insistem nos benefícios trazidos pelos espanhóis às regiões selvagens, e freqüentemente encontramos estas listas: os espanhóis suprimiram os sacrifícios humanos, o canibalismo, a poligamia, o homossexualismo, e trouxeram o cristianismo, as roupas européias, animais domésticos, utensílios. Embora hoje em dia nem sempre seja evidente a superioridade de uma determinada novidade sobre uma prática antiga, e se considere que o preço de alguns desses presentes tenha sido muito alto, ainda assim há pontos indiscutivelmente positivos: progressos técnicos e também, como vimos, simbólicos e culturais. Ainda se trata de colonialismo? Dito de outro modo, toda influência é, em função de sua exterioridade, nefasta? Colocada deste modo, a pergunta só pode receber, parece-me, uma resposta negativa. Portanto, se o colonialismo se opõe, de um lado, ao escravismo, opõe-se ao mesmo tempo a uma outra forma, positiva ou neutra, do contato com outrem, que chamarei simplesmente de *comunicação*. À tríade compreender/tomar/destruir corresponde esta outra, em ordem inversa: escravismo/colonialismo/comunicação.

O princípio de Vitoria, segundo o qual é preciso permitir a livre circulação dos homens, das idéias e dos bens, parece ser geralmente aceito atualmente (embora não baste para justificar uma guerra). Em nome de que reservar-se-ia "a América para os americanos" – ou os russos para a Rússia? De resto, os próprios índios não tinham vindo de outros lugares: do norte, ou, até, segundo alguns, de outro continente, a Ásia, pelo Estreito de Behring? A história de um país qualquer pode ser algo que não a soma de todas as influências sucessivas que sofreu? Se existisse realmente um povo refratário a qualquer mudança, uma tal vontade não indicaria uma pulsão de morte hipertrofiada? Gobineau acreditava que as raças superiores eram as mais puras; não acreditamos, atualmente, que as culturas mais ricas são as mais misturadas?

Mas também temos outro princípio, o da autodeterminação e não-ingerência. Como conciliá-los? Não é contraditório reivindicar o direito à influência e condenar a ingerência? Não, ainda que isso não seja evidente, e deva ser precisado. Não se trata de julgar o conteúdo, positivo ou negativo, da influência em questão: só seria possível fazê-lo a partir de critérios totalmente relativos, e, mesmo assim, correríamos o risco de nunca chegar a um acordo, tão complexas são as coisas. Como medir o impacto da cristianização sobre a América? A pergunta parece quase desprovida de sentido, tal a variação possível das respostas. Um pequeno exemplo poderá fazer com que reflitamos sobre a relatividade dos valores; é um episódio contado por Cortez, durante sua expedição em Honduras: "Aconteceu que um espanhol encontrou um índio de sua comitiva, originário da Cidade do México, comendo um pedaço da carne de um outro índio que tinha matado ao entrar na aldeia. Veio dizê-lo a mim; ordenei que fosse preso e queimado vivo na presença do senhor [índio], fazendo com que ele compreendesse a razão daquele castigo: ele tinha matado e comido um índio, o que é proibido por Vossa Majestade; em vosso real nome tinha proibido que se fizesse isso, e assim, por ter matado e comido alguém, mandei queimá-lo porque não queria que se matasse ninguém" (5).

Os cristãos ficaram revoltados com os casos de canibalismo (cf. fig. 12). A introdução do cristianismo leva à sua extinção. Mas, para conseguir isso, queimam homens vivos! Todo o paradoxo da pena de morte está aí: a instância penal executa o próprio ato que condena, mata para melhor proibir de matar. Para os espanhóis, era um meio de lutar contra o que julgavam ser barbárie; os tempos mudaram, e tornou-se difícil perceber a diferença de "civilização" entre queimar vivo e comer morto. Paradoxo da colonização, ainda que seja feita em nome de valores considerados superiores.

Em compensação, é possível estabelecer um critério ético para julgar a forma das influências: o essencial, eu diria, é saber se são *impostas* ou *propostas*. A cristianização, como a exportação de toda e qualquer ideologia ou técnica, é condenável a partir do momento em que é imposta, pelas armas ou de outro modo. Há traços de uma civilização que podem ser considerados superiores ou inferiores; mas isso não justifica

Fig. 12 – Cena de canibalismo

sua imposição a outrem. E mais, impor sua própria vontade a outrem implica não considerá-lo parte da mesma humanidade de que se faz parte, o que é precisamente um traço de civilização inferior. Ninguém perguntou aos índios se queriam a roda, ou os teares, ou as forjas; foram obrigados a aceitá-los; aí reside a violência, e ela independe da eventual utilidade desses objetos. Mas em nome de quê condenar-se-ia o pregador sem armas, mesmo que seu objetivo declarado seja converter-nos à sua própria religião?

Talvez seja um tanto utopista, ou simplista, reduzir assim as coisas ao uso da violência. Na medida em que ela pode, como se sabe, adquirir formas que não são realmente mais sutis, porém menos evidentes: pode-se dizer que uma ideologia ou técnica é somente proposta, quando o é por todos os meios de comunicação existentes? Não, sem dúvida. Reciprocamente, uma coisa não é imposta se houver a possibilidade de escolher uma outra, e de saber disso. A relação entre o saber e o poder, que pudemos observar durante a conquista, não é contingente, mas constitutiva. Vitoria, um dos fundadores do direito internacional moderno, já tinha consciência disso. Vimos que admitia a existência de guerras justas, as que têm por motivo a supressão de uma injustiça. Ora, ele mesmo se perguntava: como decidir acerca da justiça de uma guerra? Sua resposta põe em evidência o papel da informação. Não basta que o príncipe acredite nisso: está comprometido demais, e um homem pode se equivocar. Nem que a população, ainda que toda, pense assim: o povo não tem acesso aos segredos de Estado, e é, por definição, não informado. É preciso que a causa em si seja justa, e não somente segundo uma opinião sempre manipulável. Esta justiça absoluta só é acessível para os sábios, e torna-se obrigação destes. "É preciso consultar homens honestos e sábios, capazes de falar livremente, sem cólera, ódio ou cobiça" (*O direito de guerra*, 21, 59). A ignorância é uma desculpa provisória; a partir de um certo ponto, é culpada. "Aquele que tiver dúvidas, e deixar de lado a busca da verdade, não tem boa fé" (*ibid.*, 29, 84).

Quando Vitoria aplica esta doutrina ao caso das guerras contra os índios, não esquece esse cuidado com a informação: os espanhóis só poderão queixar-se das hostilidades dos índios se puderem provar que estes foram devidamente informados das boas intenções dos recém-chegados; o ato de fornecer informação é uma obrigação, tanto quanto o de buscá-la. Porém o próprio Vitoria não ilustra com perfeição seu preceito – e assim encarna a separação característica do intelectual moderno, entre o dizer e o fazer, entre o conteúdo do enunciado e o sentido da enunciação. Além das razões "recíprocas" que podem justificar uma guerra, e além das que poderiam ser imputadas a seu próprio etnocentrismo, dava outras, cujo vício não é a falta de reciprocidade, mas o descuido em relação à informação. Admite, por exemplo, que os chefes, ou uma parte da população, apelem para as potências estrangeiras, cuja intervenção estaria então ligada à guerra justa. Mas não diz uma palavra sobre as modalidades de consulta à população nesse caso, e não encara a possibilidade de má-fé por parte dos chefes. Ou ainda, justifica as intervenções feitas em nome de alianças militares. Mas o exemplo que fornece – tirado da conquista do México – o trai: "Diz-se que os tlaxcaltecas agiram assim em relação aos mexicanos: entenderam-se com os espanhóis para que estes os ajudassem a combater os mexicanos; os espanhóis posteriormente receberam tudo o que caberia a eles em virtude do direito de guerra" (*Dos índios*, 3, 17, 296). Vitoria fala como se a guerra entre mexicanos e tlaxcaltecas fosse a relação de base, e os espanhóis interviessem somente enquanto aliados destes últimos. Mas sabemos que isto é uma deformação brutal da realidade; por isso, Vitoria é culpado, por ter-se fiado na aproximação dos "dizem", dos "dizeres daqueles que lá estiveram" (*ibid.*, 3, 18, 302), sem realmente "buscar a verdade".

A boa informação é o melhor meio de estabelecer o poder: vimos com Cortez e as ordenanças reais. Mas, por outro lado, o direito à informação é inalienável, e não há legitimidade do poder se este direito não for respeitado. Aqueles que não se preocupam em saber, assim como os que se abstêm de informar, são culpados diante de sua sociedade; ou, para dizê-lo em termos positivos, a função da informação é uma função social essencial. Ora, se a informação for eficaz, a distinção entre "impor" e "propor" continuará a ser pertinente.

Não é preciso fechar-se numa alternativa estéril: ou se justificam as guerras coloniais (em nome da superioridade da civilização ocidental), ou então se recusa qualquer interação com o estrangeiro, em nome de uma identidade própria. A comunicação não-violenta existe e pode ser defendida como um valor. Isto poderia fazer com que a tríade escravismo/colonialismo/comunicação não seja apenas um instrumento de análise conceitual, mas acabe por corresponder também a uma sucessão no tempo.

IV
CONHECER

TIPOLOGIA DAS RELAÇÕES COM OUTREM

Há algo de paradoxal em identificar o comportamento de Las Casas com o de Cortez em relação aos índios, e tornou-se necessário cercar essa afirmação de várias restrições; é que a relação com o outro não se dá numa única dimensão. Para dar conta das diferenças existentes no real, é preciso distinguir entre pelo menos três eixos, nos quais pode ser situada a problemática da alteridade. Primeiramente, um julgamento de valor (um plano axiológico): o outro é bom ou mau, gosto dele ou não gosto dele, ou, como se dizia na época, me é igual ou me é inferior (pois, evidentemente, na maior parte do tempo, sou bom e tenho auto-estima...). Há, em segundo lugar, a ação de aproximação ou de distanciamento em relação ao outro (um plano praxiológico): adoto os valores do outro, identifico-me a ele; ou então assimilo o outro, impondo-lhe minha própria imagem; entre a submissão ao outro e a submissão do outro há ainda um terceiro termo, que é a neutralidade, ou indiferença. Em terceiro lugar, conheço ou ignoro a identidade do outro (seria o plano epistêmico); aqui não há, evidentemente, nenhum absoluto, mas uma gradação infinita entre os estados de conhecimento inferiores e superiores.

Existem, é claro, relações e afinidades entre esses três planos, mas nenhuma implicação rigorosa; não se pode, pois, reduzi-los um ao outro, nem prever um a partir do outro. Las Casas conhece os índios menos do que Cortez, e gosta mais deles; os dois se encontram em sua política comum de assimilação. O conhecimento não implica o amor, nem o inverso; e nenhum dos dois implica, ou é implicado, pela identificação com o outro. Conquistar, amar e conhecer são comportamentos autônomos e, de certo modo, elementares (descobrir, como vimos, está mais relacionado à terra do que aos homens; quanto a estes, a atitude de Colombo pode ser descrita em termos inteiramente negativos: não gosta, não conhece e não se identifica).

Essa delimitação dos eixos não deve ser confundida com a diversidade que se observa num só eixo. Las Casas forneceu o exemplo de amor pelos índios; mas, na verdade, ele mesmo ilustra mais de uma atitude; e, para fazer-lhe justiça, devemos completar aqui seu retrato. Las Casas passou por uma série de crises, ou transformações, que o levaram a tomar uma série de posições próximas, e contudo distintas, durante sua longa vida (1484-1566). Renuncia a seus índios em 1514, mas só se torna dominicano em 1522-1523, e esta segunda conversão é tão importante quanto a primeira. E uma transformação que nos interessará no momento: a que acontece no fim de sua vida, após seu retorno definitivo do México, e também após o fracasso de vários de seus projetos; pode-se tomar o ano do debate de Valladolid, 1550, como ponto de referência (mas, na realidade, não há "conversão" nítida neste momento). A atitude de Las Casas em relação aos índios, o amor que sente por eles, não são os mesmos antes e depois dessa data.

A mudança parece ter-se operado a partir da reflexão à qual é levado pelos sacrifícios humanos praticados pelos astecas. A existência desses ritos era o argumento mais convincente do partido representado por Sepúlveda, que afirma a inferioridade dos índios; era, por outro lado, incontestável (ainda que discordassem acerca da quantidade; cf. figs. 13 e 14). Não é difícil, mesmo vários séculos mais tarde, imaginar a reação: não se consegue ler sem pestanejar as descrições redigidas pelos monges espanhóis da época, ditadas por seus informantes.

Tais práticas não são a prova gritante da selvageria e, portanto, da inferioridade dos povos que as executam? Este é o tipo de argumento que Las Casas tinha de refutar. Dedica-se a isto em sua *Apologia*, escrita em latim, apresentada aos juízes em Valladolid, e em alguns capítulos da *Apologetica historia*, que devem ter sido escritos na mesma época. Seu raciocínio a esse respeito merece ser acompanhado detalhadamente. Num primeiro momento, Las Casas afirma que, embora o canibalismo e o sacrifício humano sejam condenáveis em si, não decorre daí que seja preciso declarar guerra àqueles que os praticam: o remédio corre então o risco de ser pior do que o mal. Além disso há o respeito, que, supõe Las Casas, é comum a índios e a espanhóis, pelas leis do país. Se a lei impõe o sacrifício, ao praticá-lo, age-se como bom cidadão, e não se pode censurar o indivíduo por fazê-lo. Em seguida vai mais adiante: a própria condenação torna-se problemática.

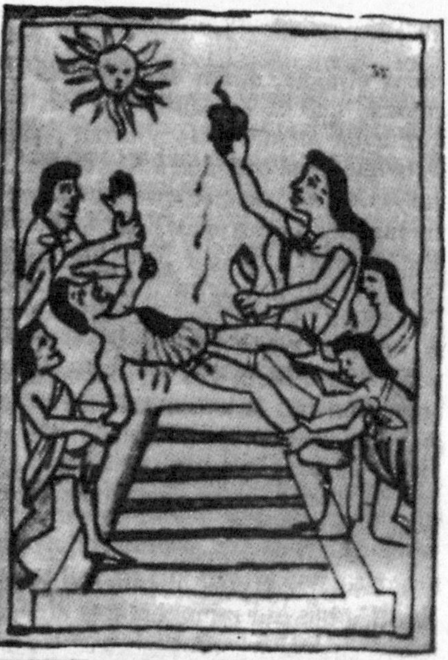

Fig. 13 – Sacrifício por extração do coração

Fig. 14 – Sacrifício pelo fogo

Las Casas emprega, para isso, dois tipos de argumentos, que desembocam em duas afirmações gradativas.

O primeiro argumento é da ordem dos fatos, e baseia-se em aproximações históricas. Las Casas quer tornar o sacrifício humano menos estranho, menos excepcional para o espírito de seu leitor, e lembra que esse sacrifício não está totalmente ausente da própria religião cristã. "Seria possível pleitear de modo convincente, a partir do fato de Deus ter ordenado a Abraão que sacrificasse seu único filho, Isaac, que Deus não detesta completamente que lhe sacrifiquem seres humanos" (*Apologia*, 37). Do mesmo modo, Jefté se viu obrigado a sacrificar sua filha (*Juízes*, 11, 31 ss.). Os primogênitos não eram todos prometidos a Deus? A quem objetasse que todos esses exemplos provêm do Antigo Testamento, Las Casas responderia que, afinal, Jesus tinha sido sacrificado por Deus Pai, e que os primeiros cristãos eram igualmente obrigados a isso, a menos que renunciassem à sua fé; essa era, aparentemente, a vontade divina. De modo análogo, no capítulo anterior, Las Casas reconciliava seu leitor com a idéia do canibalismo, contando casos em que os espanhóis, impelidos pela necessidade, tinham comido o fígado ou a coxa de um de seus compatriotas.

A segunda afirmação (que aparece em primeiro lugar na argumentação de Las Casas) é ainda mais ambiciosa: trata-se de provar que o sacrifício humano é aceitável não somente por razões de fato como também de direito. Ao fazê-lo, Las Casas é levado a pressupor uma nova definição do sentimento religioso, e é aí que seu raciocínio é particularmente interessante. Os argumentos são tirados da "razão natural", de considerações *a priori* acerca da natureza humana. Las Casas vai acumulando, uma após outra, quatro "evidências":

1. Todos os seres humanos têm conhecimento intuitivo de Deus, isto é, daquilo "que é maior e melhor do que tudo" (*ibid.*, 35).
2. Os homens adoram a Deus de acordo com suas capacidades, e cada um a seu modo, tentando sempre fazer o melhor possível.
3. A maior prova que se pode dar de amor por Deus consiste em oferecer-lhe o que se tem de mais precioso, ou seja, a própria vida humana. Este é o cerne do argumento, e assim se exprime Las Casas: "A maneira mais intensa de adorar a Deus é oferecer-lhe um sacrifício. É o único ato que nos permite mostrar, àquele para quem o sacrifício é oferecido, que somos seus súditos e servos. Além disso, a natureza nos ensina que é justo oferecer a Deus, de quem admitimos ser devedores, por tantas razões, as coisas preciosas e excelentes, devido à excelência de sua majestade. Ora, segundo o julgamento humano e de acordo com a verdade, nada na natureza é maior ou mais precioso do que a vida do homem ou o próprio homem. Assim, é a própria natureza que instrui e ensina aos que não têm fé, a graça, ou a doutrina, aos que vivem guiados unicamente pela luz natural e que, a despeito de qualquer lei positiva que estabeleça o contrário, que devem sacrificar vítimas humanas ao verdadeiro Deus ou ao falso deus que crêem ser o verdadeiro, de modo que oferecendo-lhe uma coisa sumamente preciosa possam expressar sua gratidão pelos múltiplos favores que receberam" (*ibid.*, 36).
4. O sacrifício existe, pois, por força da lei natural e suas formas são fixadas pelas leis humanas,

particularmente no que se refere à natureza do objeto sacrificado.

Graças a essa série de encadeamentos, Las Casas acabou por adotar uma nova posição, introduzindo o que poderia ser chamado de "perspectivismo" no seio da religião. Vimos que ele toma precauções, para lembrar que o deus dos índios, embora não seja o "verdadeiro" Deus, é considerado assim por eles, e que este deve ser o ponto de partida: "O verdadeiro Deus, ou o suposto deus, se este for considerado o verdadeiro Deus" (*ibid.*, 36); "o verdadeiro Deus ou aquele que pensam ser Deus" (*ibid.*, 35); "o verdadeiro Deus ou aquele que, por engano, eles pensam ser o verdadeiro Deus" (*ibid.*, 35). Mas reconhecer que o deus deles é verdadeiro para eles, não significa dar um passo na direção de um outro reconhecimento, a saber, que o nosso Deus é verdadeiro para nós – somente para nós? O que resta então de comum e universal não é mais o Deus da religião cristã, ao qual todos deveriam chegar, mas a própria idéia de divindade, daquilo que está acima de nós; a religiosidade, e não a religião. É o pressuposto de seu raciocínio, e também seu elemento mais radical (mais do que o que diz acerca do sacrifício): é realmente surpreendente ver introduzir o "perspectivismo" num campo que se presta tão mal a isso.

O sentimento religioso não se define por um conteúdo universal e absoluto, mas por sua orientação, e mede-se por sua intensidade; assim, mesmo que o Deus cristão seja em si uma idéia superior à que se expressa através de Tezcatlipoca (é o que crê o cristão Las Casas), os astecas podem ser superiores aos cristãos em matéria de religiosidade, e de fato o são. A própria noção de religião sai disso completamente transformada. "As nações que ofereciam sacrifícios humanos a seus deuses mostravam assim, como idólatras desorientados, a alta idéia que tinham da excelência da divindade, do valor dos deuses, o quanto era nobre, e grande sua veneração pela divindade. Demonstraram, conseqüentemente, que possuíam, mais do que as outras nações, a reflexão natural, a retidão da palavra e o julgamento da razão; melhor do que as outras, usaram seu entendimento. E em religiosidade superaram todas as outras nações, pois são as nações mais religiosas do mundo que, para o bem de seus povos, oferecem em sacrifício seus próprios filhos" (*Apologetica historia*, III, 183). No interior da tradição cristã, só os mártires dos primeiros tempos, segundo Las Casas, podiam se comparar aos fervorosos astecas.

É, pois, ao enfrentar o argumento mais incômodo que Las Casas se vê obrigado a modificar sua posição e ilustra assim uma nova variante do amor pelo outro; um amor não mais assimilacionista, mas, de certo modo, distributivo: cada um tem seus próprios valores; a comparação só pode ser feita no nível das relações – entre o ser e *seu* deus – e não no nível das substâncias: só há universais formais. Embora afirme a existência de um único deus, Las Casas não privilegia *a priori* a via cristã para chegar a ele. A igualdade já não é estabelecida à custa da identidade, não se trata de um valor absoluto: cada um tem o direito de se aproximar de deus pelo caminho que lhe convier. Não há mais um verdadeiro Deus (o nosso), mas uma coexistência de universos possíveis: se alguém o considerar verdadeiro... Las Casas, sub-repticiamente, deixa a teologia e passa a praticar uma espécie de antropologia religiosa, o que, nesse contexto, é realmente subversivo, pois parece que quem assume um discurso sobre a religião dá um passo em direção ao abandono do próprio discurso religioso.

Será ainda mais fácil para ele aplicar esse princípio ao caso geral da alteridade e, conseqüentemente, evidenciar a relatividade da noção de "barbárie" (ele parece ser o primeiro a fazê-lo na época moderna): cada um é o bárbaro do outro; basta, para sê-lo, falar uma língua que esse outro ignora: para ele, será apenas um burburinho. "Um homem será chamado de bárbaro, quando comparado a outro, por ser estranho em seus modos de falar e por pronunciar mal a língua do outro (...). Segundo Estrabão, Livro XIV, essa era a principal razão pela qual os gregos chamavam os outros povos de bárbaros, isto é, porque pronunciavam mal a língua grega. Mas, desse ponto de vista, não há homem ou raça que não seja bárbaro em relação a um outro homem ou uma outra raça. Como diz São Paulo, de si mesmo e dos outros, na *Primeira Epístola aos Coríntios* (14, 10-1): 'Por mais numerosas que possam ser as diversas línguas no mundo, não há nenhuma que não seja uma língua; se, pois, eu não conheço o sentido da língua, serei um bárbaro para aquele que fala, e aquele que fala será um bárbaro para mim.' Assim como nós consideramos bárbara a gente das Índias, eles nos julgam da mesma maneira, porque não nos compreendem" (*ibid.*, III, 254). O radicalismo de Las Casas impossibilita qualquer meio-termo: ou ele afirma, como no período anterior, a existência de uma única religião verdadeira, o que leva, fatalmente, a identificar os índios a uma fase anterior, e portanto inferior, da evolução dos europeus; ou então, como na velhice, aceita a coexistência de ideais e valores, e nega qualquer sentido não-relativo da palavra "bárbaro" e, portanto, qualquer evolução.

Ao afirmar a igualdade em detrimento da hierarquia, Las Casas reata com um tema cristão clássico, como indica a referência a São Paulo, citado também na *Apologia*, e esta outra, ao *Evangelho segundo São Mateus*: "Tudo o que quereis que os homens façam por vós, fazei-o pois por eles" (7, 12). "É algo", comenta Las Casas, "que todo homem conhece, percebe e compreende graças à luz natural que foi repartida entre nossos espíritos" (*Apologia*, 1). Já tínhamos encontrado este tema do igualitarismo cristão, e tínhamos igualmente visto o quanto continuava ambíguo. Todos, nessa época, arvoram o espírito do cristianismo. É em nome da moral cristã que os católicos (e, por exemplo, o primeiro Las Casas) vêem os índios como iguais a eles, *portanto*, semelhantes a eles, e tentam assimilá-los a si mesmos. Com as mesmas referências em mente, os protestantes, ao contrário, apontam as diferenças e isolam suas comunidades das indígenas, quando se encontram em situação de contato (curiosamente, esta posição lembra um pouco a de Sepúlveda). Em ambos os casos nega-se a identidade do outro: quer seja no plano da existência, como no caso dos católicos; ou no plano dos valores, como os protestantes; é um tanto derrisório procurar saber qual dos times é o recordista na via da destruição do outro. Mas é na doutrina cristã que o último Las Casas descobre esta forma superior do igualitarismo que é o perspectivismo, em que cada um é relacionado a seus próprios valores, em vez de ser referido a um ideal único.

Ao mesmo tempo, não se deve esquecer o caráter paradoxal desta união dos termos, "uma religião igualitarista"; ele explica a complexidade da posição de Las Casas, e é este mesmo paradoxo que ilustra um outro episódio da história das ideologias e dos homens, mais ou menos contemporâneo: o debate sobre a finitude ou a infinitude do mundo, e, conseqüentemente, sobre a existência ou não de uma hierarquia no mundo. Em seu tratado em forma de diálogo, *De l'infinito universo e mondi*, escrito em 1584, Giordano Bruno, dominicano, como Las Casas, faz com que se confrontem duas posições. Uma, que afirma o caráter finito do mundo e a hierarquia necessária, é defendida pelo aristotélico (que não se chama Sepúlveda); a outra é a dele. Do mesmo modo que Las Casas (e antes dele São Paulo) tinha afirmado a relatividade das posições a partir das quais se julga os aspectos humanos, Bruno o faz em relação ao espaço físico, e nega a existência de qualquer posição privilegiada. "Tampouco a terra, ou qualquer outro mundo, está no centro [do Universo]; e não há pontos no espaço que constituam pólos definidos e determinados para nossa terra, assim como ela não constitui um pólo definido e determinado para nenhum outro ponto do éter ou do espaço do mundo; e isto vale para todos os outros corpos [do Universo]. Desde pontos de vista diferentes todos eles podem ser vistos como centros, ou como pontos da circunferência, como pólos, ou como zênites, e assim por diante. Portanto, a terra não é o centro do Universo; só é central em relação ao nosso próprio espaço circunvizinho. (...) Desde que se suponha um corpo de tamanho infinito, será preciso renunciar a atribuir-lhe centro ou periferia" (2).

Não somente a terra não é o centro do universo como nenhum ponto físico o é; a própria noção de centro só faz sentido em relação a um ponto de vista particular: o centro e a periferia são noções tão relativas quanto as de civilização e barbárie (e até mais). "Não há no universo nem centro nem circunferência, mas, por assim dizer, o todo é central, e pode-se também considerar cada ponto como parte de uma circunferência, em relação a um outro ponto central" (5).

Mas a Inquisição, que tinha sido indulgente para com Las Casas (sem falar em São Paulo!), não admite a informação de Bruno: já excluído da ordem dominicana no momento em que escreve essas frases, será, pouco depois, preso, julgado por heresia e queimado em praça pública, em 1600, nesse último ano do século que tinha presenciado os combates de Las Casas. Em seu igualitarismo, seu discurso, como o de Las Casas, é simultaneamente cristão e anti-religioso: mas os juízes de Las Casas ouvirão a primeira componente, e os de Bruno, a segunda. Talvez porque a afirmação de Las Casas se refere ao mundo dos homens, em relação ao qual, de qualquer modo, afirmações diferentes são concebíveis; ao passo que a de Bruno diz respeito ao universo inteiro, que inclui Deus – ou, justamente, não o inclui, o que é um sacrilégio.

De qualquer modo, este é um fato digno de espanto: ninguém critica os projetos propriamente políticos de Las Casas, no fim de sua vida. O que evidentemente não significa que sejam aceitos; mas são ignorados; é difícil imaginar, de resto, como tais projetos poderiam ser postos em prática, tanto são utópicos e levam pouco em conta os interesses envolvidos na empresa. A solução pela qual se inclina Las Casas é conservar os antigos Estados, com seus reis e governantes; pregar o Evangelho, mas sem o apoio dos exércitos; se os reis locais pedirem para fazer parte de uma espécie de federação, presidida pelo rei da Espanha, que sejam aceitos; não tirar proveito de suas riquezas, a menos que eles mesmos o proponham: "Supondo-se que os reis e senhores naturais dos índios cedam ao rei de Castela seus direitos sobre as minas de ouro, de prata, de pedras preciosas, salinas e outros" (*Carta ao F. Bartolomé Carranza de Miranda*, agosto de 1555). Em outras palavras, Las Casas sugere ao rei da Espanha que renuncie a suas possessões ultramarinas, nem mais nem menos. E a única guerra que concebe seria feita pelo rei contra os conquistadores espanhóis (pois Las Casas duvida de que eles se retirem espontaneamente): "O meio que apresenta menos inconvenientes, e o verdadeiro remédio para todos esses males, que, na minha opinião (e creio nisso como creio em Deus) os reis de Castela, por preceito divino, devem aplicar, inclusive pela guerra, se não puderem fazê-lo pacificamente, e ainda que tivessem de arriscar todos os bens temporais que possuem nas Índias, é livrar os índios do poder diabólico ao qual estão submetidos, devolver-lhes a liberdade original e restabelecer em suas soberanias todos os reis e senhores naturais" (*ibid.*).

Eis que a justiça "distributiva" e "perspectivista" de Las Casas leva-o a modificar uma outra componente de sua posição: renunciando, na prática, ao desejo de assimilar os índios, escolhe a via neutra: os índios decidirão eles mesmo acerca de seu próprio futuro.

Examinemos agora alguns comportamentos na perspectiva do segundo eixo utilizado para descrever as relações com o outro, o da ação de identificação ou de assimilação. Vasco de Quiroga é um exemplo original desta última. É membro da segunda Audiência de México, isto é, pertence ao poder administrativo; mais tarde torna-se bispo de Michoacán. Em vários aspectos se parece com outros humanistas, leigos ou religiosos, que tentarão, no México, proteger os índios dos abusos dos conquistadores; mas é muito diferente deles num ponto: sua atitude é assimilacionista, mas o ideal ao qual ele quer assimilar os índios não é encarnado por ele e nem pela Espanha de seu tempo, em suma, assimila-os a um terceiro. O espírito de Vasco de Quiroga formou-se pela leitura: dos livros cristãos, inicialmente, e também das célebres *Saturnais* de Luciano, em que há uma descrição detalhada do mito da Idade do Ouro; enfim, e principalmente, a *Utopia* de Thomas More. Em resumo, Vasco de Quiroga afirma que os espanhóis pertencem a uma fase decadente da história, ao passo que os índios são semelhantes aos primeiros apóstolos e às personagens do poema de Luciano (ainda que Vasco de Quiroga seja igualmente capaz de punir-lhes os defeitos): "Têm os mesmos costumes e modos, a mesma igualdade, simplicidade, bondade, obediência e humildade, as mesmas festas, jogos, prazeres, bebidas, lazeres, passatempos e nudez, possuem apenas os mais modestos bens domésticos e não têm nenhum desejo de adquirir melhores; têm as roupas, os calçados e alimentos que lhes são oferecidos pela fertilidade do solo, quase sem nenhum trabalho, cuidado ou esforço de sua parte" (*Información en derecho*, pp. 80 ss.).

Pode-se ver aí que Vasco de Quiroga, apesar de sua experiência "de campo", não tinha avançado muito no conhecimento dos índios: como Colombo, ou como Las Casas, apoiando-se em algumas semelhanças superficiais, vê neles, não o que são, mas o que quer que sejam, uma variante das personagens de Luciano.

Todavia, as coisas são mais complexas, pois esta visão idealizante é barrada no meio do caminho: os índios são, efetivamente, uma encarnação da visão idílica de Vasco de Quiroga, mas estão longe da perfeição. É portanto ele que, por uma ação deliberada sobre os índios, vai transformar essa promessa numa sociedade ideal. Por isso, à diferença de Las Casas, não agirá junto aos reis, mas sobre os próprios índios. Para isso recorrerá aos ensinamentos de um sábio; um pensador social, Thomas More, já encontrou, em sua *Utopia*, as formas ideais que convêm à vida de tais pessoas; significativamente, More, por sua vez, tinha-se inspirado, para pintar sua utopia, nos primeiros relatos entusiásticos sobre o Novo Mundo (há aí um fascinante jogo de espelhos, em que os mal-entendidos de interpretação motivam a transformação da sociedade). Só falta, pois, realizar esse projeto. Vasco de Quiroga organizará duas aldeais segundo as prescrições utopistas, uma perto da Cidade do México, outra no Michoacán, ambas batizadas Santa Fé, que ilustram simultaneamente seu espírito filantrópico e os princípios inquietantes do Estado utópico. A unidade social de base é a família extensa, composta de dez a doze casais de adultos aparentados, sob a autoridade de um *padre de família*; os *padres*, por sua vez, elegem o chefe da aldeia. Não há serviçais, e o trabalho é obrigatório, tanto para os homens quanto para as mulheres, mas não pode ultrapassar seis horas diárias. Todos alternam obrigatoriamente trabalho no campo e trabalho artesanal na aldeia; os rendimentos da produção são divididos eqüitativamente, de acordo com as necessidades de cada um. Os cuidados médicos e a aprendizagem (tanto espiritual como manual) são gratuitos e obrigatórios; os objetos e atividades de luxo são proibidos, e é inclusive proibido usar roupas coloridas. Os "hospitais"-aldeias são os únicos proprietários de bens e têm o direito de expulsar os maus elementos, isto é, os rebeldes, os bêbados e os preguiçosos (na verdade, a realidade ficará aquém deste programa).

Vasco de Quiroga não tem nenhuma dúvida quanto à superioridade deste modo de vida, e considera bons todos os meios para atingi-lo: será, pois, com Sepúlveda, e contra Las Casas, um partidário das "guerras justas" contra os índios e de sua repartição nas *encomiendas* feudais. Isto não o impedirá, por outro lado, de agir como verdadeiro defensor dos índios contra as pretensões dos colonos espanhóis, e suas aldeias são muito populares junto aos índios.

Vasco de Quiroga ilustra um assimilacionismo incondicional, embora original. Os exemplos de comportamento inverso, de identificação à cultura e à sociedade indígenas, são muito mais raros (ao passo que abundam os casos de identificação no sentido oposto: a Malinche era um deles). O exemplo mais puro é o de Gonzalo Guerrero. Em conseqüência de um naufrágio ao largo do México, em 1511, vai dar, juntamente com alguns outros espanhóis, na costa do Yucatán. Seus companheiros morrem; apenas Aguilar, futuro intérprete de Cortez, sobrevive, e é vendido como escravo no interior do país. O bispo de Yucatán, Diego de Landa, narra a continuação: "Quanto a Guerrero, como tinha aprendido a língua do país, foi a Chectemal, que é a Salamanca do Yucatán, e lá foi recebido por um chefe de nome Nachancan. Este encarregou-o das coisas da guerra, no que ele foi grande perito, conseguindo várias vitórias sobre os inimigos de seu senhor. Ensinou os índios a combater, a construir fortes e bastiões; deste modo, e se comportando como um índio, adquiriu uma grande reputação. Assim, casaram-no com uma mulher de alta categoria, de quem teve filhos, o que foi a causa de nunca ter tentado fugir, como fez Aguilar; muito pelo contrário, cobriu o próprio corpo de pinturas, deixou crescer o cabelo, furou as orelhas para usar brincos como os índios, e é possível que se tenha tornado idólatra como eles" (3).

Trata-se, portanto, de uma identificação completa: Guerrero adotou a língua e os costumes, a religião e os modos. Não é surpreendente que se recuse a unir-se às tropas de Cortez quando este desembarca no Yucatán, e justifique sua decisão, segundo Bernal Díaz, justamente a partir de sua integração à cultura indígena: "Fizeram-me cacique, e até capitão, em tempo de guerra, ora. Tenho o rosto tatuado e as orelhas furadas. Que dirão os espanhóis ao ver-me assim? E, depois, vejam meus filhinhos, como são bonitos" (27). Pensa-se inclusive que Guerrero não tenha mantido essa posição neutra e reservada, chegando a combater os exércitos dos conquistadores, na liderança das unidades yucatecas; de acordo com Oviedo (II, 32, 2), teria sido morto, em 1528, pelo lugar-tenente de Montejo, Alonso de Ávila, numa batalha travada contra o cacique de Chectemal.

Curioso, por ilustrar uma das variantes possíveis da relação com o outro, o caso de Guerrero não tem grande significação histórica e política (nisso também é o contrário do da Malinche): seu exemplo não é seguido, e hoje em dia vemos claramente que não podia sê-lo, não correspondia em nada à relação de forças existente. Somente trezentos anos mais tarde, na independência do México, veremos – mas em circunstâncias totalmente diferentes – *criollos* tomarem o partido dos índios, contra os espanhóis.

Um exemplo mais interessante, por ser mais complexo, na submissão dos/aos índios, é o do conquistador Alvar Nuñez Cabeza de Vaca. Seu destino é extraordinário. Parte inicialmente para a Flórida, numa expedição cujo chefe é Pánfilo de Narváez, que já tínhamos encontrado em outras circunstâncias. Naufrágio, iniciativas desastrosas, calamidades de todos os tipos: o resultado é que Cabeza de Vaca e alguns de seus companheiros são obrigados a viver com os índios, e como eles. Depois fazem uma longa viagem (a pé!), e emergem no México oito anos após sua chegada à Flórida. Cabeza de Vaca retorna à Espanha, e parte novamente, alguns anos depois, desta vez como chefe de uma nova expedição, no atual Paraguai. Esta expedição também acaba mal, mas por outras razões: em conflito com seus subordinados, Cabeza de Vaca é destituído e enviado, acorrentado, à Espanha. Segue-se um longo processo, que ele perde; mas deixa dois relatos, consagrados às suas duas viagens.

As opiniões de Cabeza de Vaca sobre os índios não apresentam uma grande originalidade: sua posição é bastante similar à de Las Casas (de antes de 1550). Estima-os e não quer fazer-lhes mal; se houver evangelização, deve ser feita sem violência. "Para fazer com que todos esses homens se tornem cristãos, e obedeçam à Vossa Majestade Imperial, é preciso tratá-los com brandura; é o único meio seguro, e não o outro" (I, 32). Faz esta reflexão no momento em que está só entre os índios; mas, quando se torna governador no Rio de la Plata, não esquece a lição, e tenta colocá-la em prática em suas relações com os índios; esta é, sem dúvida, uma das razões do conflito com os outros espanhóis. Mas essa "brandura" não o faz esquecer o objetivo almejado, e ele declara, com muita naturalidade, durante o périplo na Flórida: "Estes índios são os mais obedientes que já encontramos, em todos os países, e têm o melhor temperamento" (I, 30), ou ainda: "Ali a população é muito bem disposta, eles servem os cristãos (os que são seus amigos) de muito bom grado" (I, 34). Na realidade, ele não exclui o recurso às armas, e relata em detalhes a técnica de guerra dos índios, "para que aqueles que um dia terão de lidar com estes povos estejam cientes de seus modos e artifícios, o que será muito útil em tais circunstâncias" (I, 25); os ditos povos foram, desde então, exterminados, e não deixaram vestígios. Em resumo, ele nunca se afasta do *Requerimiento*, que promete a paz no caso de os índios aceitarem submeter-se, e a guerra se recusarem (cf. por exemplo I, 35).

Cabeza de Vaca distingue-se de Las Casas não somente por agir, como Vasco de Quiroga, sobre os índios e não junto à corte, como também por seu conhecimento preciso e direto do modo de vida deles. Seu relato contém uma descrição notável dos países e populações que descobre, detalhes preciosos da cultura material e espiritual dos índios. Não é por acaso; sua preocupação é explicitada repetidas vezes: se escolhe um percurso, é "porque atravessando o país podíamos observar melhor suas particularidades" (I, 28); se descreve uma técnica, é "a fim de dar a ver e a conhecer o quanto a invenção e a indústria dos homens humanos são diversas e espantosas" (I, 30); se se interessa por uma determinada prática, é "porque os homens desejam conhecer os modos e as práticas dos outros povos" (I, 25).

Mas é, evidentemente, no plano da identificação (possível) que o exemplo de Cabeza de Vaca é o mais interessante. Para sobreviver, é obrigado a exercer dois ofícios. O primeiro é o de mascate: durante aproximadamente seis anos, refaz incessantemente o percurso entre a costa e o interior, levando a cada um os objetos que lhe faltam, mas que são disponíveis para o outro: alimentos, medicamentos, conchas, peles de animais, caniços para as flechas, cola. "Esse ofício me convinha, eu ia e vinha livremente, não tinha nenhuma ocupação obrigatória, não era escravo. Onde quer que me apresentasse era bem recebido, davam-me de comer, e tudo isso graças às minhas mercadorias. Essas viagens eram proveitosas para mim, observava por onde podia avançar, e me tornava conhecido dos habitantes" (I, 16).

O segundo ofício de Cabeza de Vaca é ainda mais interessante: torna-se curador ou, em outros termos, xamã. Não é uma escolha deliberada; devido a certas peripécias, os índios decidem que Cabeza de Vaca e seus companheiros cristãos podem curar os doentes, e pedem a eles que intervenham. No início os espanhóis ficam reticentes, declaram-se incompetentes; mas, como os índios lhes cortam os víveres, acabam aceitando. As práticas a que se entregam têm uma dupla inspiração: por um lado, observam os curadores indígenas, e imitam-nos: apalpam, sopram sobre os doentes, sangram e cauterizam com fogo. Por outro lado, como garantia, recitam as orações cristãs. "Nosso método consistia em fazer sobre eles o sinal da cruz, soprar sobre eles, e dizer um Pai Nosso e uma Ave Maria; rezávamos a Deus nosso Senhor que os curasse o mais breve possível e que os inspirasse a tratar-nos bem" (I, 15). De acordo com o relato de Cabeza de Vaca, essas intervenções são sempre coroadas de sucesso, e ele até ressuscita um morto...

Cabeza de Vaca adota os ofícios dos índios, e veste-se como eles (ou fica nu como eles), come da mesma forma que eles. Mas a identificação nunca é completa: há uma razão "européia" para que o ofício de mascate lhe agrade, e orações cristãs em suas práticas de curador. Em momento algum esquece sua própria identidade cultural, e essa afirmação lhe serve de amparo nas provas mais difíceis. "No meio de todos esses tormentos, meu único remédio e meu consolo era pensar na paixão de nosso redentor Jesus Cristo, no sangue que tinha derramado por mim; e imaginava o quão devia ter sido mais cruel o suplício dos espinhos que ele tinha suportado" (I, 22). Tampouco esquece seu objetivo, que é partir e reencontrar os seus. "Posso dizer que nunca perdi a esperança de que a misericórdia divina me tiraria daquele cativeiro, e não parava de dizer isso a meus companheiros" (I, 22). Apesar de sua profunda integração à sociedade indígena, sente uma enorme alegria ao encontrar outros espanhóis: "Aquele dia foi para nós um dos mais felizes de nossas vidas" (I, 17). O próprio fato de redigir uma história de sua vida indica claramente que pertence à cultura européia.

Portanto, Cabeza de Vaca não tem nada de Guerrero, e é impossível imaginá-lo liderando exércitos indígenas contra os espanhóis ou casando-se e tendo filhos mestiços. De resto, assim que reencontra "a" civilização no México, pega o navio para voltar à Espanha; nunca mais voltará à Flórida, ao Texas ou ao norte do México. E, no entanto, esta longa estada deixa marcas nele, como se vê especialmente no relato do fim de seu périplo. Chega aos primeiros postos dos espanhóis acompanhado de índios-amigos; encoraja-os a renunciar a qualquer ação hostil e garante que os cristãos não lhes farão nenhum mal. Mas estava subestimando a cobiça destes últimos, e seu desejo de conseguir escravos; acaba sendo enganado por seus próprios correligionários. "Procurávamos assegurar a liberdade dos índios e, no momento em que acreditávamos tê-la obtido, aconteceu o contrário. Eles [os cristãos] tinham na verdade combinado de atacar os índios que tínhamos mandado de volta, com a garantia de paz. Puseram o plano em prática, fazendo-nos perambular nos bosques durante dois dias, e ali ficamos sem água, perdidos e sem rumo definido. Pensamos que todos morreríamos de sede, sete dos nossos pereceram, e um grande número de índios amigos que os cristãos traziam, chegaram ao ponto de água que encontramos na segunda noite somente dois dias depois, ao meio-dia" (I, 34). O universo mental de Cabeza de Vaca parece vacilar aqui, a incerteza quanto aos referentes de seus pronomes pessoais contribui, já não há dois partidos, nós (os cristãos) e eles (os índios), mas três: os cristãos, os índios e "nós". Mas quem são esse "nós", exteriores a ambos os mundos, por tê-los vivido "de dentro"?

Além desse embaralhamento da identidade, observa-se também, como é de esperar, identificações parciais muito mais controladas. São especialmente as dos monges franciscanos, que, sem nunca renunciar a seu ideal ou a seu objetivo evangelizador, adotam facilmente o modo de vida dos índios; na verdade, uma coisa ajuda a outra, o movimento inicial de identificação facilita a assimilação em profundidade. "Quando o presidente [da segunda Audiência] perguntou-lhes por que preferiam aqueles religiosos [os franciscanos] aos outros, os índios responderam: 'É porque andam vestidos pobremente, e descalços como nós; comem o que comemos, instalam-se conosco, e falam mansamente'" (Motolinia, III, 4). A mesma imagem encontra-se nos *Diálogos* dos sacerdotes cristãos e indígenas, contados pelos antigos mexicanos: a primeira palavra que eles põem na boca dos franciscanos é uma afirmação de semelhança: "Não vos inquietai, evitai ver-nos como seres superiores; na verdade, somos apenas vossos semelhantes e também somos apenas gente comum, e mais, somos homens da mesma espécie que vós, realmente não somos deuses. Também habitamos a terra, bebemos também, também morremos de frio, também sofremos com o calor, também somos mortais, também somos perecíveis" (1, 28-36).

Alguém como Cabeza de Vaca avança bastante na via da identificação, e conhece bem os índios que freqüenta. Mas, como já foi dito, não há nenhuma relação de implicação entre esses dois traços. A prova disso seria dada, se fosse necessário, pelo exemplo de Diego de Landa. Este franciscano deve sua celebridade a um duplo gesto, decisivo para o nosso conhecimento da história dos maias. É, por um lado, o autor da *Relación de las cosas de Yucatán*, o documento mais importante sobre o passado dos maias; é, por outro lado, o instigador de vários autos-de-fé públicos, em que serão queimados todos os livros maias existentes na época, como conta Landa em sua *Relación*: "Encontramos muitos livros escritos com aquelas letras dos índios, e, como não havia nenhum em que não houvesse superstição e mentiras do demônio, queimamos todos; sofreram por isso amargamente e isso causou-lhes muito pesar" (41).

Na verdade, esse paradoxo do homem que simultaneamente queima e escreve livros não é realmente um paradoxo: dissipa-se se observamos que Landa recusa qualquer identificação com os índios e exige, ao contrário, que eles adotem a religião cristã; mas, ao mesmo tempo, está interessado em conhecê-los. Na realidade, há uma sucessão em seus gestos. Landa tinha permanecido no Yucatán de 1549 a 1562, ano do auto-de-fé descrito. Seus atos, que compreendem não somente a destruição dos livros como também punições para os índios "heréticos", que são encarcerados, chicoteados e até executados por ordens suas, fazem com que seja chamado de volta à Espanha para ser julgado (justificava o uso da tortura sobre os índios alegando que de outro modo teria sido impossível obter deles qualquer informação). É inicialmente condenado pelo Conselho das Índias, mas, em seguida, é absolvido por uma comissão especial e mandado de volta ao Yucatán, desta vez com os poderes mais importantes de bispo. Redige seu livro na Espanha, em 1566, em parte para se defender das acusações que lhe fazem. Nota-se, pois, a completa separação das duas funções: o assimilador age no Yucatán; o erudito escreve livros na Espanha.

Outras personagens do clero da época combinaram esses dois traços: procuram converter todos os índios à religião cristã e, ao mesmo tempo, descrevem sua história, seus modos, sua religião, dando sua contribuição para o conhecimento deles; mas nenhum deles comete os excessos de Landa, e todos lamentam a queima dos manuscritos. Formam um dos dois grandes grupos de autores aos quais devemos o conhecimento de que atualmente dispomos acerca do México antigo; há entre eles representantes de diversas ordens religiosas, franciscanos, dominicanos, jesuítas. O outro grupo é constituído pelos autores índios ou mestiços, que aprenderam o espanhol, ou lançam mão do alfabeto latino para escrever o nahuatl: são Muñoz Camargo, Alva Ixtlilxochitl, Bautista Pomar, Alvarado Tezozomoc e outros (alguns textos são anônimos). Em conjunto produzem uma massa incomparável de documentos, mais rica do que a disponível acerca de qualquer outra sociedade tradicional.

Duas figuras excepcionais dominam o conjunto das obras consagradas aos índios, e merecem um exame detalhado: são Diego Durán e Bernardino de Sahagún.

DURAN, OU A MESTIÇAGEM DAS CULTURAS

Encontra-se um deslocamento da personalidade, realizado de modo infinitamente mais complexo, no autor de uma das melhores descrições do mundo pré-colombiano, o dominicano Diego Durán. Nasceu na Espanha (por volta de 1537); mas, à diferença de muitas outras personagens marcantes dessa época, virá viver no México aos cinco ou seis anos de idade e será, portanto, formado *in loco*. Resultará dessa experiência uma compreensão interna da cultura indígena que não seria igualada por ninguém naquele século XVI. Pouco antes de morrer (em 1588), de 1576 a 1581, Durán redigirá uma *Historia de las Indias de Nueva España e Islas de la Tierra Firme* (título incoerente, e certamente acrescentado a seu livro por outra pessoa), cujas duas primeiras partes tratam da religião dos astecas, e a terceira de sua história. Essas obras só seriam publicadas no século XIX.

A ambivalência de Durán é mais complexa porque sua vida não consiste em permanências alternadas na Espanha e no México, e também porque seu conhecimento da cultura indígena é bem mais íntimo; é também uma posição mais dramática. Há, por um lado, o cristão convicto, o evangelizador obstinado; este decide que a conversão dos índios exige um conhecimento mais profundo de sua antiga religião. Mais exatamente, Durán concatena estas duas inferências: 1. para impor a religião cristã, é preciso extirpar todos os vestígios da religião pagã; 2. para conseguir eliminar o paganismo, é preciso conhecê-lo bem antes. "Os índios não encontrarão Deus enquanto não tiverem sido arrancadas as raízes, até o menor vestígio, da antiga religião. (...) Se tentarmos seriamente afastar a memória de Amalech, jamais conseguiremos, se não levarmos em conta, previamente, todas as modalidades da religião na qual viviam" (I, "Introdução"). Toda a motivação explícita de Durán está nessas duas implicações, que ele não se cansa de repetir ao longo de sua obra acerca da religião asteca, desde (literalmente) o primeiro parágrafo da primeira parte até o último da segunda; ele vê aí a única razão que o levou a empreender esse trabalho: "Minha única intenção era e é alertar nossos sacerdotes contra as adivinhações e práticas idólatras dessa gente, de modo que os sacerdotes fiquem conscientes e vigilantes em relação às sobrevivências das antigas crenças" (I, 19).

Para poder extirpar as idolatrias, é preciso aprender a reconhecê-las primeiro: Durán não tem nenhuma dúvida quanto a isso. Ora, o clero de seu tempo, que se encarrega da evangelização, é ignorante. Os padres ficam satisfeitos com um conhecimento superficial da língua (duas expressões lhe bastam, protesta Durán, "que nome dais a isto?" e "vamos esperar", I, 8); mas, sem dominar em profundidade a língua, é impossível compreender a cultura, e as pessoas deixam-se levar a interpretações falaciosas, guiadas por esses dois auxiliares pérfidos que são a analogia e o *wishful thinking*. Durán conta que uma certa forma de tonsura, ligada às práticas pagãs, era tomada por uma homenagem aos monges, por ser parecida com a sua. "Esforçava-me em acreditar nessa explicação, dada em tão santa simplicidade, mas devo admitir que na realidade ela provém de sua extrema ignorância e de sua não-compreensão das palavras dos índios" (I, 5). Por isso, Durán censura aqueles que, como Diego de Landa ou como Juan de Zumarraga, primeiro bispo da Cidade do México, queimaram os livros antigos, por terem dificultado ainda mais o trabalho de evangelização. "Aqueles que, no início, com um zelo fervoroso (mas pouco discernimento) queimaram e destruíram todos os desenhos contendo as antigas tradições, cometeram um erro. Deixaram-nos no escuro – a ponto de os índios adorarem os ídolos em nossa presença e não compreendermos nada do que acontece em suas danças, em seus mercados, em seus banhos públicos, em seus cantos (em que choram seus antigos deuses e senhores), em suas refeições e banquetes" (I, "Introdução").

Há aí um debate, e alguns – que tinham tomado conhecimento do trabalho a que Durán se dedicava – não hesitavam em acusá-lo de contribuir para um resultado exatamente oposto ao que ele pretendia: a saber, reavivar as superstições antigas ao produzir um repertório tão detalhado delas. Durán retruca que as sobrevivências da antiga religião estão por toda parte (mas invisíveis para os ignorantes), e que os índios não precisam de seus trabalhos para recuperá-las. Se, todavia, fosse esse o caso, "seria eu o primeiro a lançar essas coisas ao fogo, de modo que essa abominável religião fosse totalmente esquecida" (II, 3). Portanto, ele não é contra o princípio dos autos-de-fé, simplesmente duvida de que esse seja o meio apropriado de lutar contra o paganismo; assim se perde mais do que se ganha. É por isso que se entrega com paixão ao trabalho: "Quando meu livro tiver sido publicado, ninguém mais poderá fingir-se de ignorante" (I, 19).

Ora, uma vez conhecida a idolatria, deve-se prosseguir até que seja inteiramente eliminada: esta é a segunda afirmação de Durán, interessante justamente por seu caráter radical. A conversão deve ser total: nenhum indivíduo, nenhuma parcela do indivíduo, nenhuma prática, por mais fútil que possa parecer, deve escapar-lhe. Não se deve ficar satisfeito, diz, com uma adoção dos ritos exteriores ao cristianismo, "como um macaco" (I, 17), o que, infelizmente, é muito freqüente: "Contentamo-nos com as aparências cristãs que os índios fingem para nós" (I, 8). Tampouco deve-se ficar feliz com a conversão da maioria: basta uma ovelha sarnenta para contagiar todo o rebanho. "Nem todos seguem esses costumes, mas basta um no povoado para causar um grande mal" (II, 3). E, sobretudo, não se deve pensar que basta limitar-se ao essencial: a mínima reminiscência da antiga religião pode perverter inteiramente o culto novo (e único certo). "Que o servo de Deus não pense que essas coisas têm pouca importância! Se não as combater, se não as reprimir, mostrando sua cólera e seu desgosto, os índios ficarão habituados à nossa permissividade e farão coisas de maior peso e gravidade. (...) Certas pessoas dirão que essas coisas são insignificantes. Eu digo que é uma forma sutil de idolatria, além de ser um rito antigo" (I, 7). "Se persistir a menor lembrança das tradições antigas entre eles, é preciso arrancá-la" (I, 17).

Quem rouba um vintém rouba cem: quem deixa subsistir o mínimo vestígio de paganismo trai o próprio espírito da tradição cristã. "Que os ministros do culto não se deixem levar pela moleza e negligência, pela preguiça e distração, e que proíbam os índios de praticar inclusive as pequenas coisas, como tonsurar a cabeça das crianças, enfeitá-las com penas de pássaros selvagens, ou esfregar goma em suas cabeças ou testas, ou untá-los com breu, ou ungi-los com betume divino" (I, 5). Em seu zelo, frei Durán chega a perseguir todos os restos de idolatria até nos sonhos dos índios. "Devem ser interrogados no confessionário acerca do que sonham; em tudo isso pode haver reminiscências das antigas tradições. Ao tratar disso, seria aconselhável perguntar-lhes: 'O que sonhastes?' em vez de passar por cima disso como um gato sobre a brasa. Nossa pregação deve ser consagrada à condenação e abominação de tudo isso" (I, 13).

O que mais irrita Durán é que os índios consigam inserir segmentos de sua antiga religião no seio das práticas religiosas cristãs. O sincretismo é um sacrilégio, e é a este combate específico que se atém a obra de Durán: "Esta é nossa principal intenção: prevenir o clero da confusão que pode existir entre as nossas festas e as deles. Os índios, simulando a celebração das festas de nosso Deus e dos santos, inserem e celebram as de seus ídolos quando caem no mesmo dia. E introduzem seus antigos ritos no nosso cerimonial" (I, 2). Se numa determinada festa cristã os índios dançarem de um certo modo: atenção, é uma maneira de adorarem seus deuses, bem na frente dos padres espanhóis.

Se um determinado canto for integrado ao ofício dos mortos, são também os demônios que eles celebram. Se oferecem flores e folhas de milho pela Natividade de Nossa Senhora, é porque através dela se dirigem a uma antiga deusa pagã. "Durante esses dias de festa, ouvia cantos louvando a Deus e aos santos que eram misturados com suas metáforas e coisas antigas que só o demônio compreende, pois foi ele quem lhas ensinou" (II, 3). Durán chega a se perguntar se os que vão à missa na catedral da Cidade do México não o fazem, na verdade, para poder adorar os antigos deuses, já que suas representações na pedra foram usadas para construir o templo cristão: as colunas da catedral, nessa época, repousam sobre serpentes emplumadas!

Se o sincretismo religioso é a forma mais escandalosa da persistência das idolatrias, as outras formas não são menos repreensíveis, e o perigo está, justamente, em sua multiplicidade. Numa sociedade profundamente hierarquizada, codificada e ritualizada, como a dos astecas, tudo está ligado, de perto ou de longe, à religião: Durán tem razão, afinal de contas. Por mais que sinta prazer em assistir a certos espetáculos de teatro encenados na cidade, percebe seu caráter pagão: "Todas essas farsas eram extremamente divertidas e agradáveis, mas sua representação continha alusões secretas [à antiga religião]" (I, 6). Ir ao mercado, oferecer banquetes, comer certas comidas (cães que não ladram, por exemplo), embriagar-se, tomar banhos: todos esses atos têm um significado religioso, e devem ser eliminados! E Durán, que não queima livros porque não acredita na eficácia desse gesto, não hesita em destruir objetos cuja relação mais ou menos remota com o culto antigo ele percebe: "Eu mesmo demoli algumas dessas casas de banho construídas nos tempos antigos" (I, 19). Algumas pessoas certamente lhe diziam que eram apenas costumes, e não superstições, ou decorações, e não imagens pagãs; um índio certa vez lhe disse, respondendo às suas reprimendas, que "aquela prática não se devia às tradições antigas, mas era apenas o modo deles de fazer as coisas" (I, 20); às vezes aceita o argumento, a contragosto, mas no fundo preferiria as conseqüências radicais de sua posição intransigente: se toda a cultura asteca está impregnada dos antigos valores religiosos, que desapareça. "Superstição e idolatria estão presentes por toda parte: na semeadura e na colheita, na conservação do grão, inclusive na lavoura e na construção das casas, nos velórios dos mortos e nos funerais, nos casamentos e nos nascimentos" (I, "Introdução"). "Gostaria que desaparecessem e fossem esquecidos todos os antigos costumes" (I, 20): todos!

Nesse ponto, Durán não exprime a opinião de todos os religiosos espanhóis no México; ele toma partido num conflito entre duas políticas em relação aos índios, que são, simplificando, a dos dominicanos e a dos franciscanos. Os primeiros são rigoristas: a fé não se barganha, a conversão deve ser total, ainda que isso implique uma transformação de todos os aspectos da vida dos conversos. Os outros são mais realistas: ou porque efetivamente ignoram as sobrevivências da idolatria entre os índios, ou porque decidem ignorálas, o fato é que recuam diante da imensidão da tarefa (a conversão integral) e conformam-se com o presente, mesmo que seja imperfeito. Esta segunda política, que se imporá, revelará ser eficaz; mas é fato que o cristianismo mexicano ainda traz vestígios de sincretismo.

Durán escolhe o partido rigorista, e dirige amargas censuras a seus adversários: "Alguns religiosos diziam que não era necessário forçar aquela gente a respeitar todas as festas que sobrevêm durante a semana, mas eu considero isso impróprio e errôneo, pois eles são cristãos e deviam saber disso" (I, 17). Uma santa indignação arde em suas imprecações quando ele quer infligir punições severas a seus colegas, tão culpados, segundo ele, quanto os hereges, pois não conservam a pureza da religião. "Os atos que descrevo deveriam ser julgados como casos para a Inquisição, e os religiosos que se comportam assim deveriam ser suspensos para sempre desse ofício" (I, 4). Mas o outro partido também fala alto, e Durán queixa-se das injunções a que tem de se conformar, não falando mais acerca das antigas idolatrias; essa é certamente uma das razões pelas quais a obra de Durán ficou inédita durante trezentos anos, e quase não foi lida.

Essa é uma das faces de Durán: um cristão rígido, intransigente, defensor da pureza religiosa. É pois, com certa surpresa, que percebemos que ele próprio utiliza facilmente a analogia e a comparação, para tornar as realidades mexicanas inteligíveis para seu leitor, presumidamente europeu; nada de condenável nisso, claro, mas, para alguém que professa a manutenção vigilante das diferenças, ele decididamente vê muitas semelhanças. Os traidores são punidos do mesmo modo aqui e lá, e as punições acarretam o mesmo sentimento de vergonha. A tribo adota o nome de seu líder, e a família, o de seu chefe: exatamente como nós fazemos. Eles subdividem o país em regiões, como na Espanha, e sua hierarquia religiosa se parece com a nossa. Suas roupas lembram as casulas, e suas danças, a sarabanda. Têm os mesmos ditados e o mesmo gênero de narrações épicas. Brincando, falam e blasfemam, exatamente como os espanhóis, e, de resto, seu jogo *alquerque* lembra tanto o xadrez que pode-se até confundi-los: nos dois as peças são pretas e brancas...

Algumas analogias de Durán parecem realmente um pouco forçadas; mas a surpresa do leitor transforma-se em estupefação quando ele descobre que as analogias são particularmente abundantes no campo religioso! Não são mais os índios que tentam, mais ou menos conscientemente, misturar elementos pagãos com os ritos cristãos; é o próprio Durán que descobre, nos antigos ritos pagãos, tal como eram praticados antes da conquista, elementos cristãos – cujo número acaba se tornando perturbador. "As antigas crenças ainda são tantas, tão complexas, tão semelhantes às nossas em vários casos, que se encavalam. (...) Sempre tiveram seus próprios sacramentos e um culto divino que coincide de vários modos com a nossa religião, como veremos ao longo desta obra" (I, "Introdução").

E, de fato, vemos coisas impressionantes! Pensavam que a festa de Páscoa era especificamente cristã? Mas, para a festa de Tezcatlipoca, o templo é coberto de flores, como fazemos na Sexta-Feira Santa. E as oferendas a Tlaloc são "exatamente" como as da Sexta-Feira Santa. Quanto ao fogo que se acende a cada cinqüenta e dois anos, é como as velas que acendemos na Páscoa... O sacrifício em honra de Chicomecoatl o faz pensar numa outra festa cristã: "Era quase como a noite de Natal" (I, 14), porque a multidão olha os fogos tarde da noite! Durán também não encontra nenhuma dificuldade em descobrir os ritos essenciais da religião cristã reproduzidos "exatamente" no ritual asteca: o grande tambor tocado ao pôr-do-sol é como os sinos da Ave Maria; a purificação asteca pela água é como a confissão. As penitências são muito semelhantes aqui e lá, e também os padres mendicantes. Ou melhor, não, as abluções astecas são como o batismo: água nos dois casos... "Consideravam a água como purificadora do pecado. Nisso os índios não estavam enganados, pois Deus colocou o sacramento do batismo na substância da água, e é por ela que fomos lavados do pecado original" (I, 19). E, se isso não for o bastante, descobriremos que Tezcatlipoca, que tem múltiplas encarnações, reduzidas a três para o ensejo, não é senão uma transformação da Santíssima Trindade: "Eles reverenciavam o Pai, o Filho e o Espírito Santo, e chamavam-nos Tota, Topiltzin e Yolometl. Estas palavras significam Nosso Pai, Nosso Filho e Coração dos Dois, honrando cada um deles separadamente e os três como um todo. Vê-se aqui a prova de que essa gente sabia algo acerca da Santíssima Trindade" (I, 8).

O que vemos, sobretudo, é que Durán dá um jeito de descobrir semelhanças onde os idólatras, que ele mesmo arrasa, nunca tinham ousado procurá-las: pelo que ele diz, bastaria obedecer à antiga religião, com algumas modificações, já que é a mesma que a nova! Durán clamava pela Inquisição e pelo anátema sobre aqueles que misturavam os dois ritos, e até para os outros, profissionais do culto cristão, que não eram suficientemente severos para com os primeiros; mas que opinião teriam dele se soubessem que confissão e batismo, Natal e Páscoa, e até a Santíssima Trindade, ao ver de Durán, não diferiam em nada dos ritos e conceitos próprios dos pagãos astecas? Aquilo que ele considerava como a maior infâmia – o sincretismo religioso –, Durán o tinha em sua própria visão...

Para tantas semelhanças, só há duas explicações possíveis. De acordo com a primeira, que tem toda a preferência de Durán, se os ritos astecas lembram tanto os dos cristãos, é porque os astecas já tinham recebido, num passado remoto, um doutrinamento cristão. "Interroguei os índios acerca de seus antigos pregadores. (...) Na verdade, eram católicos. Quando compreendi o saber que os índios tinham no que concerne às beatitudes do repouso eterno e à vida santa que se deve viver na terra para conseguir essas coisas, fiquei admirado. Mas tudo isso estava misturado com sua idolatria, sangrenta e abominável, que comprometia o bem. Menciono essas coisas simplesmente porque acredito que, na realidade, houve um pregador nestes países que deixou esses ensinamentos" (I, 9).

Durán vai além dessa afirmação geral, e especifica sua crença: o pregador em questão era São Tomás, e sua lembrança é preservada nos relatos astecas sob os traços de Topiltzin, o que é apenas um outro nome de Quetzalcoatl. A razão dessa identificação é uma outra semelhança, apontada por Durán. "Como eles também eram criaturas divinas, racionais, e suscetíveis de salvação, Ele não pôde tê-los deixado sem um pregador do Evangelho. E, se isso for verdade, esse pregador é Topiltzin, que veio a este país. Segundo a história, ele era escultor, e cinzelava imagens admiráveis na pedra. Lemos que o glorioso apóstolo São Tomás era mestre artesão, nesse mesmo ofício" (I, 1). Durán teria adorado encontrar provas dessa passagem do evangelizador um pouco mais tangíveis do que essas analogias; às vezes ele tem a impressão de estar na pista certa, mas, no último minuto, elas lhe escapam por entre os dedos. Falam-lhe acerca de uma cruz gravada na montanha; infelizmente, não se sabe mais onde se encontrava. Ele também ouve dizer que os índios de uma certa aldeia tinham um livro escrito em caracteres que não compreendiam. Corre para lá, mas para saber que o livro tinha sido queimado havia alguns anos. "Fiquei desolado ao ouvir isso, porque o livro poderia ter esclarecido nossa suspeita de que podia ser o santo Evangelho em hebraico. Censurei com veemência os que o tinham queimado" (I, 1). Esta falta de provas definitivas não impede Durán de escolher este título para o capítulo consagrado a Quetzalcoatl: "Do ídolo chamado Quetzalcoatl, deus dos cholultecas, altamente venerado e temido por eles, pai dos toltecas e dos espanhóis, pois tinha anunciado a vinda destes" (I, 6).

De modo que Quetzalcoatl era o pai comum dos toltecas e dos espanhóis! Às vezes, no entanto, uma dúvida cruel se apodera da alma de Durán, e ele percebe que uma outra explicação para todas essas semelhanças é igualmente possível. "Em muitos casos a religião cristã e as crenças supersticiosas encontraram um terreno comum. E, embora eu esteja convencido (por vários argumentos que descobri e que me firmaram na crença) que houve pregadores neste país, meus argumentos não estão suficientemente comprovados para serem utilizados como provas definitivas. (...) Não é possível emitir uma opinião definitiva. Por outro lado, pode-se dizer que o demônio os persuadiu e instruiu a roubar e desfigurar o culto divino, de modo que *ele* seja honrado como Deus, pois tudo era uma mescla de mil superstições" (I, 16). "Ou, como afirmo, nossa santa religião cristã era conhecida neste país, ou então o demônio, nosso maldito adversário, forçou os índios a executar as cerimônias da religião cristã em seu próprio serviço e culto, sendo desse modo adorado e servido" (I, 3).

Que alternativa aterradora! Vai-se de um extremo a outro: ou astúcia diabólica particularmente pérfida, ou graça divina excepcional. Durán não suporta a tensão da dúvida por muito tempo; na época em que escreve seu livro de história, isto é, 1580-1581, já tomou sua decisão: os astecas são, nada mais nada menos, do que uma das tribos perdidas de Israel. O primeiro capítulo de sua história abre-se com esta afirmação: "Afinal das contas, poderíamos afirmar que, por sua natureza, eles são judeus e fazem parte do povo hebreu. Ao fazê-lo, não se corre o risco de cometer um grande erro, dadas as suas maneiras de viver, suas cerimônias, seus ritos e superstições, seus presságios e fingimentos, tão próximos dos judeus que não diferem em nada" (III, 1). As provas dessa origem comum são também analogias: ambos fizeram uma longa viagem, multiplicaram-se rapidamente, tiveram um profeta, conhecerem terremotos, receberam o maná divino, provêm do encontro entre a terra e o céu e conhecem o sacrifício humano (para Durán uma semelhança só pode ser explicada pela difusão). E, se no livro sobre a religião, Durán alternava comparações com os cristãos e comparações com os judeus, no livro de história ele praticamente só indica semelhanças entre ritos astecas e ritos judaicos.

É bastante provável que o próprio Durán viesse de família de judeus convertidos. Poder-se-ia ver aí a razão do zelo com que se concentra nas semelhanças e desconsidera as diferenças: já devia ter-se dedicado, mais ou menos conscientemente, a uma atividade desse gênero, numa tentativa de reconciliar as duas religiões, judaica e cristã. Talvez ele já tivesse uma predisposição para a mestiçagem cultural; o fato é que o encontro que se dá nele, entre civilização indígena e civilização européia, faz dele o exemplo mais acabado do mestiço cultural no século XVI.

O encontro dessas duas civilizações tão diferentes e a necessidade de conviverem só podem introduzir a disparidade no coração de cada um, seja ele espanhol ou asteca. Durán é antes de mais nada sensível à mutação que os índios sofrem. No fim da guerra de conquista, durante o sítio da Cidade do México, já aponta para a divisão que reina entre os astecas. "O país estava aflito e dividido. Alguns queriam fazer a paz com os espanhóis, ao passo que outros queriam a guerra. Alguns queriam destruir os estrangeiros e preparavam seu equipamento militar e construíam muros e diques. Mas outros ficavam passivos, só queriam a paz, a calma e a salvaguarda de suas vidas e bens" (III, 76). Cinqüenta anos mais tarde, na época em que escreve seus livros, a divisão continua profunda, ainda que seu objeto, de militar, tenha-se tornado religioso; os índios também sabem disso. Durán conta que tinha descoberto que um índio insistia em suas práticas pagãs. "Censurei-o pelas bobagens que tinha feito, e ele respondeu: 'Padre, não se espante; ainda somos *nepantla.*' Embora eu conhecesse o significado dessa palavra, isto é, 'no meio', insisti para que ele me dissesse a qual 'meio' se referia. Disse que, já que as pessoas ainda não estavam bem firmes na fé, eu não deveria ficar assombrado por continuarem neutros; não eram guiados por nenhuma das duas religiões. Ou, melhor dizendo, acreditavam em Deus e também seguiam seus antigos ritos e costumes diabólicos" (II, 3). Mas os espanhóis também não podem sair ilesos desse encontro, e Durán, sem saber, esboça assim o que é também o seu retrato, ou melhor, escreve a alegoria de seu destino.

A sua mestiçagem manifesta-se de vários modos. O mais evidente, mas talvez também o mais superficial, é o fato de compartilhar o modo de vida dos índios, suas provações, suas dificuldades; segundo ele, era essa a vida de muitos missionários. "Tornaram-se bichos com os bichos, índios com os índios, bárbaros com os bárbaros, homens alienados de nossos modos e nação." Mas esse é o preço que devem pagar para compreender: "Os que falam de fora, que nunca quiseram tomar parte nesses assuntos, compreendem pouca coisa" (II, 3). Nessa vida, às vezes ele chega a aceitar e até a adotar certos comportamentos, apesar de desconfiar de seu caráter idólatra, porque prefere deixar pairar a dúvida, como diante de cantos provavelmente religiosos, quando não pode conter sua admiração: "Escutei esses cantos muitas vezes no decorrer das danças públicas, e, embora celebrassem seus senhores, ficava muito satisfeito em ouvir tais louvores e tão grandes feitos. (...) Algumas vezes vi dançarem esses cantos juntamente com outros dedicados às divindades, e são tão tristes que fui tomado de melancolia e de tristeza" (I, 21); ou porque perde as esperanças de modificar suas ovelhas, como quando descobre que as flores que substituem as velas numa cerimônia cristã são, na verdade, uma reminiscência de Tezcatlipoca: "Vejo essas coisas mas fico quieto, pois me dou conta de que todos consentem. Então pego meu bastão florido como os outros e sigo" (I, 4).

Outras formas de mestiçagem cultural são menos conscientes, e na verdade mais importantes. Em primeiro lugar, Durán é um dos raros indivíduos que realmente compreenderam ambas as culturas – ou, em outras palavras, é capaz de traduzir os signos de uma para os da outra; devido a isso, sua obra é o ápice da atividade do conhecimento, à qual os espanhóis do século XVI se dedicam em relação aos índios. O próprio Duran deixou um testemunho das dificuldades com que depara a prática da tradução. "Todos os cantos deles são entremeados de metáforas tão obscuras que é quase impossível alguém compreendê-los, a menos que sejam estudados de modo muito especial e que sejam explicados, para que seu significado se torne acessível. Por essa razão comecei, deliberadamente, a escutar com muita atenção o que era cantado; e se no início as palavras e os termos das metáforas me pareciam incoerentes, após ter discutido e debatido, vejo que são sentenças admiráveis, tanto nos cantos relacionados às coisas divinas que eles compõem atualmente, quanto nos relativos aos assuntos humanos" (I, 21). Vê-se aqui como o conhecimento acarreta o julgamento de valor: tendo compreendido, Durán não pode conter a admiração pelos textos astecas, apesar de se referirem às coisas divinas – isto é, idólatras.

O resultado dessa compreensão é a inestimável obra sobre a religião asteca, produzida por Durán – inestimável, pois ele é praticamente o único que não se contenta em descrever do exterior, ainda que com benevolência e atenção, mas que tenta, pelo menos, compreender o porquê das coisas. "A cabeça de Tezcatlipoca era rodeada por um círculo de ouro polido, que terminava numa orelha de ouro, com baforadas de fumaça": eis a descrição, preciosa, sem dúvida, mas em si incompreensível. A explicação, ou melhor, a associação corrente, aparece em seguida: "Isso significava que ele escutava as orações e os pedidos dos desgraçados e dos pecadores" (I, 4). Ou ainda: "Quando o sacerdote matava as duas mulheres nobres, excepcionalmente, para significar que tinham morrido virgens, suas pernas eram cruzadas uma por sobre a outra, enquanto os braços eram estendidos, como de hábito" (I, 16): a indicação da finalidade permite compreender qual o sentido das evocações simbólicas dos astecas. Talvez nem tudo o que Durán sugere seja verdade: pelo menos ele tem o mérito de procurar respostas.

Uma outra manifestação fascinante da mestiçagem cultural pode ser notada na evolução do ponto de vista a partir do qual é escrita a obra de Durán. Em seu livro acerca da religião, como vimos, os dois pontos de vista, asteca e espanhol, são diferenciados, ainda que existam passagens de um para o outro; mas o sincretismo arraigado de Durán coloca em perigo qualquer repartição nítida. O livro de história, posterior ao primeiro, é ainda mais complexo nesse ponto. Contudo, à primeira vista, a intenção de Durán é simples: é a de um tradutor, no sentido mais estrito da palavra. Ele diz que tem diante de si um manuscrito redigido em nahuatl, que traduz para o espanhol, confrontando-o esporadicamente com outras fontes, ou esclarecendo as passagens obscuras para o leitor espanhol; é a célebre e enigmática "Crônica X" (assim chamada pelos especialistas da atualidade), admirável afresco épico da história asteca, cujo original é desconhecido, mas serviu igualmente de ponto de partida para os livros de Tezozomoc e de Tovar. "Minha única intenção foi traduzir o nahuatl para nossa própria língua espanhola" (III, 18). Não deixa de indicar, quando é preciso, a diferença entre seu ponto de vista pessoal e o do relato asteca. "Tudo isso me pareceu tão inacreditável que, se não seguisse minha *Crônica* e se não tivesse encontrado a mesma coisa em vários outros manuscritos pintados ou escritos, não ousaria afirmar essas coisas, temendo que me tomem por um mentiroso. Quem traduz uma história não deve fazer um romance daquilo que encontra escrito na língua estrangeira; e eu obedeci a essa regra" (III, 44). Seu objetivo não é uma verdade pela qual ele se responsabilizaria, mas a fidelidade em relação a uma outra voz; o texto que nos oferece é não somente uma tradução, mas também uma citação: Durán não é o sujeito da enunciação das frases que lemos. "Devo escrever a verdade, segundo os relatos e as crônicas dos índios" (III, 74): evidentemente, é outra coisa contar somente a verdade.

Mas esse projeto não é mantido ao longo de todo o livro. Quando Durán diz: "Meu único desejo é falar da nação asteca, de suas grandes proezas e de seu destino infeliz, que a levou à perdição" (III, 77), já não menciona um sujeito do discurso intermediário entre ele e a história dos astecas: ele mesmo tornou-se o narrador. E vai ainda mais longe numa outra comparação: "O rei ordenou que esculpissem e consagrou estátuas de pedra para perpetuar a memória deles [dos membros de sua família], já que o Estado asteca tinha sido muito beneficiado quando estavam vivos. Os historiadores, com suas histórias, e os pintores, por meio de seus pigmentos, com o pincel de sua curiosidade, pintaram a vida e os feitos desses valentes cavaleiros e senhores, com as cores mais vivas. De modo que sua glória voou com a luz do sol, atingindo todas as nações. Nesta minha história, eu também quis narrar sua glória e sua memória, para que aqui se perpetuem, enquanto durar meu próprio livro. Esses homens serão assim imitados por todos os amantes da virtude e sua lembrança será bendita, porque são amados por Deus e pelos homens; e serão então iguais aos santos em sua apoteose" (III, 11).

Parece que estamos sonhando: longe de se restringir ao papel de um modesto tradutor, mesmo auxiliado por um "anotador", Durán reivindica para si mesmo o lugar de historiador, cuja função é perpetuar a glória dos heróis. E fará isso do mesmo modo que as imagens, esculpidas ou pintadas, deixadas pelos próprios astecas – exceto pelo fato de visualizar os heróis semelhantes aos santos do paraíso cristão, o que provavelmente não acontecia com os pintores astecas. Durán identifica-se portanto, completamente, ao ponto de vista asteca – e, no entanto, não, pois nunca põe em dúvida sua fé cristã, e a última parte do livro diz: "Concluirei esta obra para a honra e para a glória de Nosso Deus e Senhor, e de sua mãe bendita, a soberana Virgem Maria, e submetê-la-ei ao exame de nossa santa mãe, a Igreja Católica, de quem sou servo e filho, e sob cuja proteção prometo viver e morrer, como verdadeiro e fiel cristão" (III, 78). Nem espanhol nem asteca, Durán é, como a Malinche, um dos primeiros mexicanos. O autor do relato histórico original (a "Crônica X") devia ser um asteca; o leitor de Durán, forçosamente, um espanhol; Durán é um ser que permite a passagem de um ao outro, e ele mesmo é a mais notável de suas obras.

É no relato da conquista que a fusão dos pontos de vista se manifesta de modo mais claro. Na verdade, no que se refere à história mais antiga, Durán só podia se basear num único tipo de testemunho, os relatos tradicionais, e estes encarnavam um ponto de vista consistente. Ora, no que se refere à conquista, o próprio ponto de vista asteca não é mais totalmente coerente. No início, o relato apresenta Montezuma como um rei ideal, na tradição das imagens dos reis precedentes. "Era um homem maduro, recatado, virtuoso, muito generoso e de um espírito inflexível. Era dotado de todas as virtudes que podiam ser encontradas num bom príncipe, suas opiniões e conselhos sempre eram corretos, particularmente para as coisas da guerra" (III, 52). Mas um julgamento assim causa problemas, pois não permite mais compreender de dentro as razões do desabamento do Império Asteca. Como vimos, nada é mais insuportável para a mentalidade histórica dos astecas do que esse acontecimento totalmente exterior à sua própria história. Torna-se necessário encontrar nela razões suficientes para o fracasso de Montezuma; é, segundo o cronista asteca, seu orgulho desmedido. "Ele verá e sentirá em breve o seu destino, e isso acontecerá porque ele quis fazer mais do que Deus" (III, 66). "Está embriagado por sua soberba. (...) Irritou o Deus de todas as coisas criadas e buscou ele mesmo o mal que lhe acontecerá" (III, 67). De modo semelhante, o manuscrito Tovar, derivado da mesma "Crônica X" e com um espírito parecido, traz uma ilustração que atribui a mestiçagem ao próprio imperador Montezuma (cf. fig. 15): ele é apresentado sob os traços de um homem barbudo, de aspecto europeu, embora paramentado com os atributos de um chefe asteca; uma personagem assim evidentemente prepara a transição entre astecas e espanhóis, e a torna menos chocante.

Fig. 15 – Retrato de Montezuma

Essas frases, no livro de história de Durán, apesar de provirem, provavelmente, da crônica original, já revelam a influência cristã. Mas, se o cronista asteca começa a referir-se a seus compatriotas como "eles", Durán fará o mesmo em relação aos espanhóis! Ambos estão alienados de seu meio de origem; o relato que resulta de seus esforços conjuntos é, portanto, inextricavelmente ambivalente. Progressivamente, a diferença entre os dois desaparece, e Durán começa a assumir diretamente o discurso que enuncia. Por isso introduz, pouco a pouco, outras fontes de saber (renunciando a seu ideal de fidelidade e abraçando o de verdade), especialmente os relatos dos conquistadores. O que o obriga a confrontar as várias fontes, pois freqüentemente elas discordam, e a escolher, entre as várias versões de um acontecimento, aquela que ele possa autenticar pessoalmente. "Foi difícil acreditar naquilo, e não encontrei nenhum conquistador que me esclarecesse. Mas, como todos negam as coisas mais óbvias e evidentes, e mantiveram o silêncio a esse respeito em suas histórias, escritos e narrações, também negarão esta e não lhe farão menção, porque foi um erro e uma atrocidade extrema" (III, 74). "Disso minha *Crônica* não fala e não menciona; mas por tê-lo ouvido de pessoas dignas de fé escrevo-o aqui. (...) Minha razão para acreditar neles e preferir dizer uma coisa em vez de outra decorre do fato de ter sido certificada pela boca de um conquistador religioso" (III, 74). "Mesmo se a *Crônica* não conta isso, não creio que a virtude dos nossos fosse grande o bastante para aconselharem aquelas mulheres a perseverar em sua castidade, honestidade e recato" (III, 75).

Assim, a história da conquista contada por Durán é sensivelmente diferente dos relatos indígenas dos mesmos fatos, e situa-se a meio-caminho entre eles e uma história espanhola como a de Gomara. Durán eliminou de sua relação todos os mal-entendidos que porventura persistissem nos relatos astecas, indica os motivos dos conquistadores tais como provavelmente se apresentavam a um espanhol da época. O relato do massacre perpetrado por Alvarado no templo da Cidade do México é exemplar nesse sentido, e é explicitamente assumido por Durán. Aqui está um pequeno trecho: "Os sacerdotes tiraram uma grossa viga e fizeram-na rolar desde o alto do templo. Mas dizem que ela se chocou com os primeiros degraus, e que sua queda foi interrompida. Consideram que aquilo era um milagre, e realmente era, pois a bondade divina não quis que aqueles que tinham cometido um ato tão vil e cruel [quanto o ataque ao templo, portanto, os espanhóis] fossem para o inferno com os outros, mas que ficassem vivos para fazer penitência. Mas sua selvageria era tanta que, não reconhecendo esse favor e essa graça divina que permitia que se salvassem de tão grande perigo, mataram todos os sacerdotes e tentaram jogar o ídolo escada abaixo" (III, 75).

Nessa cena, em que os soldados espanhóis atacam o templo de Huitzilopochtli e derrubam os ídolos, Durán vê a intervenção da misericórdia divina – mas onde não se esperava que estivesse: Deus salvou os espanhóis unicamente para que pudessem expiar os pecados; derrubar o ídolo e matar seus sacerdotes significava recusar essa graça. Por pouco tomaríamos Huitzilopochtli por um profeta de Deus ou por um santo cristão; o ponto de vista de Durán é simultaneamente índio e cristão. Justamente por isso, Durán não se parece com nenhum dos grupos de que faz parte: nem os espanhóis nem os astecas do tempo da conquista podiam pensar como ele. Tendo acedido ao *status* de mestiço cultural, Durán, sem saber, teve de abandonar o de mediador e intérprete, que tinha escolhido. Afirmando sua própria identidade mestiçada ante os seres que procura descrever, não consegue mais realizar seu projeto de compreensão, pois atribui às suas personagens pensamentos e intenções que só cabem a ele e aos outros mestiços culturais de seu tempo. O domínio do saber leva a uma aproximação com o objeto observado; mas essa aproximação, justamente, bloqueia o processo do saber.

Não é de espantar que Durán emita opiniões profundamente ambíguas, para não dizer contraditórias, acerca dos índios e de sua cultura. Não há dúvidas de que ele não os considera nem bons selvagens nem animais desprovidos de razão; mas não sabe muito bem como conciliar os resultados de suas observações: os índios possuem uma organização social admirável, mas sua história só contém crueldade e violência; são homens extraordinariamente inteligentes e, no entanto, se mantêm cegos em sua fé pagã. Assim, Durán finalmente opta por não optar, e por manter, com toda a honestidade, a ambivalência de seus sentimentos. "Esse povo era em parte bem organizado e civilizado, mas, por outro lado, era tirânico e cruel, repleto de sombras dos castigos e da morte" (I, "Introdução"). "Cada vez que me atenho ao exame das coisas pueris nas quais fundamentavam sua fé, sou tomado de espanto diante da ignorância que os cegou – um povo que não era nem ignorante nem bestial, mas hábil e sábio em todas as coisas mundanas, especialmente as pessoas de valor" (I, 12). No que diz respeito aos espanhóis, ao contrário, Durán está bem decidido; aproveita todas as ocasiões para condenar os que pregam a fé com uma espada na mão; nisso a sua posição não é muito diferente da de Las Casas, este outro dominicano, ainda que suas expressões sejam menos virulentas. Isto coloca Durán numa grande perplexidade quando ele tem de pesar os prós e os contras de tudo o que resultou da conquista. "Foi no ano Um Caniço [do calendário asteca] que os espanhóis chegaram a estas terras. O benefício para as almas [dos índios] foi algo grande e venturoso, pois eles receberam a nossa fé, que se expandiu e continua a se expandir. Mas quando sofreram mais do que naquele ano?" (II, 1).

No plano axiológico, assim como no da práxis, Durán é um ser dividido: um cristão convertido ao indianismo que converte os índios ao cristianismo... Nenhuma ambigüidade, entretanto, no plano epistêmico: o êxito de Durán é incontestável. E, no entanto, não era esse o seu projeto explícito: "Eu poderia contar muitos outros divertimentos, farsas e troças, os jogos e as representações. Mas não é esse o objetivo de minha crônica, pois desejo unicamente expor o mal que então existia, de modo que atualmente, se se desconfiar, ou pressentir, sua volta, seja possível corrigi-lo, e extirpá-lo como convém" (II, 8). Temos sorte que esse projeto utilitário tenha sido suplantado por um outro, certamente proveniente do fato de Durán ser, em seus próprios termos, "um eterno curioso que gosta de fazer perguntas" (I, 8). Para nós, conseqüentemente, será sempre uma figura exemplar daquilo que ele mesmo chama de "o desejo de saber" (I, 14).

A OBRA DE SAHAGÚN

Bernardino de Sahagún nasceu na Espanha, em 1499; adolescente, estudou na Universidade de Salamanca, e posteriormente ingressou na ordem dos franciscanos. Em 1529, chegou ao México, onde permaneceria até sua morte, em 1590. Sua carreira não tem nenhum acontecimento extraordinário: é a de um letrado. Dizem que era tão belo quando jovem que os outros franciscanos não queriam que se mostrasse em público; e que, até morrer, observava escrupulosamente o ritual de sua ordem e as obrigações dela decorrentes. "Era doce, humilde e pobre, muito discreto ao falar e afável com todos", escreve seu contemporâneo e companheiro Gerónimo de Mendieta (V, 1, 41).

A atividade de Sahagún, um pouco como a do intelectual moderno, tem duas grandes orientações: o ensino e a escrita. Sahagún era, inicialmente, gramático ou "lingüista"; no México, aprende nahuatl, seguindo o exemplo de seus predecessores religiosos, como Olmos e Motolinia. Este fato em si já é bastante significativo. Normalmente, é o vencido que aprende a língua do vencedor. Não é por acaso que os primeiros intérpretes são índios: os que Colombo levou para a Espanha, os que vêm das ilhas já ocupadas pelos espanhóis ("Julián" e "Melchior"), a Malinche, ofertada aos espanhóis como escrava. Do lado espanhol, também, aprende-se a língua quando se está em posição de inferioridade: é o caso de Aguilar e de Guerrero, obrigados a viver entre os maias ou, mais tarde, Cabeza de Vaca. É impossível imaginar Colombo, ou Cortez, aprendendo a língua daqueles que subjugam, e o próprio Las Casas nunca chegou a dominar a língua indígena. Os franciscanos e outros religiosos vindos da Espanha são os primeiros a aprender a língua dos vencidos, e, ainda que este gesto seja completamente interessado (deve servir à propagação da religião cristã), tem muita significação: mesmo que seja unicamente para melhor assimilar o outro a si, começa-se por se assimilar, pelo menos parcialmente, a ele. Várias implicações ideológicas desse ato já são percebidas na época, já que, em carta inacabada ao papa, em 1566, Las Casas conta que "certas pessoas indignas se apresentam diante de Vossa Beatitude e depreciam os bispos que aprendem a língua de suas ovelhas"; e que os superiores das ordens agostiniana, dominicana e franciscana no México pedem à Inquisição, em petição de 16 de setembro de 1579, que proíba que a Bíblia seja traduzida para as línguas indígenas.

Sahagún aprende bem a língua nahuatl e torna-se professor de gramática (latina) no Colégio de Tlatelolco desde a sua fundação, em 1536. Este colégio, destinado à elite mexicana, recruta seus alunos entre os filhos da antiga nobreza; o nível dos estudos elevou-se rapidamente. O próprio Sahagún conta mais tarde: "Os espanhóis e os monges de outras ordens que souberam disso riam muito e zombavam de nós, considerando fora de dúvida que ninguém seria capaz de ensinar gramática para gente que possuía tão poucas aptidões. Mas, após termos trabalhado com eles por dois ou três anos, conseguiram impregnar-se de tudo o que concerne à gramática, falar, compreender e escrever em latim, e até compor versos heróicos" (X, 27).

Podemos ficar pensativos diante dessa rápida evolução dos espíritos: por volta de 1540, nem vinte anos após o cerco da Cidade do México por Cortez, os nobres mexicanos compõem versos heróicos latinos! Também é notável o fato de a instrução ser recíproca: enquanto introduz os jovens mexicanos nas sutilezas da gramática latina, Sahagún aproveita esse contato para aperfeiçoar seu conhecimento da língua e da cultura nahuatl; ele conta: "Como já estão instruídos na língua latina, fazem-nos compreender as propriedades das palavras e de seus modos de falar, assim como as coisas incongruentes que dizemos em nossos sermões ou inserimos em nosso ensino. Corrigem tudo isso, e nada do que deve ser traduzido para a sua língua pode estar livre de erros se não for examinado por eles" (*ibid.*).

Os rápidos progressos dos estudantes mexicanos provocam tanta hostilidade no meio ambiente quanto o interesse dos monges pela cultura dos outros. Um certo Gerónimo Lopez, depois de visitar o Colégio de Tlatelolco, escreve a Carlos V: "É bom que eles saibam o catecismo, mas saber ler e escrever é tão perigoso quanto aproximar-se do diabo"; e Sahagún explica: "Quando os leigos e os religiosos ficaram convencidos de que os índios progrediam e eram capazes de mais ainda, começaram a contrariar o negócio e a levantar muitas objeções no intuito de impedir que prosseguisse. (...) Diziam que, já que aquela gente não devia ingressar nas ordens, de que servia ensinar-lhes gramática? Desse modo, eles corriam o risco de se tornarem hereges, e diziam também que, vendo as Santas Escrituras, eles compreenderiam que os antigos patriarcas tinham muitas mulheres ao mesmo tempo, exatamente como era costume entre eles" (*ibid.*). A língua sempre acompanhou o império; os espanhóis temiam que, perdendo a supremacia numa, pudessem perdê-la também no outro.

A segunda orientação dos esforços de Sahagún é a escrita, para a qual utiliza, evidentemente, os conhecimentos adquiridos durante o tempo em que ensinava. É o autor de vários escritos, alguns deles perdidos, todos funcionando como intermediários entre as duas culturas que ele tinha adotado: quer apresentem a cultura cristã aos índios quer, inversamente, destinem-se aos espanhóis, registram e descrevem a cultura nahuatl. Esta atividade de Sahagún também depara com vários obstáculos. É quase um milagre que seus escritos, e particularmente sua *Historia*, tenham sido preservados até hoje. Ele está constantemente à mercê de seu superior hierárquico, que tanto pode encorajá-lo como tornar seu trabalho impossível. Num determinado momento, alegando que a empreitada é dispendiosa demais, cortam-lhe os créditos: "Foi ordenado ao autor que dispensasse seus copistas, e que escrevesse tudo com sua própria mão. Ora, como ele tinha mais de setenta anos de idade, e suas mãos tremiam, não pôde escrever nada, e a ordem supracitada não pôde ser suspensa durante mais de cinco anos" (II, "Prólogo"). "Não pude fazer melhor, escreve, por falta de ajuda e proteção" (I, "Ao sincero leitor"). Gerónimo de Mendieta escreve sobre ele estas frases amargas: "Esse pobre monge teve tão pouca sorte, a propósito de seus vários escritos, que esses mesmos onze livros de que falo lhe foram habilmente subtraídos por um governador do país que os enviou à Espanha, para um cronista que pedia escritos acerca das Índias, que certamente serão usados como papel de embrulho nas mercearias. Quanto aos seus trabalhos que ficaram entre nós, só pode imprimir cânticos para serem usados pelos índios nos dias de festa de Nosso Senhor e de seus Santos" (V, 1, 41). Os outros escritos serão impressos nos séculos XIX e XX.

A obra principal de Sahagún é a *Historia general de las cosas de Nueva España*. O projeto desta obra nasceu, como no caso de Durán, de considerações religiosas e proselitistas: para facilitar a expansão do cristianismo, Sahagún se propõe a descrever em detalhes a antiga religião dos mexicanos. Assim ele mesmo se explica: "Foi obedecendo às ordens de meu *prelado mayor* que descrevi em língua mexicana o que me parece ser o mais útil para o dogma, a cultura e a duração do cristianismo entre os nativos da Nova Espanha, e que seria, ao mesmo tempo, o mais apropriado para servir de apoio para os ministros e colaboradores que os doutrinam" (II, "Prólogo"). É preciso conhecer os modos dos futuros conversos, assim como para curar uma doença é preciso conhecer o doente: essa comparação é utilizada por ele noutra ocasião. "O médico não poderia prescrever com exatidão remédios para seu doente sem conhecer primeiramente o humor e as causas de que procede a doença (...), os pregadores e os confessores são os médicos das almas e, para curar as doenças espirituais, convém que conheçam os remédios e as doenças. (...) Os pecados da idolatria, seus ritos, suas superstições e presságios, seus abusos e cerimônias não desapareceram totalmente. Para pregar contra essas coisas, e para saber se ainda existem, é necessário saber como eram usadas no tempo da idolatria" (I, "Prólogo"). Durán, por sua vez, dizia: "Os campos da cultura e as árvores frutíferas não germinam em solo inculto, coberto de ervas e de mato, a menos que sejam extirpadas todas as raízes e cepos" (I, "Introdução"). Os índios são essa terra e esse corpo passivos, que devem receber a inseminação viril e civilizada da religião cristã.

Esta atitude, aliás, estaria perfeitamente de acordo com a tradição cristã: "O divino Agostinho não achou que fosse coisa vã ou supérflua tratar da teologia fabulosa dos gentios, no sexto livro d'*A cidade de Deus*; porque, como ele mesmo diz, uma vez conhecidas as fábulas e vãs ficções que os gentios empregavam, em relação a seus falsos deuses, tornava-se mais fácil convencê-los de que não eram deuses e que, de sua essência, não podia decorrer nada de útil para seres razoáveis" (III, "Prólogo"). Este projeto está de acordo com milhares de ações praticadas por Sahagún no decorrer de sua vida: redação de textos cristãos em nahuatl, participação na prática de evangelização.

Mas, além desse motivo declarado, existe um outro, e é a presença conjunta dos dois objetivos a responsável pela complexidade da obra: é o desejo de conhecer e preservar a cultura nahuatl. Este segundo projeto começou a ser executado antes do primeiro. Com efeito, a partir de 1547, Sahagún recolhe um conjunto de discursos rituais, os *huehuetlatolli*, espécie de filosofia moral aplicada dos astecas; e, a partir de 1550, começa a registrar os relatos indígenas da conquista; o primeiro projeto da *Historia* só adquire forma a partir de 1558, quando Sahagún se encontra em Tepepulco. Mas o mais importante aqui é que esse segundo projeto, o conhecimento da cultura dos antigos mexicanos, decide o método que será empregado na redação da obra, o qual, por sua vez, é responsável pelo texto tal qual se nos apresenta hoje em dia.

Na verdade, a preocupação que preside a construção da obra é menos a procura do melhor meio de converter os índios do que a fidelidade em relação ao objeto descrito; o conhecimento ganha precedência sobre o interesse pragmático, num grau ainda mais alto do que em Durán. É isso o que leva Sahagún às suas decisões mais importantes: o texto será composto a partir de informações recolhidas junto às testemunhas mais dignas de fé; e, para garantir sua fidelidade, ficarão consignadas na língua dos informantes: a *Historia* será escrita em nahuatl. Num segundo momento, Sahagún decide acrescentar uma tradução livre, e colocar ilustrações no conjunto. O resultado é uma obra de grande complexidade estrutural, onde três *media* se entrelaçam continuamente, o nahuatl, o espanhol e o desenho.

Inicialmente, é preciso escolher bem os informantes, e certificar-se, por múltiplos cruzamentos de informação, da exatidão de seus relatos. Sahagún, que é, na história ocidental, um dos primeiros a recorrer a essa prática, cumpre sua tarefa com um escrúpulo exemplar. Durante sua estada em Tepepulco, de 1558 a 1560, reúne à sua volta alguns notáveis da cidade. "Expus diante deles o que me propunha a fazer e pedi-lhes que me fornecessem algumas pessoas hábeis e experientes, com as quais eu pudesse discutir, e que estivessem aptas a satisfazer-me em tudo o que eu lhes pedisse" (II, "Prólogo"). Os notáveis se retiram e voltam no dia seguinte com uma lista de doze anciões particularmente peritos nos assuntos antigos. Sahagún, por sua vez, convoca seus quatro melhores alunos do colégio de Tlatelolco. "Durante quase dois anos discutia freqüentemente com aqueles notáveis e gramáticos, igualmente gente de qualidade, seguindo o plano que tinha feito. Puseram em imagens o que constituía o assunto de nossas entrevistas (pois essa era a escrita que utilizavam noutros tempos), e os gramáticos formularam-no em sua língua, escrevendo abaixo do desenho" (*ibid.*).

Sahagún volta a Tlatelolco em 1561, e permanece ali até 1565; a operação inicial é repetida: os notáveis escolhem os especialistas, ele chama seus melhores discípulos: "Durante mais de um ano, fechados no colégio, corrigiu-se, escreveu-se, completou-se tudo o que eu já tinha escrito em Tepepulco, e fizemos uma nova cópia" (*ibid.*). É nesse momento que se constitui o essencial do texto definitivo. Finalmente, a partir de 1565, está na Cidade do México, e todo o trabalho é mais uma vez revisto: é então que ele chega a uma divisão em doze livros, incluindo em seu plano materiais reunidos anteriormente, sobre a filosofia moral (que se tornam o livro VI) e sobre a conquista (livro XII). "Ali, durante três anos, revisei sozinho, várias vezes, meus escritos, e fiz correções; dividi-os em doze livros, e cada um dos livros em capítulos e parágrafos. (...) Os mexicanos corrigiram e acrescentaram várias coisas a meus doze livros, enquanto tratávamos de passá-los a limpo" (*ibid.*). Em todo o decorrer de seu trabalho Sahagún consulta, além de seus informantes, os códices antigos onde a história dos mexicanos está consignada por meio de imagens, e pede que lhas expliquem; sua atitude em relação a isso é o inverso da de Diego de Landa e idêntica à de Diego Durán. Ele relata a existência dos autos-de-fé, mas acrescenta: "Conservaram-se vários deles, que foram escondidos, e que nós vimos. São conservados até hoje, e foi graças a eles que pudemos compreender suas tradições" (X, 27).

Depois de o texto nahuatl ter sido definitivamente estabelecido, Sahagún decide *acrescentar* uma tradução. Essa decisão é tão importante quanto a primeira, senão mais (encontrar os melhores especialistas e controlar seus dizeres por meio de cruzamentos de informação). Comparemos nesse particular, para apreciar sua originalidade, o trabalho de Sahagún ao de seus contemporâneos igualmente interessados na história mexicana, que também recorreram – não podiam agir de outro modo – aos informantes e aos códices (colocaremos, pois, de lado, as compilações como a *Apologetica historia* de Las Casas e a *Historia natural y moral de las Indias* de José de Acosta). Um Motolinia certamente ouviu discursos; mas sua *Historia* foi escrita de seu próprio ponto de vista, e a palavra dos outros só intervém na forma de breves citações, eventualmente acompanhadas de observações do tipo: "Este é o modo de falar dos índios, assim como outras expressões utilizadas neste livro, que não concordam com o uso espanhol" (III, 14). O resto do tempo, temos pois um "estilo indireto livre", uma mistura de discursos cujos ingredientes é impossível isolar com precisão: o conteúdo vem dos informantes, o ponto de vista, de Motolinia; mas como saber onde acaba um e começa o outro?

O caso de Durán é mais complexo. Seu livro foi tirado, diz ele, "da crônica e dos desenhos desse povo, assim como de alguns velhos" (II, 1), e ele descreve com cuidado uns e outros; está naturalmente atento às escolhas, mas não se envolve, como Sahagún, em procedimentos complexos. Para seu livro de história, ele também utiliza a "Crônica X" em nahuatl, que já não é um códex pictográfico. Como vimos, ele às vezes concebe seu trabalho como o de um tradutor; mas, na realidade, não se trata de uma simples tradução: o próprio Durán indica freqüentemente que faz cortes, ou que troca sua crônica por informações provenientes de testemunhas ou de outros manuscritos; enuncia continuamente as razões que o levaram a escolher uma determinada versão. No devido momento, refere-se também à sua própria experiência de criança criada no México; o resultado é que seu livro, como vimos, registra uma voz cuja multiplicidade é interior.

Além disso Durán, como os outros tradutores-compiladores, pratica uma espécie de intervenção, que poderíamos qualificar de anotações (embora figurem no interior do texto e não fora dele). Para observar essa prática, tomemos um outro exemplo, o do padre Martín de Jesus de Coruña, suposto tradutor da *Relación de Michoacán*. São explicações de expressões idiomáticas ou metafóricas: "Eles dizem: 'Desposar-te-ei' e sua intenção é a copulação, pois é assim que falam a sua língua" (III, 15; é possível perguntar-se se essa é uma maneira de falar que caracteriza exclusivamente os tarascos); indicações acerca da maneira de falar: "É preciso compreender que o narrador sempre atribuía as guerras e a perpetração dos atos a seu deus Curicaveri, não dizendo mais nada dos senhores do país" (II, 2); complementos de informação que tornam o relato inteligível, explicitando os subentendidos pela descrição dos costumes: "Isso estava de acordo com seu costume habitual, pois, quando agarravam um prisioneiro que devia ser sacrificado, dançavam com ele e diziam que a dança exprimia sua compaixão por ele e fazia com que ele chegasse ao céu rapidamente" (II, 34); e finalmente algumas indicações acerca do que aconteceu desde a época do relato: "Mais tarde, um espanhol exumou suas cinzas e encontrou muito pouco ouro, pois ainda era o início da conquista" (II, 31).

Mas há também outras intervenções desse padre Coruña, que fazem com que partes de seu texto se tornem de estilo indireto livre, em vez de continuarem a ser de estilo direto. Ele designa o sujeito falante por um "eles", "as pessoas", e nunca "nós"; determinadas asserções são precedidas por fórmulas modalizantes como "as pessoas acreditam" (III, 1); às vezes, ele introduz comparações que não podem vir de seus informantes: "Eles não misturam as linhagens, como fazem os judeus" (III, 11); e inclusive detalhes cuja autenticidade parece problemática: "A mulher parou diante da porta, fez o sinal da cruz..." (II, 15). Essas intervenções não suprimem o valor documentário de um texto como a *Relación de Michoacán*, mas mostram os limites da fidelidade da tradução; limites que teriam sido abolidos se se dispusesse do texto original, ao lado da tradução.

Sahagún opta pela fidelidade integral, já que reproduz os discursos que ouviu, e *acrescenta* sua tradução, em vez de *substituí*-los por ela (Olmos foi um dos raros, no México, a fazê-lo antes dele). Essa tradução, aliás, não precisa mais ser literal (será que as dos outros eram? nunca saberemos), sua função é diferente da do texto em nahuatl; ela omite certos desenvolvimentos e acrescenta outros; o diálogo das vozes torna-se mais sutil. Essa fidelidade integral, observe-se desde já, não significa autenticidade integral; mas esta é por definição impossível, não por razões metafísicas, mas porque são os espanhóis que introduzem a escrita. Mesmo quando dispomos do texto nahuatl, não podemos separar o que é expressão do ponto de vista mexicano do que está ali para agradar, ou, ao contrário, para desagradar, aos espanhóis: eles são os destinatários de *todos* esses textos, e o destinatário é tão responsável pelo conteúdo de um discurso quanto seu autor.

E, finalmente, o manuscrito será ilustrado; os desenhistas são mexicanos, mas já sofreram a forte influência da arte européia, de modo que o próprio desenho é um ponto de encontro de dois sistemas de representação, diálogo que se superpõe ao das línguas e dos pontos de vista que compõem o texto. No total, a criação (que não contei aqui em todos os detalhes) dessa obra excepcional em todos os sentidos, a *Historia general de las cosas de Nueva España*, ocupa Sahagún durante quase quarenta anos.

O resultado desses esforços é uma inestimável enciclopédia da vida espiritual e material dos astecas de antes da conquista, o retrato detalhado de uma sociedade que diferia especialmente de nossas sociedades ocidentais e que estava destinada a perecer definitivamente dentro em breve. Corresponde bem à ambição que Sahagún confessava, de "não deixar na obscuridade as coisas dos nativos da Nova Espanha" (I, "Prólogo") e justificaria que uma de suas comparações se aplique não somente às palavras, como queria Sahagún, mas também às coisas que elas designam: "Esta obra é comparável a uma rede, cuja função seria trazer à tona todas as palavras daquela língua com seu significado próprio e metafórico, todas as maneiras de falar e a maior parte das tradições boas ou más" (*ibid.*).

Mas se essa enciclopédia tem sido devidamente apreciada desde a sua publicação, e serviu de base para todos os estudos sobre o mundo asteca, deu-se menos atenção ao fato de ser também um livro, um objeto, ou melhor, um ato, que merece ser analisado enquanto tal; ora, é precisamente nessa perspectiva que Sahagún nos interessa aqui, no âmbito desta pesquisa acerca das relações com outrem, e acerca do lugar que nelas ocupa o conhecimento. Poder-se-ia ver em Durán e em Sahagún duas formas opostas de uma relação, um pouco como se costumava descrever a oposição entre os clássicos e os românticos: interpenetração dos contrários num caso, sua separação no outro; e é certo que se Sahagún é mais fiel ao discurso dos índios, Durán está mais perto deles, e os compreende melhor. Mas, na realidade, a diferença entre os dois não é tão clara, pois a *Historia* de Sahagún, por sua vez, é o *locus* de interação de duas vozes (deixando, portanto, de lado os desenhos); mas esta adquire formas menos visíveis, e exige, para ser analisada, uma observação mais atenta.

1. Seria evidentemente ingênuo imaginar que a voz dos informantes se exprime unicamente no texto nahuatl, e a de Sahagún, no texto espanhol: não somente, o que é evidente, os informantes são responsáveis pela maior parte do texto espanhol, mas também, como veremos, Sahagún está presente, ainda que de modo menos discreto, no texto nahuatl. Mas existem

trechos, ausentes em uma ou outra versão, que são diretamente pertinentes para nossa questão. As intervenções mais evidentes de Sahagún no texto espanhol são os diversos prólogos, advertências, prefácios e digressões, que desempenham a função de moldura: garantem a transição entre o texto apresentado e o mundo à sua volta. Todavia os prefácios não têm o mesmo objeto que o texto principal: são um metatexto, dizem respeito ao livro mais do que aos astecas, e a comparação, conseqüentemente, nem sempre é esclarecedora. Por várias vezes, entretanto, Sahagún intervém no fundo, como no Apêndice do livro I ou no final do capítulo 20, livro II. Na primeira vez, depois de descrever o panteão dos astecas, Sahagún acrescenta uma refutação, precedida por esta apóstrofe: "Vós, habitantes desta Nova Espanha, mexicanos, tlaxcaltecas, habitantes do país de Michoacán, e todos os outros índios destas Índias ocidentais, saibais que tendes vivido nas profundas trevas da infidelidade e da idolatria, em que vos deixaram vossos antepassados, como provam claramente vossas escritas, vossos desenhos, e os ritos idólatras nos quais vivestes até hoje. Escutai agora com atenção..." E Sahagún transcreve literalmente (em latim) quatro capítulos da Bíblia que tratam da idolatria e de seus efeitos nefastos; segue-se a refutação propriamente dita. Dirige-se, pois, a seus próprios informantes, falando por si mesmo; em seguida vem uma nova apóstrofe, desta vez "ao leitor"; e finalmente algumas "Exclamações do autor", que não são dirigidas a ninguém em particular, ou talvez a Deus, nas quais exprime sua tristeza por ver os mexicanos tão equivocados.

A segunda intervenção, igualmente isolada pelo título "Exclamação do autor", segue a descrição de um sacrifício de crianças. "Não creio que possa existir um coração tão duro que não se enterneça e não se sinta invadido pelas lágrimas, o horror e o pavor, ao ouvir uma crueldade tão desumana, mais do que brutal e diabólica, tal como a que acabamos de ler acima." Ali, a "exclamação" serve principalmente para procurar uma justificativa, uma defesa dos mexicanos que poderiam, em conseqüência de tais relatos, ser mal julgados. "A causa desta cegueira cruel, de que as infelizes crianças eram o objeto, não deve ser imputada à crueldade de seus pais, que derramavam copioso pranto e se entregavam a essa cruel prática com dor na alma; deve ser imputada ao ódio infinitamente cruel de nosso antiqüíssimo inimigo Satã..." (II, 20).

O que há de notável nessas intervenções não é somente o fato de serem tão poucas (lembrarei aqui que o texto espanhol da obra de Sahagún ocupa aproximadamente setecentas páginas), mas também o fato de serem tão nitidamente separadas do resto: aqui, Sahagún justapõe sua voz à dos informantes, sem que seja possível qualquer confusão entre as duas. Em compensação, ele se abstém de qualquer comentário nas descrições dos ritos astecas, que apresentam exclusivamente o ponto de vista dos índios. Tomemos como exemplo a evocação de um sacrifício humano, e reparemos como os diversos autores da época preservam ou influenciam o ponto de vista indígena que se expressa no relato. Em primeiro lugar, Motolinia:

"Sobre essa pedra eles punham os pobres infelizes, deitados de costas, para sacrificá-los, com o peito bem esticado, pois tinham os pés e as mãos amarrados, e o principal sacerdote dos ídolos, ou seu substituto, que sacrificavam habitualmente, (...) como o peito do pobre infeliz estava tão esticado, abriam-no com muita força, por meio daquela faca cruel, e arrancavam rapidamente o coração, e o oficiante desse ato vil batia então o coração contra a parte exterior dos pés do altar, deixando ali uma mancha de sangue. (...) E que ninguém pense que os que eram sacrificados, pelo arrancamento do coração ou por outra morte, iam de livre e espontânea vontade; eram levados à força e sentiam violentamente a morte e sua pavorosa dor" (I, 6).

"Cruel", "vil", "pobres infelizes", "pavorosa dor": é evidente que Motolinia, que dispõe de um relato indígena mas não o cita, introduz seu próprio ponto de vista no texto, salpicando-o de termos que exprimem a posição compartilhada por Motolinia e seu leitor eventual; Motolinia pressente e explicita, de um certo modo, a reação deste último. As duas vozes não estão em posição de igualdade, cada uma se exprime na sua vez: uma das duas (a de Motolinia) inclui e integra a outra, que já não fala diretamente ao leitor, mas somente por intermédio de Motolinia, que permanece sendo o único sujeito, no sentido pleno do termo.

Vejamos agora uma cena semelhante descrita por Durán: "O índio segurava sua pequena carga de presentes trazida pelos cavaleiros do sol, assim como o bastão e o escudo, e começava a subir degrau por degrau em direção ao topo do templo, o que representava o percurso do sol de leste a oeste. Quando atingia o topo e se colocava no centro da grande pedra solar, que estava lá para indicar o meio-dia, os sacrificadores chegavam e sacrificavam-no, abrindo-lhe o peito ao meio. Tiravam o coração e o ofereciam ao sol, jogando o sangue em sua direção. Depois disso, para representar a descida do sol em direção ao oeste, deixavam rolar o cadáver escadaria abaixo" (III, 23).

Acabaram-se os "cruel", os "vil", os "infelizes": Durán transcreve esse relato num tom tranqüilo, abstendo-se de qualquer julgamento de valor (coisa que faz em outras ocasiões). Mas, em lugar disso, um novo vocabulário, ausente em Motolinia, apareceu: o da interpretação. O escravo representa o sol, o centro da pedra está ali para marcar o meio-dia, a queda do corpo representa o pôr-do-sol... Durán, como vimos, compreende os ritos de que fala, ou mais exatamente, conhece as associações que geralmente os acompanham; e reparte seus conhecimentos com seu leitor.

O estilo de Sahagún é diferente dos dois anteriores: "Os senhores [dos prisioneiros ou dos escravos] arrastavam-nos pelos cabelos até o cepo onde deviam morrer. Chegando ao cepo, que era uma pedra de três palmos de altura ou um pouco mais, e dois de largura, ou quase, eles eram derrubados sobre ela de costas, e cinco pessoas os agarravam: duas pelas pernas, duas pelos braços, e um pela cabeça; então vinha o sacerdote que devia matá-los e que os golpeava no peito com as duas mãos e uma pedra de sílex, feita como um ferro de lança, e, pela abertura que acabava de fazer, introduzia a mão e arrancava-lhes o coração, depois oferecia-o ao sol e jogava-o numa cabaça. Depois de ter retirado o coração e jogado o sangue numa cabaça que recebia o senhor do morto, jogavam o corpo, que rolava pelos degraus até a base do templo" (III, 2).

De repente, é como se lêssemos uma página de "novo romance": essa descrição é oposta às de Durán e de Motolinia: nenhum julgamento de valor, mas também nenhuma interpretação; temos aí uma pura descrição. Sahagún parece praticar a técnica literária do distanciamento: descreve tudo do exterior, acumulando precisões técnicas, de onde a abundância de medidas: "três palmos ou um pouco mais", "dois ou quase" etc.

Mas seria um equívoco imaginar que Sahagún nos oferece o relato bruto dos índios, ao passo que Durán e Motolinia lhe impõem a marca de sua própria personalidade, ou de sua cultura; que a monofonia, em outras palavras, substitui a difonia. É mais do que certo que os índios não falavam como Sahagún: seu texto cheira a investigação etnológica, as questões minuciosas (e finalmente um pouco deslocadas, pois apreende-se a forma, mas não o sentido); os índios não precisavam se expressar assim entre eles; esse discurso é profundamente determinado pela identidade de seu interlocutor. Além disso, o texto de Sahagún comprova: o trecho que acabamos de ler não tem contrapartida em nahuatl; foi redigido pelo próprio Sahagún, em espanhol, a partir dos testemunhos que estão reunidos num outro capítulo (II, 21); ali se encontram os elementos do rito, mas nenhuma das precisões técnicas. Seria então esta última versão o grau zero da intervenção? Pode-se duvidar disso, não porque os missionários se desincumbissem mal de seu trabalho etnográfico, mas porque o próprio grau zero talvez seja ilusório. O discurso, como se disse, é fatalmente determinado pela identidade de seu interlocutor; ora, ele é, em todos os casos possíveis, um espanhol, um estrangeiro. Pode-se ir ainda mais longe, e, sem poder observá-lo, ter certeza de que entre si os astecas não falavam do mesmo modo quando se dirigiam a uma criança, ou a um recém-iniciado, ou a um sábio ancião; e o sacerdote e o guerreiro não tinham a mesma maneira de falar.

2. Uma outra intervenção bastante circunscrita de Sahagún encontra-se nos títulos de certos capítulos, particularmente no livro I. Esses títulos constituem uma tentativa, bem tímida, a bem da verdade, embora Sahagún a tenha recomeçado diversas vezes, de estabelecer uma série de equivalências entre os deuses astecas e os deuses romanos: "7. A deusa chamada Chicomecoatl. É uma outra Ceres." "11. A deusa da água, chamada Chalchiuhtlicue; é uma outra Juno." "12. A deusa das coisas carnais, chamada Tlazolteotl, uma outra Vênus.", etc. No prólogo do livro I, ele propõe uma analogia que concerne as cidades e seus habitantes. "Essa célebre e grande cidade de Tula, muito rica e decente, muito sábia e valente, teve finalmente a sorte infeliz de Tróia. (...) A Cidade do México é uma outra Veneza [devido aos canais] e eles mesmos são outros vênetos por seu saber e sua civilidade. Os tlaxcaltecas parecem ter sucedido os cartagineses." Esse gênero de comparação é, na verdade, muito comum nos escritos da época (voltarei a isso); o que se nota aqui também é o papel limitado que assume: mais uma vez, fora do texto que descreve o universo asteca (essas analogias não aparecem na versão nahuatl), na moldura (títulos, prefácios) e não no quadro. De novo, é possível equivocar-se quanto à origem da voz; a intervenção é franca, não dissimulada, até exibida.

Essas duas formas de interação, "exclamações" e analogias, separam, pois, de modo perfeitamente nítido, os discursos de uns e do outro. Mas outras formas encarnarão interpenetrações cada vez mais complexas das duas vozes.

3. Quando se trata da descrição de um sacrifício, Sahagún não acrescenta, na tradução, nenhum termo

que implique um julgamento moral. Mas, ao falar do panteão asteca, encontra-se diante de uma escolha difícil: qualquer que seja o termo empregado, o julgamento de valor é inevitável: ele se compromete igualmente se traduzir por "deus" ou por "diabo"; ou, em relação a seu servidor, tanto por "sacerdote" quanto por "necromante": o primeiro termo já legitima, o segundo condena; nenhum deles é neutro. Como livrar-se disso? A solução de Sahagún consiste em não optar por um dos dois termos, e alterná-los; consiste, em suma, em erigir a ausência de sistema em sistema; e, desse modo, neutralizar os dois termos, em princípio portadores de julgamentos morais opostos, que agora se tornam sinônimos. Por exemplo, um título no Apêndice 3 do livro II anuncia uma "Relação das cerimônias que se faziam para honrar o demônio", e o título do Apêndice seguinte, 4, é "Relação das diferenças entre os ministros encarregados do serviço dos deuses". O primeiro capítulo do terceiro livro inverte a ordem: o título diz "Da origem dos deuses", e a primeira frase: "Eis aqui o que os anciões indígenas sabiam e nos disseram do nascimento e da origem do diabo que se chama Huitzilopochtli." No prólogo da obra inteira, Sahagún estabelece a mesma neutralidade através de um lapso controlado: "Escrevi doze livros acerca das coisas divinas ou, melhor dizendo, idólatras..." Seria possível imaginar que são os informantes que pensam "deus" e Sahagún, "o diabo". Mas, ao acolher os dois termos em seu próprio discurso, ele o curva na direção de seus informantes, sem por isso adotar completamente a posição deles: graça à sua alternância, os termos perdem suas nuanças qualitativas.

Num outro título, encontra-se um testemunho diferente da ambivalência própria da posição de Sahagún: "É a oração do grande sátrapa, na qual se encontram várias sutilezas..." (VI, 5). Talvez, como afirmam certas pessoas, Sahagún, nisso semelhante a Durán, admire as coisas naturais dos astecas (aqui a linguagem) e condene as sobrenaturais (os ídolos); de qualquer modo tem-se aqui mais um exemplo em que a voz dos informantes pode ser ouvida no interior da de Sahagún, transformando-a. Em outros textos de Sahagún, prédicas cristãs endereçadas aos mexicanos e redigidas em nahuatl, observa-se uma outra interferência: Sahagún emprega por sua vez alguns procedimentos estilísticos da prosa dos astecas (paralelos, metáforas).

4. Se a voz dos informantes estava presente no discurso de Sahagún, a voz de Sahagún, por sua vez, impregnou-lhes os discursos. Não se trata de intervenções diretas que, como vimos, são claramente indicadas e delimitadas; mas de uma presença simultaneamente mais difusa e mais maciça. É que Sahagún trabalha a partir de um plano estabelecido por ele após seus primeiros contatos com a cultura asteca, mas também em função de sua idéia do que seria uma civilização. Sabemos através do próprio Sahagún que ele utiliza um questionário, e é impossível superestimar esse fato. Os questionários não foram, infelizmente, conservados; mas foram reconstituídos, graças ao engenho dos pesquisadores atuais. Por exemplo, a descrição dos deuses astecas no livro I revela que todos os capítulos (e, portanto, todas as respostas) seguem uma ordem, que corresponde às seguintes questões: 1. Quais são os títulos, os atributos, as características desse deus? 2. Quais são seus poderes? 3. Quais são os ritos executados em sua honra? 4. Qual é sua aparência? Sa-

hagún impõe portanto seu recorte conceitual ao saber asteca, e este parece-nos ser portador de uma organização que na realidade lhe é dada pelo questionário. É verdade que, no interior de cada livro, percebe-se uma transformação: o começo sempre segue uma ordem rígida, ao passo que a seqüência apresenta cada vez mais digressões e desvios a partir do esquema; Sahagún teve o bom senso de preservá-las, e a parte concedida à improvisação compensa, numa certa medida, o efeito do questionário. Mas isso impede Sahagún de compreender, por exemplo, a natureza da divindade suprema (Tezcatlipoca é um de seus nomes), pois ela é invisível e inatingível, é a origem de si mesma, criadora da história mas desprovida de história ela mesma; Sahagún calcula que os deuses astecas se parecem com os deuses romanos, não com o Deus dos cristãos! Em certos casos, o resultado é francamente negativo, como no livro VII, que trata da "astrologia natural" dos índios, em que Sahagún não entende muito bem as respostas que se baseiam numa concepção cósmica completamente diferente da sua, e aparentemente volta incessantemente a seus questionários.

Não somente os questionários impõem uma organização européia ao saber americano, e às vezes impedem a passagem da informação pertinente, como também determinam os temas a serem tratados, e excluem outros. Para tomar um exemplo maciço (mas há muitos outros), aprendemos muito pouco acerca da vida sexual dos astecas, pela leitura do livro de Sahagún. Talvez essa informação fosse afastada pelos próprios informantes; talvez, inconscientemente, por Sahagún; não podemos saber, mas tem-se a impressão de que os atos de crueldade, já presentes na mitologia cristã, não chocam demais o investigador espanhol, e que ele os transcreve fielmente; ao passo que a sexualidade não tem vez.

É bastante divertido ver que os primeiros editores do livro, no século XIX, exerceram uma censura totalmente consciente em relação aos raros trechos do livro que contêm referências à sexualidade, que consideravam escabrosos: nessa época, não existem mais interditos no que concerne à religião (sumariamente falando), portanto, não há mais sacrilégios nem blasfêmias; em compensação, o pudor aumentou, e acham tudo obsceno. Em seu prefácio (de 1880), o tradutor francês se sente obrigado a justificar longamente "esses contrastes entre a pureza da alma e as liberdades na expressão do pensamento" nos monges espanhóis do século XVI, e culpa finalmente os indígenas, cujas palavras, durante as confissões, teriam corrompido os ouvidos do bom padre – "ora, preciso eu dizer em que imundas sujeiras os primeiros confessores dos índios eram obrigados a ouvir suas longas conversas de todos os dias" ("Prefácio", p. XIII). O tradutor, pois, por sua vez, vangloria-se de sua coragem em traduzir integralmente o texto de Sahagún; embora de tempos em tempos se permita algumas emendas: "O tradutor acredita que deve aqui, como Bustamante, o primeiro editor do texto espanhol, suprimir um trecho escabroso, que as delicadezas da língua francesa tornariam de leitura insuportável" (p. 430); na verdade o dito trecho é preservado em nota, em espanhol – língua aparentemente menos delicada. Ou então: "O capítulo que vem a seguir contém trechos escabrosos que só são perdoáveis em função da ingenuidade da linguagem primitivamente empregada e da intenção de Sahagún de tudo traduzir com sinceridade (...). Seguirei incondicionalmente o texto em minha tradução, sem fazer outra modificação além de substituir pela palavra *nudez* a palavra mais realista utilizada por Sahagún, para não se afastar daquilo que seus anciões lhe diziam em língua nahuatl" (p. 210). O texto espanhol diz, simplesmente: *miembro genital* (III, 5): devem-se realmente responsabilizar os anciões astecas por essa expressão? Felicitemo-nos portanto por Sahagún não ter sido tão hipócrita quanto seus editores, trezentos anos mais tarde! De qualquer modo, ele é responsável pelo próprio texto nahuatl, e não somente pela versão espanhola; o original carrega marcas das convicções religiosas, da educação e da camada social de Sahagún.

5. Se passarmos agora para o nível macroestrutural, após essas observações acerca da microestrutura, encontraremos o mesmo gênero de "visita" de uma voz à outra. A escolha dos temas tratados, por exemplo, faz com que a voz dos informantes seja ouvida na de Sahagún. Como vimos, o projeto explícito de Sahagún era facilitar a evangelização dos índios, por meio do estudo de sua religião. Mas um terço da obra, nem isso, corresponde a essa idéia. Qualquer que tenha sido a primeira intenção de Sahagún, fica claro que a riqueza do material que tinha à disposição convenceu-o a substituir seu projeto inicial por um outro, e que procurou constituir uma descrição enciclopédica, na qual os assuntos humanos ou mesmo naturais ocupam tanto espaço quanto o divino ou o sobrenatural; essa transformação tem toda a chance de se dever à influência de seus informantes indígenas. Qual pode ser a utilidade cristã de uma descrição como esta, da serpente aquática (cf. fig. 16):

Fig. 16 – A serpente fabulosa

"Para ir à caça aos homens, essa serpente recorre a um ardil notável. Cava um buraco do tamanho de uma grande bacia a pouca distância da água. Apanha nos vãos peixes grandes, carpas ou outras espécies, e transporta-os em sua boca até o buraco que cavou. Antes de jogá-los ali dentro, levanta a cabeça e olha em todas as direções. Somente depois disso deposita-os em seu pequeno viveiro e vai procurar outros. Alguns índios ousados apoderam-se dos peixes que ela depositou em seu buraco, enquanto ela se afasta, e fogem com eles. Quando a serpente volta, percebe que lhe tomaram os peixes; estica o corpo apoiando-se sobre a cauda, olha para todos os lados e avista o ladrão, embora ele já se encontre longe. Se não o vir, segue seu rastro pelo odor, e se lança no encalço dele como uma flecha. Dir-se-ia que voa por sobre a relva e os tufos de plantas. Quando atinge o ladrão, se enrola em torno de seu pescoço apertando com força e introduz as duas pontas de sua cauda bifurcada em suas narinas, uma ponta em cada narina, ou então no cu. Assim colocada, ela aperta com muita força o corpo daquele que roubou seus peixes e o mata" (XI, 4,3).

Sahagún transcreve e traduz aqui aquilo que lhe contam, sem se preocupar com a função de tal informação em relação ao projeto inicial.

6. Ao mesmo tempo, o plano do conjunto é sempre o de Sahagún: é uma súmula escolástica que vai do mais elevado (deus) ao mais baixo (pedras). Os vários retoques e adendos esconderam um pouco o plano; mas, considerando apenas as grandes linhas, pode-se reconstruí-lo assim: os livros I, II e III tratam dos deuses; os livros IV, V e VII de astrologia e de adivinhação, ou seja, das relações entre deuses e homens; os livros VIII, IX e X são consagrados aos assuntos humanos; e o livro XI concerne aos animais, às plantas e aos minerais. Dois livros, que correspondem a material colhido anteriormente, não têm realmente um lugar nesse plano: o livro VI, coleção de discursos rituais, e o livro XII, relato da conquista. Não somente esse plano corresponde melhor ao espírito de Sahagún do que ao de seus informantes, como a própria existência de um tal projeto enciclopédico, com suas subdivisões em livros e em capítulos, não tem correspondente na cultura asteca. Embora a obra de Sahagún não

seja comum nem mesmo na tradição européia, pertence completamente a esta, pouco importa que seu conteúdo venha dos informantes. Pode-se dizer que, a partir dos *discursos* dos astecas, Sahagún produziu um *livro*; ora, o livro é, nesse contexto, uma categoria européia. E, no entanto, o objetivo inicial é invertido: Sahagún tinha partido da idéia de utilizar o saber dos índios para contribuir na propagação da cultura dos europeus; e acabou por colocar seu próprio saber a serviço da preservação da cultura indígena...

Haveria, sem dúvida, outras formas de interpenetração das duas vozes a serem destacadas; mas essas bastam para atestar a complexidade do sujeito da enunciação na *Historia general de las cosas de Nueva España*; ou, poder-se-ia igualmente dizer, a distância entre a ideologia professada por Sahagún e a que é imputável ao autor do livro. Isso transparece também nas reflexões que apresenta à margem da exposição central. Não que Sahagún duvide de sua fé ou renuncie à sua missão. Mas é levado a distinguir, como Las Casas e Durán, entre a religiosidade em si mesma e seu objeto: se o Deus dos cristãos é superior, o sentimento religioso dos índios é mais forte. "Em matéria de religião e de culto de seus deuses, creio que jamais houve no mundo idólatras mais inclinados a reverenciar seus deuses do que os índios da Nova Espanha, à custa de tanto sacrifício" (I, "Prólogo"). A substituição da sociedade asteca pela sociedade espanhola é portanto uma faca de dois gumes; e, após ter pesado com atenção os prós e os contras, Sahagún decide, com mais força do que Durán, que o resultado final é negativo. "Como todas essas práticas [idólatras] cessaram com a chegada dos espanhóis, que assumiram a tarefa de pisotear todos os costumes e todas as formas de governo que tinham os naturais, com a pretensão de reduzi-los a viver como na Espanha, tanto nas práticas divinas quanto nas coisas humanas, simplesmente por considerá-los idólatras e bárbaros, perdeu-se todo o seu antigo governo. (...) Mas percebe-se agora que essa nova organização torna os homens viciosos, produz neles péssimas tendências e piores obras que os tornam odiáveis para Deus e para os homens, sem contar as graves doenças e suas vidas encurtadas" (X, 27).

Sahagún, portanto, percebe perfeitamente que os valores sociais formam um conjunto em que tudo está ligado: não se pode derrubar os ídolos sem derrubar a sociedade inteira; e, mesmo do ponto de vista cristão, a que foi edificada em seu lugar é inferior à primeira. "Se é verdade que eles demonstravam ainda mais aptidões nos tempos passados, na administração da coisa pública como no serviço de seus deuses, é porque viviam sob um regime mais condizente com suas aspirações e suas necessidades" (*ibid.*). Sahagún não formula nenhuma conclusão revolucionária; mas a implicação de seu raciocínio não é que a cristianização trouxe, afinal, mais mal do que bem, e que, conseqüentemente, teria sido preferível que ela não tivesse ocorrido? Na realidade, seu sonho, e também o de outros franciscanos, seria a criação de um Estado ideal novo: mexicano (e, portanto, independente da Espanha) e cristão ao mesmo tempo, um reino de Deus sobre a terra. Mas sabe também que esse sonho está longe de se realizar, e contenta-se em ressaltar os aspectos negativos do Estado presente. Essa posição, entretanto, aliada à importância que ele dá à cultura mexicana, faz com que sua obra acarrete uma franca condenação por parte das autoridades: não somente cortam-lhe os créditos, como vimos; mas uma cédula real de Felipe II, datada de 1577, proíbe qualquer pessoa de tomar conhecimento dessa obra, e mais ainda de contribuir para a sua difusão.

Na prática cotidiana também, a presença dos frades tem, segundo Sahagún, um efeito ambíguo. A nova religião leva a novos modos, e estes provocam uma reação ainda mais afastada do espírito cristão do que a antiga religião. Sahagún conta sem humor os dissabores que os esperam na educação dos jovens: "À semelhança de seus antigos costumes (...) nós os habituamos a levantar-se no meio da noite e a cantar as matinas de Nossa Senhora; de manhãzinha, fazíamos com que recitassem as Horas; chegamos a ensiná-los a se flagelarem durante a noite e a se ocuparem com orações mentais. Mas, como eles não se dedicavam aos trabalhos físicos de outros tempos, segundo exige sua condição de viva sensualidade, como além disso comiam muito melhor do que costumavam em seu antigo Estado, e devido à suavidade e à compaixão a que estávamos habituados entre nós, começaram a sentir impulsos sensuais e tornaram-se peritos nas práticas lascivas..." (*ibid.*). É assim que o bom Deus leva ao demônio!

Mais uma vez, não se trata de dizer que Sahagún passou para o lado dos índios. Outros trechos do livro mostram-no completamente firme em suas convicções cristãs, e todos os documentos de que dispomos comprovam que, até o fim de sua vida, ele continua preocupado com a cristianização dos mexicanos mais do que com qualquer outra coisa. Mas deve-se ver até que ponto sua obra é o produto da interação entre duas vozes, duas culturas, dois pontos de vista, mesmo que essa interação seja menos evidente do que em Durán. Por isso, só podemos rejeitar a tentativa feita por alguns especialistas contemporâneos de quebrar essa obra excepcional, e, negligenciando toda a interação, declarar que os informantes são os únicos responsáveis pelo texto nahuatl do livro, e Sahagún, unicamente pelo texto espanhol; em outras palavras, de fazer dois livros de uma obra que deve a maior parte de seu interesse justamente ao fato de ser *uma*! Um diálogo não é a adição de dois monólogos, pensem o que pensarem. E só podemos desejar a publicação rápida de uma edição enfim completa, ou crítica, que permitiria ler e dar o devido valor a esse monumento único do pensamento humano.

Como situar Sahagún na tipologia das relações com outrem? No plano dos julgamentos de valor, ele adere à doutrina cristã da igualdade de todos os homens. "Na verdade, no que concerne ao governo, eles não perdem em nada, excetuando-se algumas violências tirânicas, para outras nações que têm grandes pretensões de civilidade" (I, "Prólogo"). "O que é certo é que todos eles são nossos irmãos, oriundos do tronco de Adão como nós mesmos; eles são o nosso próximo a quem devemos amar como a nós mesmos" (*ibid.*).

Mas essa posição de princípio não o arrasta para uma afirmação de identidade, nem para uma idealização dos índios, como em Las Casas; os índios têm qualidades e defeitos, como os espanhóis, mas numa distribuição diferente. Em certas ocasiões ele lamenta diversos traços do caráter dos índios que lhe parecem lastimáveis; mas não os explica por uma inferioridade natural (como teria feito Sepúlveda), mas pelas condições diferentes em que vivem, principalmente climáticas; a mudança é sensível. Depois de evocar a preguiça e hipocrisia dos índios, ele nota: "Não fico muito espantado com os defeitos e as tolices que se encontram nos naturais deste país, porque os espanhóis que aqui vivem e mais ainda os que aqui nasceram também adquirem essas más tendências. (...) Penso que isso se deve ao clima ou às constelações deste país" (X, 27). Um detalhe ilustra bem a diferença entre Las Casas e Sahagún: para Las Casas, como vimos, todos os índios são portadores das mesmas qualidades: não há diferenças entre os povos, sem falar dos indivíduos. Sahagún nomeia seus informantes por seus nomes próprios.

No plano do comportamento, Sahagún também ocupa uma posição específica: não renuncia em nada a seu modo de vida e nem à sua identidade (nada tem de um Guerrero); contudo, aprende a conhecer em profundidade a língua e a cultura do outro, consagra a esta tarefa toda a sua vida e acaba, como vimos, por compartilhar alguns valores daqueles que eram inicialmente seu objeto de estudo.

Mas é evidentemente no plano epistêmico, ou do conhecimento, que o exemplo de Sahagún é o mais interessante. É inicialmente o aspecto quantitativo que impressiona: a soma de seus conhecimentos é enorme, e ultrapassa todas as outras (a de Durán é a que mais se aproxima). Mais difícil de formular é a natureza qualitativa desse conhecimento. Sahagún traz uma massa impressionante de material, mas não o interpreta, quer dizer, não o traduz para as categorias de uma outra cultura (a sua), evidenciando por isso mesmo a relatividade desta; é o trabalho a que se dedicarão – a partir de suas investigações – os etnólogos de hoje. Na exata medida em que seu trabalho, ou o dos outros monges eruditos seus contemporâneos, continha o germe da atitude etnológica, não podia ser recebido em sua época: de qualquer modo, é muito impressionante ver que os livros de Motolinia, Olmos, Las Casas (*Apologetica historia*), Sahagún, Durán, Tovar, Mendieta não seriam publicados antes do século XIX, ou até se perderiam. Sahagún só deu um passo tímido nessa direção, como vimos: são suas comparações entre panteão asteca e panteão romano. Las Casas irá muito mais longe na via comparatista, na *Apologetica historia*, e outros virão depois. Mas a atitude comparatista não é a do etnólogo. O comparatista coloca no mesmo plano *objetos*, todos exteriores a ele, e continua a ser o único *sujeito*. A comparação se refere, tanto em Sahagún quanto em Las Casas, aos deuses dos *outros*: dos astecas, dos romanos, dos gregos; não coloca o outro no mesmo plano que si mesmo, e não coloca em questão suas próprias categorias. O etnólogo, em compensação, contribui para o esclarecimento recíproco de uma cultura por meio de uma outra, para "nos fazer mirar na face de outrem", segundo a bela fórmula utilizada já no século XVI por Urbain Chauveton: conhece-se o outro por meio de si e também a si por meio do outro.

Sahagún não é um etnólogo, digam o que disserem seus admiradores modernos. E, à diferença de Las Casas, não é fundamentalmente comparatista; seu trabalho estaria mais ligado à etnografia, à coleta de documentos, premissa indispensável para o trabalho etnológico. O diálogo das culturas é nele fortuito e inconsciente, é uma derrapagem não controlada, não é (e não pode ser) erigido em método; ele é inclusive um inimigo decidido da hibridação cultural; que seja fácil assimilar a Virgem Maria à deusa asteca Tonantzin está relacionado, segundo ele, a uma "invenção satânica" (XI, 12, Apêndice 7) e não se cansa de alertar seus correligionários contra qualquer entusiasmo fácil diante das coincidências entre as duas religiões, ou diante da rapidez com que os índios abraçam o cristianismo. Sua intenção é justapor as vozes em vez de fazer com que elas se interpenetrem: ou são os índios que contam suas "idolatrias" ou é a palavra da Bíblia, copiada no interior de seus livros; uma das vozes diz a verdade, a outra, não. E, contudo, vemos aqui os primeiros esboços do futuro diálogo, os embriões sem forma que anunciam nosso presente.

EPÍLOGO

A PROFECIA DE LAS CASAS

Bem no fim de sua vida, Las Casas escreve em seu testamento: "Creio que por causa dessas obras ímpias, criminosas e ignominiosas, perpetradas de modo tão injusto, tirânico e bárbaro, Deus derramará sobre a Espanha sua fúria e sua ira, porque toda a Espanha, bem ou mal, teve o seu quinhão das sangrentas riquezas, usurpadas à custa de tanta ruína e extermínio."

Essas palavras, entre a profecia e a maldição, estabelecem a responsabilidade coletiva dos espanhóis, e não somente dos conquistadores; para os tempos futuros, e não somente para o presente. Anunciam a punição do crime, e a expiação do pecado.

Estamos, atualmente, em posição de julgar se Las Casas previu corretamente ou não. Pode-se fazer uma pequena correção na extensão de sua profecia, e substituir a Espanha pela "Europa ocidental": embora a Espanha desempenhe o papel principal no movimento de colonização e de destruição dos *outros*, ela não está só: portugueses, franceses, ingleses e holandeses vêm logo em seguida; belgas, italianos e alemães virão unir-se a eles mais tarde. E se, em matéria de destruição, os espanhóis fazem mais do que as outras nações européias, isso não significa que elas não tenham tentado igualar-se aos espanhóis e superá-los. Leia-se, pois, "Deus derramará sua fúria sobre a Europa", se isso puder fazer com que nos sintamos mais diretamente implicados.

Realizou-se a profecia? Cada um responderá a essa pergunta de acordo com sua opinião. No que me diz respeito, e consciente da arbitrariedade que existe em qualquer apreciação do presente, já que a memória ainda não fez a sua triagem, e portanto, da escolha ideológica que estaria implicada, prefiro assumir abertamente minha visão das coisas, sem disfarçá-la em descrição das próprias coisas. Ao fazê-lo, escolho no presente elementos que me parecem ser os mais característicos; que, conseqüentemente, contêm em germe o futuro – ou deveriam contê-lo. Como se deve, essas observações serão elípticas.

Não há dúvida de que vários acontecimentos da história recente parecem dar razão a Las Casas. A escravidão foi abolida há cem anos, e o colonialismo às antigas (à espanhola), há uns vinte. Numerosas vinganças têm sido praticadas, e continuam a sê-lo, contra cidadãos das antigas potências coloniais, cujo único crime é, freqüentemente, o fato de pertencerem à nação em questão; os ingleses, os americanos, os franceses são, portanto, considerados como coletivamente responsáveis por seus antigos colonizados. Não sei se devemos ver nisso o efeito da fúria e da ira divinas, mas penso que duas reações se impõem àquele que tomou conhecimento da história exemplar da conquista da América: inicialmente, que tais atos nunca poderão equilibrar a balança dos crimes perpetrados pelos europeus (e que, nesse sentido, não se pode desculpá-los; e, em seguida, que esses atos não são senão a reprodução daquilo que os europeus fizeram de mais condenável; ora, nada é mais aflitivo do que ver a história se repetindo – ainda mais no caso da história de uma destruição. Ver a Europa, por sua vez, colonizada pelos povos da África, da Ásia ou da América Latina (possibilidade remota, eu sei), talvez fosse uma "bela revanche", mas não poderia constituir meu ideal.

Uma mulher maia morreu devorada pelos cães. Sua história, reduzida a algumas linhas, concentra uma das versões extremas da relação com outrem. Seu marido, em relação a quem ela é o "Outro interior", já não lhe dá nenhuma chance de se afirmar enquanto sujeito livre: temendo ser morto na guerra, o marido quer conjurar o perigo privando a mulher de sua vontade; a guerra não será apenas uma história de homens: mesmo que ele esteja morto, a mulher deve continuar a lhe pertencer. Quando sobrevém o conquistador espanhol, a mulher é apenas o *locus* onde se enfrentam os desejos e as vontades de dois homens. Matar os homens, violentar as mulheres: essas são, simultaneamente, as provas de que um homem detém o poder, e suas recompensas. A mulher opta por obedecer a seu marido e às regras de sua própria sociedade; ela utiliza tudo o que ainda lhe resta de vontade pessoal para defender a violência de que foi objeto. Mas, justamente, a exterioridade cultural determinará o desenlace desse pequeno drama: ela não é violentada, como poderia ter sido uma espanhola em tempo de guerra; atiram-na aos cães, porque ela é, ao mesmo tempo, mulher que não consente e índia. Nunca foi tão trágico o destino de outrem.

Escrevo este livro para tentar fazer com que não se esqueça esse relato, e milhares de outros iguais. Acredito na necessidade de "buscar a verdade", e na obrigação de divulgá-la; sei que a função da informação existe, e que o efeito da informação pode ser poderoso. Meu desejo não é que as mulheres maias entreguem os europeus que encontram aos cães (suposição absurda, naturalmente). Mas que se recorde o que pode acontecer se não se conseguir descobrir o outro.

Pois o outro deve ser descoberto. Coisa digna de espanto, já que o homem nunca está só, e não seria o que é sem sua dimensão social. E, no entanto, é assim: para a criança que acaba de nascer, *seu* mundo é *o* mundo, e o crescimento é uma aprendizagem da exterioridade e da sociabilidade; pode-se dizer, um pouco grosseiramente, que a vida humana está contida entre dois extremos, aquele onde o *eu* invade o mundo e aquele onde o mundo acaba absorvendo o *eu*, na forma de cadáver ou de cinzas. E, como a descoberta do outro tem vários graus, desde o outro como objeto, confundido com o mundo que o cerca, até o outro como sujeito, igual ao *eu*, mas diferente dele, com infinitas nuanças intermediárias, pode-se muito bem passar a vida toda sem nunca chegar à descoberta plena do outro (supondo-se que ela possa ser plena). Cada um de nós deve recomeçá-la, por sua vez; as experiências anteriores não nos dispensam disso. Mas podem ensinar quais são os efeitos do desconhecimento.

Contudo, ainda que a descoberta do outro deva ser assumida por cada indivíduo e recomece eternamente, ela também tem uma história, formas social e culturalmente determinadas. A história da conquista da América me leva a crer que uma grande mudança ocorreu (ou melhor, *se revelou*) na aurora do século XVI, digamos, entre Colombo e Cortez; uma diferença semelhante (não nos detalhes, é claro) pode ser observada entre Montezuma e Cortez; ele atua, pois, tanto no tempo quanto no espaço, e, se me ative mais ao contraste espacial do que ao contraste temporal, é porque este último é confundido por transições infinitas, ao passo que o primeiro tem toda a nitidez desejada, com a ajuda dos oceanos. Desde aquela época, e durante quase trezentos e cinqüenta anos, a Europa ocidental tem-se esforçado em assimilar o outro, em fazer desaparecer a alteridade exterior, e em grande parte conseguiu fazê-lo. Seu modo de vida e seus valores se espalharam por todo o mundo; como queria Colombo, os colonizados adotaram nossos costumes e se vestiram.

Esse sucesso extraordinário deve-se, entre outros, a um traço específico da civilização ocidental, que durante muito tempo foi tomado por um traço do homem em geral, seu desenvolvimento nos ocidentais tornando-se, então, a prova de sua superioridade natural: é, paradoxalmente, a capacidade que os europeus têm de compreender os outros. Cortez nos fornece um bom exemplo disso, e ele tinha consciência de que a arte de adaptação e de improvisação regia seu comportamento. Este, pode-se dizer esquematicamente, se organiza em dois tempos. O primeiro é o do interesse pelo outro, à custa até de uma certa empatia, ou identificação provisória. Cortez entra na pele do outro, mas de modo metafórico, e não mais literal: a diferença é considerável. Garante assim a compreensão da língua, o conhecimento da política (daí seu interesse pelas dissensões internas dos astecas), e até domina a emissão das mensagens num código apropriado: ei-lo fazendo-se passar por Quetzalcoatl de volta à terra. Mas, ao fazê-lo, nunca se separa de seu sentimento de superioridade; muito pelo contrário, sua capacidade de compreender o outro é uma confirmação dessa superioridade. Segue-se então o segundo tempo, no decorrer do qual ele não se contenta em reafirmar sua própria identidade (que nunca abandonou de fato), mas procede à assimilação dos índios ao seu próprio mundo. Do mesmo modo, como vimos, os monges franciscanos adotam os hábitos dos índios (roupas, alimentação) para melhor convertê-los à religião cristã. Os europeus demonstram ter notáveis qualidades de flexibilidade e improvisação, que lhes permitem impor ainda melhor, por toda parte, o seu modo de vida. É claro que essa capacidade de adaptação e, ao mesmo tempo, de absorção nada tem de um valor universal, e traz consigo o seu reverso, que é muito menos apreciado. O igualitarismo, de que uma versão é característica da religião cristã (ocidental) assim como da ideologia dos Estados capitalistas modernos, serve igualmente à expansão colonial: esta é uma outra lição, um pouco surpreendente, de nossa história exemplar.

Ao mesmo tempo que obliterava a estranheza do outro exterior, a civilização ocidental encontrava um outro interior. Da era clássica até o fim do Romantismo (isto é, até hoje) os escritores e os moralistas não pararam de descobrir que a pessoa não é uma, ou que ela não é nada, que eu é um outro, ou uma simples câmara de eco. Já não se acredita em homens-fera na floresta, mas descobriu-se a fera dentro do homem, "esse misterioso elemento da alma que não parece reconhecer nenhuma jurisdição humana, mas, apesar da inocência do indivíduo que ele habita, sonha sonhos horríveis e murmura os pensamentos mais proibidos" (Melville, *Pedro ou as Ambigüidades*, IV, 2). A instauração do inconsciente pode ser considerada como o ponto culminante dessa descoberta do outro em si mesmo.

Creio que esse período da história européia, por sua vez, está terminando agora. Os representantes da civilização ocidental já não acreditam tão ingenuamente em sua superioridade, e o movimento de assimilação enfraquece desse lado, ainda que os países, recentes ou antigos, do Terceiro Mundo continuem a querer viver como os europeus. No plano ideológico pelo menos, tentamos combinar aquilo que nos parece ser o melhor nos dois termos da alternativa; queremos a igualdade sem que ela acarrete a identidade; mas também a diferença, sem que ela degenere em superioridade/inferioridade; esperamos colher os benefícios do modelo igualitarista e do modelo hierárquico; aspiramos à recuperação do sentido do social, sem perder a qualidade do individual. O socialista russo Alexandre Herzen escrevia em meados do século XIX: "Compreender toda a extensão, a realidade e a sacralidade dos direitos da pessoa sem destruir a sociedade, sem fragmentá-la em átomos: este é o objetivo social mais difícil." Ainda estamos dizendo isso, hoje em dia.

Viver a diferença na igualdade: é mais fácil dizer do que fazer. E, no entanto, várias personagens de minha história exemplar chegaram perto disso, de vários modos. No plano axiológico, um Las Casas conseguia, na velhice, amar e estimar os índios não em função de um ideal seu, mas do deles: é um amor não-unificador, pode-se também dizer "neutro", para empregar o termo de Blanchot e de Barthes. No plano da ação, da assimilação do outro ou da identificação com ele, um

Cabeza de Vaca atingia igualmente um ponto neutro, não porque fosse indiferente às duas culturas, mas porque tinha vivido no interior de ambas; de repente, só havia "eles" à sua volta; sem tornar-se índio, Cabeza de Vaca já não era totalmente espanhol. Sua experiência simboliza, e anuncia, a do exilado moderno, o qual, por sua vez, personifica uma tendência própria da nossa sociedade: esse ser que perdeu sua pátria sem ganhar outra, que vive na dupla exterioridade. É o exilado o que melhor encarna, hoje em dia, desviando-o de seu sentido original, o ideal de Hugues de Saint-Victor, assim formulado no século XII: "O homem que acha a sua pátria agradável não passa de um jovem principiante; aquele para quem todo solo é como o seu próprio já está forte; mas só é perfeito aquele para quem o mundo inteiro é como um país estrangeiro" (eu, que sou um búlgaro morando na França, colho essa citação em Edward Said, palestino que vive nos Estados Unidos, que, por sua vez, encontrou-a em Erich Auerbach, alemão exilado na Turquia).

Finalmente, no plano do conhecimento, um Durán e um Sahagún anunciavam, sem realizá-lo plenamente, o diálogo das culturas que caracteriza nosso tempo, e que, a nosso ver, é encarnado pela etnologia, ao mesmo tempo filha do colonialismo e prova de sua agonia: um diálogo em que ninguém tem a última palavra, em que nenhuma das vozes reduz a outra ao *status* de um mero objeto, e no qual se tira vantagem de sua exterioridade ao outro; Durán e Sahagún, símbolos ambíguos, porque espíritos medievais; talvez seja justamente essa exterioridade à cultura do tempo deles a responsável por sua modernidade. Através desses vários exemplos se afirma uma mesma propriedade: uma nova exotopia (para falar como Bakhtin), uma afirmação da exterioridade do outro que vem junto com seu reconhecimento enquanto sujeito. Talvez haja aí não somente uma nova maneira de viver a alteridade, mas também um traço característico de nosso tempo, como eram o individualismo e autotelismo em relação à época cujo fim começamos a divisar. Assim pensaria um otimista como Levinas: "Nossa época não se define pelo triunfo da técnica pela técnica, nem tampouco se define pela arte, assim como não se define pelo niilismo. Ela é ação para um mundo que vem, superação de sua época – superação de si que requer a epifania do Outro."

Este livro ilustra ele mesmo a atitude nova diante do outro, através de minha relação com os autores e as personagens do século XVI? Só posso falar de minhas intenções, e não do efeito que produzem. Eu quis evitar dois extremos. O primeiro é a tentação de reproduzir a voz das personagens como é em si mesma; de procurar eu mesmo desaparecer para melhor servir ao outro. O segundo é submeter os outros a si, transformá-los em marionetes e controlar-lhes os fios. Entre os dois, procurei não um campo intermediário, mas a via do diálogo. Eu interpelo, transponho, interpreto esses textos; mas também deixo que falem (daí tantas citações) e se defendam. De Colombo a Sahagún, essas personagens não falavam a mesma linguagem que eu; mas não se dá vida ao outro deixando-o intacto, assim como não se pode fazê-lo abafando completamente a sua voz. Próximos e distantes ao mesmo tempo, eu quis vê-los como formadores de um dos interlocutores de nosso diálogo.

Mas nossa época se define igualmente por uma experiência de certo modo caricatural desses mesmos traços; o que é certamente inevitável. Essa experiência freqüentemente camufla o traço novo por sua abundância, e às vezes até o precede, já que a paródia passa muito bem sem modelo. O amor "neutro", a justiça "distributiva" de Las Casas são parodiados, e esvaziados de sentido, num relativismo generalizado, em que tudo se equivale, desde que se escolha o ponto de vista apropriado; o perspectivismo leva à indiferença e à renúncia a todos os valores. A descoberta, pelo "eu", dos "eles" que nele existem é acompanhada pela afirmação muito mais assustadora do desaparecimento do "eu" no "nós", característica dos regimes totalitários. O exílio é fecundo se se pertencer simultaneamente a duas culturas, sem se identificar com nenhuma; mas se a sociedade inteira for feita de exilados, o diálogo das culturas cessa: é substituído pelo ecletismo e o comparatismo, pela capacidade de amar de tudo um pouco, de simpatizar vagamente com todas as opiniões sem nunca adotar nenhuma. A heterologia, que faz soar a diferença das vozes, é necessária; a polilogia é insípida. Enfim, a posição do etnólogo é fecunda; muito menos a do turista, cuja curiosidade pelos costumes estrangeiros leva até a ilha de Bali ou aos subúrbios de Salvador, mas que confina a experiência da heterogeneidade no espaço de suas férias remuneradas. É verdade que, à diferença do etnólogo, ele paga a viagem do seu bolso.

A história exemplar da conquista da América nos ensina que a civilização ocidental venceu, entre outras coisas, graças à sua superioridade na comunicação humana; mas também que essa superioridade se afirmou à custa da comunicação com o mundo. Saídos do período colonial, sentimos confusamente a necessidade de revalorizar essa comunicação com o mundo;

mas aqui também a paródia parece preceder a versão séria. Os *hippies* americanos dos anos 60, recusando-se a adotar o ideal de seu país, que bombardeava o Vietnã, tentaram reencontrar a vida do bom selvagem. Um pouco como os índios das descrições de Sepúlveda, eles queriam dispensar o dinheiro, esquecer os livros e a escrita, dar provas de indiferença em relação às roupas, e renunciar ao uso das máquinas, para fazer tudo com suas próprias mãos. Mas essas comunidades estavam evidentemente fadadas ao fracasso, já que aplicavam esses traços "primitivos" sobre uma mentalidade individualista perfeitamente moderna. O "Club Méditerranée" permite viver esse mergulho no mundo primitivo (ausência de dinheiro, de livros e, eventualmente, de roupas) sem colocar em questão a continuidade da vida de "civilizado"; o sucesso comercial dessa fórmula é bem conhecido. As voltas às religiões antigas ou novas não podem, creio eu, encarnar isso: a volta ao passado é impossível. Sabemos que não queremos mais a moral (a amoral) do "tudo é permitido" pois já sentimos as suas conseqüências; mas é preciso encontrar novas proibições, ou uma nova motivação para as velhas, para que possamos perceber-lhes o sentido. A capacidade de improvisação e de identificação instantânea procura equilibrar-se por uma valorização do ritual e da identidade; mas é duvidoso que baste a volta ao torrão natal.

Relatando e analisando a história da conquista da América, fui levado a duas conclusões aparentemente contraditórias. Para falar das formas e das espécies de comunicação, coloquei-me inicialmente numa perspectiva tipológica: os índios favorecem o intercâmbio com o mundo, os europeus, o intercâmbio com os homens; nenhum dos dois é intrinsecamente superior ao outro, e sempre precisamos dos dois ao mesmo tempo; ganhando-se em um dos planos, perde-se necessariamente no outro. Mas, ao mesmo tempo, fui levado a constatar uma evolução na "tecnologia" do simbolismo; essa evolução pode ser reduzida, para simplificar, ao aparecimento da escrita. Ora, a presença da escrita favorece a improvisação em detrimento do ritual, assim como a concepção linear do tempo, ou, de outro modo, a percepção de outrem. Haveria também uma evolução, da comunicação com o mundo à comunicação entre os homens? De modo mais geral, reconhecer uma evolução não seria devolver à noção de barbárie um sentido não-relativo?

A solução dessa aporia não consiste, para mim, no abandono de uma das duas afirmações, mas antes no reconhecimento, para cada evento, de determinações múltiplas, que condenam ao fracasso qualquer tentativa de sistematizar a história. É isso que explica que o progresso tecnológico, sabemos disso muito bem atualmente, não acarrete uma superioridade no plano dos valores morais e sociais (e nem uma inferioridade). As sociedades com escrita são mais avançadas do que as sociedades sem escrita; mas haveria motivo para hesitação se tivéssemos de escolher entre sociedades de sacrifício e sociedade de massacre.

Num outro plano ainda, a experiência recente é desencorajadora: o desejo de ultrapassar o individualismo da sociedade igualitária e de chegar à sociabilidade própria das sociedades hierárquicas encontra-se, entre outros, nos Estados totalitários. Estes se parecem com a criança monstruosa temida por Bernard Shaw que, dizem, foi consultado por Isadora Duncan: tão feia quanto ele e tão parva quanto ela. Esses Estados, certamente modernos, não podendo ser assimilados nem às sociedades de sacrifício nem às sociedades de massacre, reúnem no entanto certos traços das duas e mereceriam a criação de uma palavra mista: são sociedades de *massacrifício*. Como nas primeiras, professa-se uma religião de Estado; como nas últimas, o comportamento está fundamentado no princípio karamazoviano do "tudo é permitido". Como no sacrifício, mata-se inicialmente em casa; como no caso dos massacres, oculta-se e nega-se a existência dessas matanças. Como lá, as vítimas são escolhidas individualmente; como aqui, são exterminadas sem nenhuma idéia de ritual. O terceiro termo existe, mas é pior do que os dois precedentes; que fazer?

A forma de discurso que se impôs a mim para este livro, a história exemplar, resulta ainda do desejo de ultrapassar os limites da escrita sistemática, sem por isso "voltar" ao mito puro. Ao comparar Colombo e Cortez, Cortez e Montezuma, tomo consciência de que as formas da comunicação, produção tanto quanto interpretação, embora sejam universais e eternas, não são oferecidas à livre escolha do escritor, mas são correlatas das ideologias em vigor, e podem, por isso mesmo, se tornar o signo das mesmas. Mas qual é o discurso apropriado para a mentalidade heterológica? Na civilização européia, o *logos* venceu o *mythos*; ou melhor, em lugar do discurso polimorfo, dois gêneros homogêneos se impuseram: a ciência, e tudo o que está ligado a ela, diz respeito ao discurso sistemático; a literatura e seus avatares praticam o discurso narrativo. Mas este terreno encolhe a cada dia que passa: até os mitos são reduzidos a quadros de dupla entrada, a própria história é substituída pela análise sistemática, e os romances lutam sem trégua contra o passar do tempo, pela forma espacial, tendendo para o ideal da matriz imóvel. Eu não podia me desvincular da visão dos "vencedores" sem renunciar, ao mesmo tempo, à forma discursiva de que eles se apropriaram. Sinto a necessidade (e não vejo nisso nada de individual, por isso escrevo-o) de aderir ao relato que propõe mais do que impõe; de reencontrar, no interior de um só texto, a complementaridade do discurso narrativo e do discurso sistemático; de modo que minha história talvez se pareça mais, quanto ao gênero, e colocando de lado qualquer questão de valor, com a de Heródoto do que com o ideal de vários historiadores contemporâneos. Certos fatos que relato levam a afirmações gerais; outros (ou outros aspectos dos mesmos fatos), não. Além desses relatos que eu submeto à análise, há outros, insubmissos. E se, neste exato momento, eu "tiro a moral" de minha história, não é de modo algum com a intenção de revelar e fixar seu sentido; um relato não é redutível a uma máxima; mas porque acho mais franco formular algumas das impressões que ela me deixou, já que também sou um de seus leitores.

A história exemplar existiu no passado; mas o termo não tem agora o mesmo sentido que tinha então. Desde Cícero, repete-se o adágio *Historia magistra vitae*; seu sentido é que o destino do homem é imutável, e que é possível calcar o comportamento presente no dos heróis do passado. Essa concepção da história e do destino pereceu com o advento da ideologia individualista moderna, já que desde então prefere-se acreditar que a vida de um homem lhe pertence, e que não tem nada a ver com a de um outro. Não creio que o relato da conquista da América seja exemplar no sentido de que representaria um retrato fiel de nossa relação com o outro: não somente Cortez não é igual a Colombo, mas nós já não somos iguais a Cortez. Ignorando a história, diz o ditado, corre-se o risco de repeti-la, mas conhecê-la não basta para sabermos o que é preciso fazer. Somos parecidos com os conquistadores e diferentes deles; seu exemplo é instrutivo, mas jamais teremos certeza de que *não* nos comportando como eles, não estamos, justamente, a imitá-los, adaptando-nos às novas circunstâncias. Mas a sua história pode ser exemplar para nós porque nos permite fazer uma autorreflexão, descobrir as semelhanças e também as diferenças: mais uma vez o conhecimento de si passa pelo conhecimento do outro.

Para Cortez, a conquista do saber leva à do poder. Fico com a conquista do saber, ainda que seja para resistir ao poder. Há alguma leviandade em limitar-se a condenar os maus conquistadores e lamentar pelos bons índios, como se bastasse identificar o mal para combatê-lo. Reconhecer, aqui e ali, a superioridade dos conquistadores não significa fazer seu elogio; é necessário analisar as armas da conquista, se quisermos ter possibilidade de freá-la um dia. Pois as conquistas não pertencem só ao passado.

Não creio que a história obedeça a um sistema, nem que suas pretensas "leis" permitam deduzir as formas sociais futuras, ou presentes. Acredito, porém, que tomar consciência da relatividade, e portanto da arbitrariedade, de um traço de nossa cultura já o desloca um pouco; e que a história (não a ciência, mas seu objeto) não é mais do que uma série de deslocamentos imperceptíveis.

NOTAS BIBLIOGRÁFICAS

Pode ser encontrada na lista das referências que se segue a indicação das obras citadas no texto, em espanhol, francês e inglês; dou aqui algumas informações bibliográficas suplementares. Os comentadores modernos são mantidos em função de um único critério: sua possível influência sobre o meu próprio texto. Esta nota bibliográfica é, portanto, uma *Tabula gratulatoria*.

Descobrir

Os textos utilizados nessa seção são antes de mais nada os de Colombo, em seguida os de seus contemporâneos e companheiros (Chanca, Cuneo, Mendez), e os escritos dos historiadores contemporâneos: P. Martyr, Bernaldez, F. Colombo, Ovideo, Las Casas. Entre as biografias modernas, a de Madariaga (*Christophe Colomb*, Paris, Calmann-Lévy, 1952; Le livre de poche, 1968) continua a ser de leitura agradável, pondo-se de lado o seu racismo. Uma extrema biografia foi publicada em francês: J. Heers, *Christophe Colomb*, Paris, Hachette, 1981. O estudo de L. Olschki, "What Columbus saw on Landing in the West Indies", *Proceedings of the American Philosophical Society*, 84 (1941), pp. 633-59, é um dos raros a tocar de bem perto o assunto debatido aqui; as conclusões de Olschki são à primeira vista completamente diferentes, o que se explica em parte pela generalidade de seu propósito, em parte pela sua ideologia europeucentrista. A. Gerbi, em *La naturaleza de las Indias Nuevas. De Christóbal Colón a Gonzalo Fernandez de Oviedo*, México, Fondo de Cultura Económica, 1978 (original italiano, 1975), estudou a percepção da natureza em Colombo, de um outro ponto de vista.

Sobre o fato global da descoberta, mencionarei aqui três obras. A de P. Chaunu (*Conquête et exploitation des nouveaux mondes, XVI e, siècle*, Paris, PUF, 1969) traz uma imensa bibliografia e numerosas informações. O pequeno livro de J. H. Elliott, *The Old World and the New, 1492-1650*, Cambridge, Cambridge UP, 1970, é sugestivo. O livro de E. O'Gorman, *The Invention of America*, Bloomington, Indiana UP, 1961, é consagrado à evolução das concepções geográficas ligadas à descoberta da América.

Conquistar

Existe uma mina inesgotável de informação histórica e bibliográfica nos quatro volumes do *Guide to Ethnohistorical Studies*, publicados sob a responsabilidade de H. F. Cline, que constituem os volumes 12 a 15 do *Handbook of the Middle American Indians* (Austin, University of Texas Press, 1972-1975).

Para o conhecimento acerca da sociedade asteca, as fontes mais preciosas são (a) as descrições, compilações e traduções dos monges espanhóis (utilizei as de Motolinia, Durán, Sahagún, Tovar, de Landa, a *Relación de Michoacán*), às quais deve-se acrescentar a descrição de um leigo, A. de Zorita; (b) os escritos, em línguas indígenas ou em espanhol, de índios ou mestiços (como Tezozomoc, Ixtlilxochitl, J. B. Pomar, os *Livros de Chilam Balam*, os *Anais dos Cakchiquel*, Chimalpahin). As referências a Sahagún às vezes remetem ao *Codex Florentino* (abreviado *CF*), que é a versão ilustrada e bilíngüe de seu livro, às vezes à sua *Historia general de las cosas de Nueva España*.

Entre os conquistadores, os autores mais importantes são Cortez (relatórios para Carlos V e outros documentos) e Bernal Díaz (*Historia verdadera de la conquista de la Nueva España*). Utilizei também as crônicas mais curtas de J. Díaz, F. de Aguilar, A. de Tapia, D. Godoy. Os primeiros historiadores, como P. Martyr, Gomara, Oviedo e Las Casas também contribuem com documentos inéditos.

Quanto às razões da vitória espanhola, pode-se consultar J. Soustelle, *Rencontre de la civilisation hispanique et des civilisations indigènes de l'Amérique*, Paris, s/d (mimeografado). Acerca dos *huehuelatolli*, utilizei o estudo de Thelma D. Sullivan, "The Rhetorical Orations, or *Huehuelatolli*, Collected by Sahagun", *in* M. S. Edmonson (ed.), *Sixteenth-Century Mexico, The Work of Sahagun*, Albuquerque, University of New Mexico Press, 1974, pp. 79-109. Sobre o mito de Quetzalcoatl, ver o livro fundamental de J. Lafaye, *Quetzalcoatl et Guadalupe*, Paris, Gallimard, 1974, e as notas de A. Pagden em sua brilhante tradução das *Cartas* de Cortez em inglês. Sobre o pensamento asteca, aproveitei o livro de M. Léon-Portilla, *Filosofía nahuatl*, México, UNAM, 1959 (versão inglesa: *Aztec Thought and Culture, A Study of the Ancient Nahuatl Mind*, Norman, University of Oklahoma Press, 1963). Os livros de Octavio Paz, por exemplo, *El laberinto de la soledad* e *Crítica de la pirámide*, são uma preciosa fonte de reflexão para qualquer pessoa que indague acerca da história do México.

O quadro que me permite comparar astecas e espanhóis deve muito aos trabalhos de sociologia comparativa de Louis Dumont, especialmente *Homo hierarchicus*, Paris, Gallimard, 1966; *Homo aequalis*, Paris, Gallimard, 1977; "La conception moderne de l'individu", *L'Esprit*, fev., 1978, pp. 3-39. Sobre os efeitos da presença ou da ausência de escrita, cf. J. Goody, *The Domestication of the Savage Mind*, Cambridge, Cambridge UP, 1977, tradução francesa, *La raison graphique*, Paris, Minuit, 1978. A idéia da improvisação como uma característica da civilização ocidental renascentista vem do ensaio de Stephen Greenblatt, "Improvisation and Power", *in* E. Said (ed.), *Literature and Society*, Baltimore & Londres, The Johns Hopkins University Press, 1980, pp. 57-99; ele cita também a história dos lucayos em P. Martyr. Sobre a relação entre perspectiva linear e grandes descobertas no Renascimento, cf. entre outros S. Y. Edgerton Jr., "The Art of Renaissance Picture-Making and the Great

Western Age of Discovery", *in Essays Presented to Myron P. Gilmore*, Florença, La Nuova Italia Editrice, 1978, t. 2, pp. 133-53. Quanto às características formais da representação entre os mexicanos, os escritos de D. Robertson são uma autoridade, por exemplo, "Mexican Indian Art and the Atlantic Filter. Sixteenth to Eighteenth Centuries", *in* F. Chiapelli (ed.), *First Images of America*, Berkeley-Los Angeles-Londres, University of California Press, 1976, t. 1, pp. 483-94.

Amar

Grande parte das fontes utilizadas nesse capítulo são as mesmas que no anterior. Devem-se acrescentar a elas as outras obras de Las Casas, os tratados de Sepúlveda e de Vitória e vários documentos emitidos pelas autoridades civis ou religiosas.

Os historiadores demógrafos que mudaram nossas idéias acerca da população indígena de antes e depois da conquista são freqüentemente designados como constituindo "a escola de Berkeley". Ver especialmente as obras de S. Cook e W. W. Borah, *The Indian Population of Central Mexico (1531-1610)*, Berkeley-Los Angeles-Londres, University of California Press, 1960; *Essays in Population History: Mexico and the Caribbean*, *ibid.*, 1971. Sobre o debate Las Casas-Sepúlveda e em torno dele, utilizei as obras de L. Hanke (especialmente *Aristotle and the American Indian*, Bloomington & Londres, Indiana UP, 1970 (1.ª edição, 1959); e *All Mankind is One*, Dekalb, III, Northem Illinois UP, 1974), S. Zavala (por exemplo, *L'Amérique latine, philosophie de la conquête*, Paris-Haia, Mouton, 1977), M. Bataillon (*Études sur Bartolomé de Las Casas*, Paris, Centre de recherches de l'Institut d'études hispaniques, 1965), e a coletânea coletiva *Bartolomé de Las Casas in History*, publicado sob a direção de J. Friede e B. Keen (DeKalb, III, Borthern Illinois UP, 1971).

Encontram-se numerosas informações acerca da imagem dos astecas no Ocidente em B. Keen, *The Aztec Image in Western Thought*, New Brunswick, New Jersey, Rutgers UP, 1971; e, sobre o impacto global da descoberta e da conquista, em F.

Chiapelli (org.), *First Images of America*, Berkeley-Los Angeles-Londres, University of California Press, 1976, 2 vols.

Conhecer

Sobre Vasco de Quiroga, consultei S. Zavala, *Recuerdo de Vasco de Quiroga*, México, Porrua, 1965, e F. B. Warren, *Vasco de Quiroga and his Pueblo-Hospitals of Santa Fe*, Washington, Academy of American Franciscan History, 1963. Sobre Sahagún, duas fontes me foram especialmente úteis: o volume coletivo publicado sob a direção de M. S. Edmonson, *Sixteenth Century Mexico, the Work of Sahagun*, Albuquerque, University of New Mexico Press, 1974, principalmente o estudo de A. Lopes Austin sobre os questionários; e os textos reunidos no *Guide to Ethnohistorical Studies*, p. 2, 1973 (t. 13 do *Handbook* já mencionado). A obra de R. Ricard, *La conquête spirituelle du Mexique* (Paris, Instituto de Etnologia de Paris, 1933) é sempre muito instrutiva; a de G. Baudot, *Utopie et histoire au Mexique* (Toulouse, Privat, 1976), contém muitas informações. Achei sugestivo o artigo de F. Kestringant, "Calvinistas e canibais", *Bulletin de la Société du protestantisme français*, 1 e 2, 1980, pp. 9-26 e 167-92.

Epílogo

E. Levinas, filósofo da alteridade, é o autor de *Totalité et infini*, Haia, M. Nijhoff, 1961. Cito aqui *L'humanisme de l'autre homme*, Montpellier, Fata Morgana, 1972, p. 43. Blanchot fala do neutro em *L'entretien infini* (Paris, Gallimard, 1969), e Barthes em *Roland Barthes* (Paris, Seuil, 1975). A referência a Auerbach é de "Philologie und Weltliteratur", coletada em seu livro *Gesammelte Aufsätze zur romanischen Philologie*, Berna, Franke, 1967; e a Said, de seu livro *L'orientalisme*, Paris, Seuil, 1980. De Herzen (em russo Gercen), cito *Sobranie sochinenij*, em 30 vols. (Moscou-Leningrado, 1955, t. 5, p. 62). L. Dumont evoca alguns traços da modernidade em suas obras já citadas e em "La communauté anthropologique et l'idéologie", *L'homme*, 18 (1978), 3-4, pp. 83-110. Pode-se ter acesso aos textos de Bakhtin sobre a alteridade e a exotopia através de meu livro *Mikhail Bakhtine le principe dialogique* (Paris, Seuil, 1981).

Sobre a oposição discurso narrativo/discurso sistemático, cf. H. Weinrich, "Structures narratives du mythe", *Poétique*, 1 (1970), 1, pp. 25-34; e K. Stierle, "L'Histoire comme Exemple, l'Exemple comme Histoire", *Poétique*, 3 (1972), 10, pp. 176-98.

Gostaria de agradecer a todos aqueles que, com suas intervenções orais ou escritas, me ajudaram a corrigir versões anteriores deste trabalho e, especialmente Catherine Malamoud, Fedora Cohan, Esther Pasztory e Diana Fane.

ÍNDICE DAS ILUSTRAÇÕES

REFERÊNCIAS

J. de Acosta, *Historia natural y moral de las Indias*, México, Fondo de Cultura Económica, 1962. Trad. fr.: *Histoire naturelle et morale des Indes Occidentales*, Paris, Payot, 1979. Trad. ingl.: *The Natural and Moral History of the Indies*, 2 vols., Londres, The Hakluyt Society, 1880.

F. de Aguilar, *Relación breve de la conquista de la Nueva España*, México, Porrúa, 1954. Trad. ingl.: P. de Fuentes, *The Conquistadors*, Nova York, Orion, 1963.

Annales des Cakchiquels. Trad. esp.: *Anales de los Cakchiqueles (Memorial de Solola), Titolo de los Señores de Totonicapan*, México, Fondo de Cultura Económica, 1950. Trad. ingl.: *The Annales of the Cakchiquels, Title of the Lords of Totonicapan*, Norman, University of Oklahoma Press, 1953.

A. Bernaldez, *Historia de los reyes católicos don Fernando y doña Isabel*, Granada, 1856. Trad. ingl.: *Select Documents Illustrating the Four Voyages of Columbus*, t. 1, Londres, The Hakluyt Society, 1930 (edição bilíngüe).

L. de Bienvenida, "Carta a Don Felipe", 10-2-1548, in *Cartas de Indias*, t. 1, Madri, Biblioteca de Autores Españoles, t. 264, 1974, pp. 70-82. Trad. fr.: H. Ternaux-Compans, *Recueil de pièces relatives à la conquête du Mexique*, Paris, 1838.

F. de Bologna, "Lettre à Clément de Monelia". Trad. fr.: H. Ternaux-Compans, *Recueil de pièces relatives à la conquête du Mexique*, Paris, 1838, pp. 205-21.

G. Bruno, "Del l'infinito universo e mondi", in *Opere italiane*, t. 1, Bari, 1907. Trad. ingl.: "On the Infinite Universe and Worlds", in D. W. Singer, *G. Bruno, His Life and Thought*, Nova York, Schuman, 1950, pp. 225-378.

A. N. Cabeza de Vaca, *Naufragios y comentarios*, Madri, Taurus, 1969. Trad. fr.: *Naufrages..., Commentaires*, Paris, Fayard, 1980. Trad. ingl.: *Adventures in the Unknown Interior of America*, Nova York, Collier Books, 1961.

Carlos V. "Cedula", 1530, in Diego de Encinas, *Cedulario indiana* (1596), 4 vols., Madri, Cultura Hispánica, 1945-1946. Trad. fr.: S. Zavala, *L'Amérique latine, philosophie de la conquête*, Paris-La Haye, Mouton, 1977.

"Carta... a Mr. de Xevres", 4-6-1516, *Colección de Documentos Inéditos... America*, t. 7, Madri, 1867, pp. 397-430. Trad. fr.: *Las Casas et la défense des Indiens*, Paris, Julliard, 1971, pp. 61-3 (excertos).

U. Chauveton, "Aux lecteurs chrestiens", in J. Benzoni, *Histoire nouvelle du Nouveau Monde*, Lyon, 1579.

Chilam Balam de Chumayel. Trad. esp.: *Libro de los libros de Chilam Balam*, México, Fondo de Cultura Económica, 1948. Trad. fr.: *Les prophéties de Chilam Balam*, Paris, Gallimard, 1976 (versão poética). Trad. ingl.: *The Book of Chilam Balam of Chumayel*, Norman, University of Oklahoma Press, 1967.

F. S. A. M. Chimalpahin. Trad. fr.: *Sixième et septième relations*, Paris, 1889 (edição bilíngüe).

Codex Florentino. Trad. ingl.: *Florentine Codex*, 12 vols., Santa Fé, N. M., Monographs of the School of American Research, 1950-1969. (Edição bilíngüe. Além da tradução de Sahagún, não existe tradução integral em espanhol.)

Colección de cantares mexicanos, México, 1904.

C. Colón, *Raccolta colombiana*, I, t. 1 e 2, Roma, 1892-1894. Trad. fr.: *Oeuvres*, Paris, Gallimard, 1961; *La découverte de l'Amérique*, Paris, Maspero, 1979. Trad. ingl.: *Journals an Other Documents*, Nova York, Heritage Press, 1963; *Select Documents Illustrating the Four Voyages of Columbus*, 2 vols., Londres, Hakluyt Society, 1930, 1933 (edição bilíngüe).

F. Colón, *Histoire*. Trad. esp.: *Vida del almirante don Cristobal Colón*, México, Fondo de Cultura Económica, 1947. Trad. fr.:

Histoire de la vie et des découvertes de Christophe Colomb, Paris, 1879. Trad. ingl.: *The Life of the Admiral Christopher Columbus*, New Brunswick, N.J., Rutgers UP, 1959.

H. Cortés, *Cartas y documentos*, México, Porrúa, 1963. Trad. fr.: *Lettres à Charles Quint*, Paris, 1896. Trad. ingl.: *Letters from Mexico*, Nova York, Grossman, 1971.

M. de Cuneo, "Lettre à Annari", 28-10-1495, *Raccolta colombiana*, p. III, t. 2, pp. 95-107. Trad. ingl.: C. Columbus, *Journals...*, pp. 209-28.

Dialogues. Trad. ingl.: "The Aztec-Spanish Dialogues of 1524", *Alcheringa*, 4(1980), 2, pp. 52-193 (edição bilíngüe).

B. Díaz del Castillo, *Historia verdadera de la conquista de la Nueva España*, 2 vols., México, Porrúa, 1955. Trad. fr.: *Histoire véridique de la conquête de la Nouvelle Espagne*, Paris, 1877. Trad. ingl.: *The True History of the Conquest of New Spain*, 5 vols.: Londres, The Hakluyt Society, 1908-1916.

J. Díaz, "Itinerario...", in J. García Icazbalceta, *Colección de documentos para la historia de Mexico*, t. 1, México, 1858, pp. 281-308 (incluindo o "original" italiano). Trad. fr.: H. Ternaux-Compans, *Recueil de pièces relativer à la conquête du Mexique*, Paris, 1838. Trad. ingl.: P. de Fuentes, *The Conquistadors*, Nova York, Orion, 1963.

D. Durán, *Historia de las Indias de Nueva España e Islas de la Tierra Firme*, 2 vols., México, Porrúa, 1967. Trad. ingl.: *Book of the Gods and Rites & The Ancient Calender*, Norman, University of Oklahoma Press, 1971 (1.ª e 2.ª partes); *The Aztecs, The History of the Indies of New Spain*, Nova York, Orion, 1964 (3.ª parte resumida).

Fernando e Isabel, "Carta... a D. C. Colón", in M. Fernandez de Navarrette, *Colección de los viages y descumbrimientos*, t. 2, Madri, 1825, pp. 21-2.

Diego Godoy, "Relación a H. Cortés", in *Historiadores primitivos de Indias*, t. 1, Madri, Biblioteca de Autores Españoles, t. 22, 1877, pp. 465-70. Trad. fr.: H. Ternaux-Compans, *Recueil de pièces relativer à la conquête du Mexique*, Paris, 1838.

F. Lopez de Gomara, *Historia de la conquista de México*, México, P. Robredo, 1943. Trad. fr.: *Histoire générale des Indes occidentales...*, Paris, 1584. Trad. ingl.: *Cortés, The Life of the Conqueror by*

His Secretary, Berkeley-Los Angeles-Londres, University of California Press, 1964.

F. de Alva Ixtlilxochitl, "Relación de la venida de los Españoles", in B. de Sahagún, *Historia general de las cosas de Nueva España*, México, Porrúa, 1956. Trad. fr.: *Cruautés horribles des conquérants du Mexique*, Paris, 1838 (repr. Paris, Anthropos, 1967).

M. Jaume Ferrer, "Carta a Colón", 5-8-1495, in M. Fernandez de Navarrette, *Colección de los viages y descumbrimientos*, t. 2, Madri, 1825, pp. 103-5.

D. de Landa, *Relación de las cosas de Yucatan*, México, Porrúa, 1959. Trad. fr.: *Relation des choses de Yucatan*, 2 vols., Paris, éd. Genet, 1928-1929 (edição bilíngüe inacabada). Trad. ingl.: *The Maya, Account of the Affairs of Yucatan*, Chicago, J. Philip O'Hara, 1975.

B. de Las Casas, *Apologetica historia summaria*, 2 vols., México, UNAM, 1967.

B. de Las Casas, *Apologia*. Trad. esp.: *Apologia...*, Madri, Nacional, 1975. Trad. ingl.: *In Defense of the Indians*, DeKalb, Northern Illinois UP, 1974.

B. de Las Casas, *Historia de las Indias*, 3 vols., México, Fondo de Cultura Económica, 1951. Trad. ingl.: *History of the Indies*, Nova York, Harper & Row, 1971 (excertos).

B. de Las Casas, todos os outros escritos: *Opúsculos, cartas y memoriales*, Madri, Biblioteca de Autores Españoles, t. 110, 1958. Trad. fr.: *Oeuvres*, Paris, 1822 (excertos); M. Mahn-Lot, *B. de Las Casas, L'évangile et la force*, Paris, éd. du Cerf, 1964 (excertos); *Las Casas et la défense des Indiens*, Paris, Julliard, 1971 (excertos); *Très brève relation sur la destruction des Indes & Les trente propositions très juridiques*, Paris-La Haye, Mouton, 1974. Trad. ingl.: *A Selection of His Writings*, Nova York, A. A. Knopf, 1971 (excertos); *The Devastation of the Indies*, Nova York, Seabury Press, 1974.

G. Lopez, "Carta al emperador", in J. Garcia Icazbalceta, *Colección de documentos para la historia de México*, t. 2, México, 1866, pp. 141-54.

Machiavel, *Oeuvres complètes*, Paris, Gallimard, 1952. Trad. ingl.: *The Prince and the Discourses*, Nova York, The Modern House, 1940.

P. Martyr Anghiera, *De orbe novo*. Trad. esp.: *Décadas del Nuevo Mundo*, Buenos Aires, Bajel, 1944. Trad. fr.: *De orbe novo, les huit décades*, Paris, 1907. Trad. ingl.: *De orbe novo*, 2 vols., Nova York, Putnam's, 1912.

G. de Mendieta, *Historia eclesiástica indiana*, México, Porrúa, 1971.

T. Motolinia, *Historia de los indios de la Nueva España*, México, Porrúa, 1969. Trad. ingl.: *History of the Indians of New Spain*, Westport, Conn., Greenwood Press, 1973.

T. Motolinia e D. Olarte, "Carta de Cholula", 27-8-1554, *in Documentos inéditos del siglo XVI para la historia de México*, México, 1914, pp. 228-32. Trad. fr.: H. Ternaux-Compans, *Recueil de pièces relatives à la conquête du Mexique*, Paris, 1838.

A. de Nebrija, *Gramática de la lengua castellana*, Oxford, 1926.

"Ordenanzas de Su Magestad...", in *Colección de documentos inéditos... América*, t. 16, Madri, 1871, pp. 142-87. Trad. fr.: *Las Casas et la défense des indiens*, Paris, Julliard, 1971, pp. 265-7 (excertos). Trad. ingl.: L. Hanke, *History of Latin American Civilization, Sources and Interpretations*, t. 1, Boston. Little, Brown & Co., 1967, pp. 149-52 (excertos).

G. Fernandez de Oviedo y Valdés, *Historia general y natural de las Indias, islas y tierra firme del Mar Oceano*, 5 vols., Madri, Biblioteca de Autores Españoles, t. 117-21, 1959. Trad. ingl.: *Natural History of the West Indies*, Chapel Hill, N.C., University of North Carolina Press, 1959 (excertos).

J. L. Palacios Rubios, "Requerimiento", *De las islas del Mar Oceano*, México, 1954. Trad. fr.: S. Zavala, *L'Amérique latine, Philosophie de la conquête*, Paris-La Haye, Mouton, 1977. Trad. ingl.: L. Hanke, *History of Latin American Civilization, Sources and Interpretations*, t. 1, Boston, Little, Brown & Co., 1967.

Paulo III, "Sublimus Deus", Trad. esp.: *Documentos inéditos del siglo XVI para la historia de México*, México, 1914, pp. 84-6. Trad. ingl.: F. MacNutt, *Bartholemew de Las Casas*, Nova York, 1909, pp. 427-31.

J. Bautista Pomar, *Relación de Tezcoco*, México, S. Chavez Hayhoe, 1941.

V. de Quiroga, *Documento*, México, Polis, 1939.

S. Ramirez de Fuenleal, "Carta", 3-11-1532, in *Colección de documentos inéditos del Archivo de Indias*, t. 13, Madri, 1870, pp. 250-

60. Trad. fr.: H. Ternaux-Compans, *Second recueil de pièces sur le Mexique*, Paris, 1840.

Relación de las ceremonias y ritos, población y gobierno de los indios de la provincia de Mechuacán, Madri, Aguilar, 1956. Trad. ingl.: *The Chronicles of Michoacan*, Norman, University of Oklahoma Press, 1970.

B. de Sahagún, *Historia general de las cosas de Nueva España*, 4 vols., México, Porrúa, 1956. Trad. fr.: *Histoire générale des choses de la Nouvelle Espagne*, Paris, 1880. Trad. ingl.: *A History of Ancient Mexico*, Nashville, 1932 (inacabada).

Salmero, Maldonado, Ceynos, V. de Quiroga, "Carta a Su Magestad", 14-8-1531, *Colección de documentos inéditos... América*, t. 41, Madri, 1844, pp. 40-138. Trad. fr.: H. Ternaux-Compans, *Second recueil de pièces sur le Mexique*, Paris, 1840.

J. de San Miguel, "Carta", 20-8-1550, citada por J. Friede, "Las Casas y el movimiento indigenista en España y América en la primera mitad del siglo XVI", *Revista de Historia de América*, 34 (1952), p. 371.

J. Gines de Sepúlveda, *Democrates alter*. Trad. esp.: *Democrates secundo, De las justas causas de la guerra contra los indios*, Madri, Instituto F. de Vitoria, 1951.

J. Gines de Sepúlveda, "Del reino y los deberes del rey", *Tratados políticos*, Madri, Instituto de Estudios Políticos, 1963.

Sumario de residencia, 2 vols., México, 1852-1853.

A. de Tapia, "Relación sobre la conquista de México", in J. García Icazbalceta, *Colección de documentos para la historia de México*, t. 2, México, 1866, pp. 554-94. Trad. ingl.: P. de Fuentes, *The Conquistadors*, Nova York, Orion, 1963.

H. Alvarado Tezozomoc, *Crónica mexicana*, México, Vigil-Leyenda, 1944. Trad. fr.: *Histoire du Mexique*, 2 vols., Paris, 1853.

J. Tovar (Manuscrito Tovar), *Origines et croyances des indiens du Mexique*, Graz, Akademische Druck-und Verlagsanstalt, 1972 (edição bilíngüe, contendo também a carta a Acosta). Trad. ingl.: P. Radin, *The Sources and Authenticity of the History of the Ancient Mexicans*, Berkeley, University of California Publications in American Archeology and Ethnology, t. 17, 1, 1920, pp. 67-123 (excertos).

P. de Valdivia, *Cartas...*, Sevilha, 1929.

F. de Vitoria, *De Indis, De jure belli*. Trad. esp.: *Relecciones sobre los indios y el derecho de guerra*, Buenos Aires, Espasa-Calpe, 1946, Trad. fr.: *Leçons sur les indiens et sur le droit de guerre*, Genebra, Droz, 1966. Trad. ingl.: *De indis et de jure bellis relectiones...*, Washington, Carnegie Inst., 1917.

A. de Zorita (ou Zurita), *Breve y sumaria relación de los señores de la Nueva España*, México, UNAM, 1942. Trad. fr.: *Rapport sur les différentes classes de chefs de la Nouvelle Espagne*, Paris, 1838. Trad. ingl.: *Life and Labor in Ancient Mexico, The Brief and Summary Relations of the Lords of New Spain*, New Brunswick, N.J., Rutgers UP, 1963.

J. de Zumarraga, "Carta a Su Magestad", 27-8-1529, in J. García Icazbalceta, *Do fray Juan de Zumarraga*, t. 2, México, Porrúa, 1947, pp. 169-245. Trad. fr.: H. Ternaux-Compans, *Seconds recueil de pièces sur le Mexique*, Paris, 1840.